Böhme/Heil/Kessl/Landhäußer/Reinke (Hrsg.)

Von der Notwendigkeit der Erziehungswissenschaft

D1724006

Peter Böhme/Ragnar Heil/Fabian Kessl/
Sandra Landhäußer/Thilo Reinke (Hrsg.)

Von der Notwendigkeit der Erziehungswissenschaft

Begründungsversuche und Reflexionen

Luchterhand

Die Deutsche Bibliothek – CIP-Einheitsaufnahme

Von der Notwendigkeit der Erziehungswissenschaft: Begründungsversuche
und Reflexionen / Peter Böhme ... (Hrsg.). -
Neuwied; Kriftel: Luchterhand, 2000
(Pädagogik - Theorie und Praxis)
ISBN 3-472-03925-6

www.luchterhand.de

Papier: Permaplan von Arjo Wiggins Spezialpapiere, Ettlingen
Druck: Neuwieder Verlagsgesellschaft mbH, Neuwied
Printed in Germany, März 2000

♾ Gedruckt auf säurefreiem, alterungsbeständigem und chlorfreiem Papier

Inhalt

6

Zur Einführung

Siegfried Bernfeld hat Erziehung vor über 70 Jahren in seiner klassischen Definition die Summe der gesellschaftlichen Reaktionen auf die Entwicklungstatsache genannt.

Die Entwicklung des Kindes und des Jugendlichen stellt eine unabänderliche Tatsache dar, deren Organisation notwendiges Interesse jeder modernen Gesellschaft sein muss. Denn die Reproduktion der Gesellschaft kann nur gelingen, wenn die Sozialisation der nachwachsenden Generation im Sinne der bestehenden Gesellschaft begleitet wird. Soweit die weithin geteilte Auffassung. Auf das Paradoxon, das allem pädagogischen Handeln inhärent ist, hat Bernfeld bereits aufmerksam gemacht. Erziehungstätigkeiten finden sich zwar im Mittelpunkt gesellschaftlicher Notwendigkeiten - d.h. diejenigen, die Erziehungsprozesse ermöglichen und begleiten, erweisen sich als unerlässlich - aber Pädagoginnen und Pädagogen sind eben immer beauftragt, nicht nur im gesetzten sozialen Rahmen der Gesellschaft zu handeln, sondern das darin Erreichte zu konservieren: "Die soziale Funktion der Erziehung ist die Konservierung der biopsychischen und sozialökonomischen, mit ihr der kulturellgeistigen Struktur der Gesellschaft" (Bernfeld 1973: 110). Ignoriert man zur Klärung der Perspektive für einen Moment diesen grundsätzlichen Aspekt der Herrschaftstreue der Pädagogik, so lässt sich festhalten, dass die Relevanz der Bereitstellung und Schaffung von Freiräumen für Bildungs- und Erziehungsprozesse für demokratische Gesellschaften außer Zweifel steht. "Jeder Mensch hat ohne Rücksicht auf Herkunft oder wirtschaftliche Lage das Recht auf eine seiner Begabung entsprechende Erziehung und Ausbildung", so und nicht geringer lautet der in Artikel 11, Absatz 1, der baden-württembergischen Landesverfassung formulierte Anspruch. Politische Steuerungsinstanzen formen und garantieren in repräsentativen Demokratien das bestehende Bildungs- und Erziehungswesen. Lehrerinnen, Erwachsenenbildner, Erzieherinnen und Sozialarbeiter sorgen für die Durchführung, so die Idee. Ihre anspruchsvolle Tätigkeit, pädagogisches Handeln, erfordert eine fundierte Ausbildung, auch darüber besteht weitgehend grundsätzliche Einigkeit. In der Bundesrepublik hat sich hierzu ein umfangreiches - für manchen auch undurchsichtiges - Angebot von Fachschulen, Berufsakademien, Fachhochschulen, Pädagogischen Hochschulen und universitären Fachbereichen unterschiedlichsten Zuschnitts herausgebildet[1]. Der Großteil dieser Bildungsstätten sieht sich für die sogenannte praxisorientierte Berufsausbildung zukünftiger pädagogischer Professioneller zuständig, während sich die universitär verortete Erziehungswissenschaft v.a. die Aufgabe der Reflexion von Bildungs-

---

[1] Das Faktum der Unübersichtlichkeit gilt für Baden-Württemberg v.a. hinsichtlich der Lehramtsausbildung in besonderem Maße.

und Erziehungsprozessen zuschreibt. Doch kann diese auf den ersten Blick scheinbar schlüssige Arbeitsteilung überzeugen, die die Assoziation einer simplen Theorie-Praxis-Konfliktlinie weckt?

Die Entwicklungstatsache, auf die Gesellschaften mit Erziehung reagieren, zeigt sich in der jeweiligen Bildungs- oder Erziehungssituation in höchst unterschiedlicher Art und Weise.

Deshalb scheint pädagogische Professionalität als Durchführung des Herrschaftsauftrages ein im Bernfeldschen Sinne kritikwürdiges Unterfangen, aber nicht das einzig mögliche professionelle Handlungsmuster. Ein weitergehendes demokratisches Verständnis pädagogischer Professionalität könnte auf der Figur der jeweils situativen Konstruktion offener Anfänge aufbauen (vgl. Hörster/ Müller 1997). Regelsysteme werden im jeweiligen Handlungsfeld der Pädagogin oder des Pädagogen gemeinsam mit den Beteiligten erst konstituiert bzw. Normen auf ihre spezifische Gültigkeit hin überprüft. Dieser Prozess ist allerdings in mehrfacher Hinsicht voraussetzungsvoll. Erstens ist das Wissen um Teilhabe- und Teilnahmebeschränkung, die soziale Ungleichheiten für die Akteure innerhalb von Erziehungs- und Bildungsprozessen mit sich bringen, notwendig, zweitens das Wissen um die Begrenzungen durch institutionelle und organisatorische Vorgaben, drittens das Wissen und das Bewusstsein um die Autonomie des Zöglings und viertens und umfassender: das Wissen um das Risiko der Irritation, das jede pädagogische Situation für alle Beteiligten mit sich bringt.

Eine so verstandene pädagogische Professionalität setzt theoretisch kenntnisreiche Reflexionsarbeit voraus. Sie gelingt nur, wenn die historische Gegenwartskonstruktion kritisch wahrgenommen und beobachtet - und letztlich dann auch mitgeformt wird. Dies ist naturwüchsige Aufgabe der Wissenschaft, in unserem Fall derjenigen über die Erziehung: der Erziehungswissenschaft. Vielleicht sollten wir uns und andere häufiger des Brechtschen Galilei erinnern, der scheinbar trivial und pathetisch formuliert: "das einzige Ziel der Wissenschaft [...] besteht [darin], die Mühseligkeit der menschlichen Existenz zu erleichtern" (Brecht 1975: 125).

Zwei Dinge bleiben festzuhalten: (1.) Die Reflexions- und Gestaltungsaufgabe der Erziehungswissenschaft ist unerlässlich für den Erhalt und die Entwicklung einer demokratischen Gesellschaft. Allerdings ergibt sich aus diesem Verständnis keine zwingende Notwendigkeit zur ausschließlichen Verortung der Erziehungswissenschaft an Universitäten. Notwendig ist die Theoriearbeit. (2.) Für diese Aufgabe der Erziehungswissenschaft ist ein ausreichendes Maß an Ressourcen erforderlich. Deren Zuteilung ist Aufgabe des jeweiligen Bundeslandes.

Inwieweit die baden-württembergische Landesregierung die bisher dargestellten Einsichten allerdings noch teilt, scheint u.E. zumindest fraglich. Die von ihr beauftragte Hochschulstrukturkommission (HSK) empfiehlt, 2/3 der universitären erziehungswissenschaftlichen Fachbereiche in Baden-Württemberg in ihrem Kern auszuhöhlen. Vier der sechs i.M. noch angebotenen Studiengänge sollen komplett eingestellt werden: diejenigen in Freiburg, Heidelberg, Karlsruhe und Stuttgart. So nachzulesen im Abschlussbericht der HSK (vgl. dazu den Beitrag der Arbeitsgruppe "kleiner Bildungsgipfel" (AG) am Ende dieses Bandes). Für das Erziehungswissenschaftliche Seminar Heidelberg (EWS) empfiehlt der Kommissionsbericht, die Ressourcen des Hauses in Zukunft ausschließlich für die gymnasiale Lehramtsausbildung zu nutzen. Kommt die Landesregierung den Kommissionsempfehlungen nach wäre die Erziehungswissenschaft in Heidelberg wieder auf dem Stand von 1955 angekommen und die - nicht zuletzt für die Lehrerausbildung - notwendige Reflexions- und Gestaltungsaufgabe der Erziehungswissenschaft nicht mehr zu leisten.

Der studentisch initiierte Arbeitskreis "kleiner Bildungsgipfel" (AK)[2] hatte diese Bedrohung zum Anlass genommen eine besondere Form des öffentlichen Protestes zu initiieren: einen öffentlichen Diskurs zur Frage der Relevanz der Erziehungswissenschaft in der heutigen Gesellschaft. Die Veranstaltungsreihe "Notwendig, aber ungeliebt? Die deutsche Erziehungswissenschaft 1968-1998" fand im WS 1998/99 am Erziehungwissenschaftlichen Seminar der Universität Heidelberg statt[3]. Einerseits schien den AK-Mitgliedern die Notwendigkeit von Reformen des erziehungswissenschaftlichen Universitätsstudiums in Heidelberg außer Zweifel[4]. Allerdings scheint eine solche Auseinandersetzung u.E. nur gerechtfertigt (1.) als inhaltlich fundierte Auseinandersetzung, die sich an den fachspezifischen Problematiken orientiert und (2.) unter der Beteiligung aller Betroffenen am Diskussionsprozess (Studierende, Mitarbeiter, Dozierende und Öffentlichkeit). Ein solcher Diskurs sollte im

---

[2] Mitglieder des AK waren Sabine Andresen, Stefan Bamberg, Peter Böhme, Claudia Bröer, Micha Brumlik, Ragnar Heil, Fabian Kessl, Sandra Landhäußer, Ute Prüfke und Thilo Reinke.

[3] Referentinnen und Referenten der Veranstaltungsreihe waren (in chronologischer Reihenfolge): Hans Thiersch, Heinz-Elmar Tenorth, Heinz Sünker und Michael Winkler - Micha Brumlik (Mod.), Astrid Waentig und Dieter Wunder - Axel Zimmermann (Mod.), Ingrid Gogolin, Elke Kleinau, Eckard König, Franz Hamburger, Dozierende des EWS (Volker Lenhart und Stephan Stockmann, Micha Brumlik und Hansjörg Sutter, Fritz-Ulrich Kolbe und Hans-Peter Gerstner, Gertrud Oelerich) und Wilhelm Heitmeyer.

[4] Seit den extremen Überlasten von teilweise 300% Mitte der 90er Jahre wurde am EWS durch verschiedene strukturelle Veränderungen (z.B. Einführung eines internen Numerus Clausus (NC) und interne Teilnahmebeschränkungen für Lehrveranstaltungen) auf die Missstände zu reagieren versucht. Diese Maßnahmen wurden auf Seiten der Studierenden heftig und kontrovers diskutiert und von der selbstorganisierten Fachschaft aufgrund der "abschreckenden Wirkung" der Maßnahmen abgelehnt. Mit der Einführung des NC in einer zunehmenden Zahl von Fachbereichen gehe ein schleichender Abbau universitärer Studienplätze einher. Der sozio-ökonomische Status der verbleibenden Studienanfängerinnen und -anfänger deute dazuhin auf eine soziale Schließung des Studiengangs hin, so die Fachschaftsvertreter.

Rahmen der Veranstaltungsreihe u.a. durch ein öffentliches Podium mit Vertretern des zuständigen Ministeriums, der HSK und der Landtagsfraktionen angestoßen werden (vgl. den AG-Beitrag, a.a.O.). Andererseits wurde bewusst die schwierige disziplintheoretische Frage der Relevanz der Erziehungswissenschaft und damit v.a. nach möglichen Begründungsmuster für eben diese in den Mittelpunkt der gesamten Veranstaltungsreihe gestellt und aus unterschiedlichsten Perspektiven beleuchtet (vgl. die Beiträge der Referentinnen und Referenten der Veranstaltungsreihe im vorliegenden Band). Nur die ständige Überprüfung möglicher Antworten auf die Frage nach der 'Leistung' derer, die an der 'Erziehungsarbeit' beteiligt sind, macht eine öffentliche Verteidigung der Erziehungswissenschaft tragfest. Denn: "[N]ur auf diese Leistung kommt es der Gesellschaft an, um ihretwillen wird [man] entlohnt, und über sie hinaus darf [man sich] völlig frei freuen oder verzweifeln." (Bernfeld 1973: 23). Dieser Tatsache muss sich nicht nur der von Bernfeld beschriebene Lokomotivführer, sondern auch jede/r pädagogisch Tätige stellen.

Der AG "kleiner Bildungsgipfel"[5] bleibt an dieser Stelle nur noch, der Institutsleitung, der Fachschaft und Dozierenden wie Mitarbeiterinnen und Mitarbeitern des Erziehungswissenschaftlichen Seminars einerseits, dem Rektorat und dem Verein der Freunde und Förderer der Universität Heidelberg andererseits für die großzügige Unterstützung der Veranstaltungsreihe, den Kolleginnen und Kollegen des AK für die angenehme Zusammenarbeit und nicht zuletzt den Referentinnen und Referenten für die honorarfreie Unterstützung des Kampfes für den Erhalt der Disziplin auch in Baden-Württemberg zu danken. Erst diese solidarische Unterstützung hat die Veranstaltungsreihe und den vorliegenden Band möglich gemacht.

Heidelberg im Januar 2000

Fabian Kessl, für die AG "kleiner Bildungsgipfel"

---

[5] Die fünfköpfige AG "kleiner Bildungsgipfel" hatte sich nach dem Ende der Veranstaltungsreihe aus dem AK rekurriert und sich die Aufgabe einer kritischen Analyse des HSK-Abschlussberichts gestellt.

Literatur:

Bernfeld, Siegfried 1973: Sisyphos oder die Grenzen der Erziehung. Frankfurt a.M.

Brecht, Bertolt 1975: Leben des Galilei. Frankfurt a.M. (18. Auflage)

Hörster, Reinhard/ Müller, Burkhard 1997: Zur Struktur sozialpädagogischer Kompetenz. Oder: Wo bleibt das Pädagogische der Sozialpädagogik? In: Combe, Arno/ Helsper, Werner: Pädagogische Professionalität: Untersuchungen zum Typus pädagogischen Handelns. Frankfurt a.M. (2. Auflage): 614-648

Die deutsche Erziehungswissenschaft - eine Geschichte von Ablehnung und Anerkennung[1]

Heinz-Elmar Tenorth

I.

Am Beginn der Disziplingeschichte stand keineswegs Ablehnung, sondern Anerkennung: "Die Erziehungswissenschaft", so kann man 1776 lesen, "gehöret mit unter die Lieblinge unserer Zeiten. Wir sehen seit wenigen Jahren mehr Eifer für ihre Bearbeitung und Anwendung als vorher vielleicht in verschiedenen Jahrhunderten." In dem Leipziger "Magazin für Schulen und die Erziehung überhaupt", in dem sich in der Vorrede zum ersten Band diese Diagnose findet (meines Wissens der erste deutschsprachige Beleg für den Begriff der Erziehungswissenschaft), verbinden sich auf jeden Fall mit der neuen Disziplin die größten und schönsten Hoffnungen und alle guten Erwartungen, die die Aufklärung mit der Verbesserung der pädagogischen Erneuerung des Menschengeschlechtes überhaupt verknüpfen kann (vgl. für die Ursprungsgeschichte der Erziehungswissenschaft Kersting 1992).

Wir alle wissen, dass die Liebe nicht sehr lange angehalten hat. Schon bald nach 1780 wird Ernst Christian Trapp, der frisch berufene Lehrstuhlinhaber für Erziehungswissenschaft an der Universität Halle, von einem Philologen wieder im Amt abgelöst und die klassische Philologie kultiviert seither als eine der vielen Beobachter unseres Faches die herzhafte Abneigung, die in Wissenschaft, Universität und Öffentlichkeit bis in die Gegenwart andauert. Mein alter Griechisch-Lehrer jedenfalls war ganz entsetzt, als er etliche Jahre nach dem Abitur hörte, dass ich mich auf den Weg gemacht hatte, ausgerechnet in der Erziehungswissenschaft mein wissenschaftliches Heil zu suchen. Seine Frage war kurz und knapp, warum es ausgerechnet diese, wie er sagte, "After-Wissenschaft" sein müsse, auf die ich Mühe und Arbeit verwende. Wahrscheinlich ohne es zu wissen, wiederholte er damit ein Urteil über die Pädagogik, das seit der Revolution von 1848 dem preußischen König Friedrich Wilhelm IV. zugeschrieben wird (auch wenn das Zitat vielleicht nicht mehr ganz authentisch ist). Er sah in der "Afterweisheit" der Pädagogen und in der Verbreitung öffentlicher Bildung eine der Wurzeln für die Entstehung der Revolution und die Abkehr von Gottesfurcht und Tradition.

Dabei sollte man nicht den Fehler machen angesichts des unverhohlen reaktionären Status der Bemerkungen des preußischen Königs in jeder Kritik der

---

[1] Um Anmerkungen und Literaturhinweise erweiterte, aber im wesentlichen in der Vortragsfassung belassene Version des Heidelberger Vortrages.

Pädagogen auch ein Indiz für reaktionäres Verhalten zu erkennen. Im Umfeld der Revolution von 1848 findet sich eine umfangreiche Schelte professioneller pädagogischer Ambition, die von Karl Marx bis zu Diesterweg reicht und die Entmündigung des Publikums in der Pädagogisierung der Gesellschaft antizipiert und abwehrt. Zum einschlägigen Umfeld gehört aus der Vorgeschichte der Revolution auch ein Aphorismus in den Jugendschriften Ludwig Börnes, der ebenfalls nicht dafür spricht, dass im Vormärz die Pädagogik noch zu den Lieblingen der Zeiten gerechnet wurde. Börne jedenfalls notiert abwehrend und kühl zugleich: "Es ist ein großes Glück, daß die Pädagogen die Kraft und den Mut nicht haben, ihre Grundsätze völlig in Ausübung zu bringen; sonst würden sie das Menschengeschlecht gar bald zugrunde richten" (Börne 1977: 144).

Wenn ich mich also mit der Erziehungswissenschaft und ihrer Geschichte beschäftige, dann will ich von Anfang an die eigentümliche Ambivalenz nicht verschweigen, die die Geschichte der Erziehungswissenschaft durchzieht. Es ist ein Changieren zwischen Anerkennung und Herabsetzung, zwischen hohen Erwartungen und diffamierenden Beschreibungen ihrer Leistungsfähigkeit, das man beobachten kann. Die Geschichte ist auch nicht erst seit 1968 in dieser Weise charakterisiert, sondern bereits seit ihrer zunächst hoffnungsvollen und dann weniger glücklich endenden Konstitutionsphase im ausgehenden 18. Jahrhundert.

Die folgenden Überlegungen sollen sich deshalb auch nicht allein auf die Zeit seit 1968 und bis zur Gegenwart konzentrieren, sondern weiter ausholen: In einem knappen Einleitungsteil wird zunächst die Vorgeschichte der gegenwärtigen Erziehungswissenschaft betrachtet, in der Absicht, darin die strukturellen Konflikte zu zeigen, zwischen denen sich die öffentliche Wahrnehmung und die disziplinäre Analyse der Erziehungswissenschaft kontinuierlich bewegen. Die leitende These ist deshalb auch, dass wir uns nicht erst heute und aktuell in der Situation finden, in einer ungeliebten Disziplin zu arbeiten, sondern dass diese Zuschreibung kontinuierlich gilt und dass sie auf Ursachen aufruht, die immer neu dazu führen, dass die Erziehungswissenschaft problematisiert wird und zwar von außen wie von innen. Für diesen problematischen Status sorgen die Bedingungen, die zugleich für die Konstitution des Faches und für ihren ja ebenso unübersehbaren Erfolg innerhalb des Wissenschaftssystems verantwortlich sind[2].

Die Erziehungswissenschaft entsteht nicht allein oder gar primär wie eine ganz normale Disziplin, d.h. aus forschenden Bemühungen, aus der Anerkennung innerhalb des Wissenschaftssystems oder aus der arbeitsteiligen Zuord-

---

[2] Die Geschichte der Erziehungswissenschaft ist zwar gelegentlich übersichtshaft beschrieben, aber noch nicht umfassend erforscht. Meine Überlegungen stützen sich auf eigene Vorarbeiten, die ich hier nenne, weil in diesen Veröffentlichungen auch die weitere Forschung genannt wird (vgl. u.a. Tenorth 1985: 79-100; 1987: 71-103; 1989a: 113-153; 1997: 111-154; 1998a: 3-20; 1998b: 117-145).

nung zu anderen wissenschaftlichen Disziplinen. Zumindest in gleicher Weise, aber wahrscheinlich noch sehr viel stärker, ist die Geschichte der Erziehungswissenschaft durch drei andere Instanzen bestimmt, die neben den Wissenschaften zentrale und fortdauernde Bedeutung haben. Das ist zunächst die Profession der Pädagogen in all ihrer reichen Ausdifferenzierung, die sie inzwischen zwischen Lehramt und sozialer Arbeit, Erwachsenenbildung und Freizeitpädagogik, Museumspädagogik und Schulverwaltung gefunden hat[3]. Das ist zweitens die soziale Struktur, die wir unter dem Namen "Gesellschaft" kennen, und die am Bild der Erziehungswissenschaft Muster und Möglichkeiten der sozialen Reproduktion und der Gestaltung der Sozialisationsordnung sieht und diskutiert, und das ist schließlich der Staat, der angesichts eines ausdifferenzierten Bildungs- und Erziehungssystems ohne Zweifel die bedeutsamste Referenzfigur für die Entwicklung und die Anerkennung der Erziehungswissenschaft darstellt, aber auch für die Formulierung von Erwartungen, die sich mit ihr verknüpfen.

Der Liebling unserer Zeiten sieht sich also in einem komplexen Feld von Erwartungen und Zuschreibungen, Standards und Normen, Verführbarkeit und Vernachlässigung verankert. Deswegen lohnt es sich einige der daraus erwachsenden Strukturprobleme auch systematischer anzusehen.

II.

Ich beginne mit der Geschichte der Erziehungswissenschaft, wie sie sich bis zum Beginn der Bundesrepublik in Deutschland entwickelt (und nur am Rande kann ich darauf verweisen, dass man die Geschichte der Disziplin, von der ich jetzt spreche, nicht ohne erhebliche Modifikationen und Differenzierungen auf die anderer Länder, schon gar nicht die anderer nicht-deutschsprachiger Länder übertragen kann[4]). Man kann die Geschichte der deutschen Erziehungswissenschaft bis heute in zwei große Phasen unterteilen: in die Phase des prädisziplinären und in die Phase des disziplinären Status als Wissenschaft. Dabei meinen diese knappen Etikette nicht viel mehr als die Tatsache, dass in der prädisziplinären Phase, die im wesentlichen bis 1914 bzw. 1918/20 reicht, die Erziehungswissenschaft zwar in einer spezifischen Lehrgestalt existiert, aber weder als Fach theoretisch und methodisch, noch als soziale Struktur institutionell ausdifferenziert und verselbständigt ist. Pädagogische Fragen werden vielmehr bei Philosophen wie Theologen, bei Psychologen wie Ökonomen, Staatswissenschaftlern oder Juristen behandelt. Und schließlich gibt es auch die dominierende Form eines ausdifferenzierten päd-

---

[3] Jetzt in systematischer Übersicht Apel u.a. 1999 sowie, für die Relation von Disziplin und Profession, meine dort publizierten Überlegungen (vgl. Tenorth 1999a: 429-461).

[4] Dazu die Überlegungen in Tenorth 1996a: 170-182.

agogischen Wissens innerhalb der Lehrprofession selbst, die "Schulmänner-klugheit", wie die Pädagogen ihre eigene wissenschaftliche Pädagogik bezeichnet haben.

In der disziplinären Phase dagegen hat die Erziehungswissenschaft im Wissenschaftssystem ihren institutionellen Ort gefunden, am leichtesten ablesbar an den Lehrstühlen an Universitäten, sichtbar aber auch in der Konstitution von Ausbildungsstätten für soziale Arbeit, in der Selbstreproduktion und Binnenkommunikation von Zeitschriften, Handbüchern, Lexika und Enzyklopädien, die sich für Berufspädagogik, Erwachsenenbildung oder das Bibliothekswesen in dieser Zeit finden lassen.

Für die Frage der Anerkennung der Disziplin und damit auch für die frühen Muster der Problematisierung oder für die Geltung als eine ungeliebte Disziplin sind die beiden großen Phasen der Wissenschaftsgeschichte in mehrfacher Hinsicht aufschlussreich. Sie zeigen, wie bestimmte Referenzsysteme, Normen und Erwartungen, intern und extern für die Wahrnehmung der Pädagogik folgenreich sind.

1. Schulmännerklugheit und Empirisierung pädagogischen Wissens

Wenn man mit der prädisziplinären Phase beginnt und von "Schulmänner-klugheit" spricht, dann darf man sich zur Analyse des pädagogischen Wissens und seiner Dynamik und Geltung zunächst den Blick nicht verstellen lassen durch die Etikettierungen, die in der Pädagogik- und Disziplingeschichte immer noch dominieren. Hier konkurrieren ja in der Regel für das ausgehende 19. Jahrhundert ein als geistlos beurteilter, uniformierter, theoretisch wenig brauchbarer "Herbartianismus" mit einer inspirierenden, in der Praxis selbst sich allmählich entfaltenden, handlungsrelevanten "Reformpädagogik" auf der Praxisseite und eine philosophische, bald von Dilthey geisteswissenschaftlich erneuerte Erziehungswissenschaft auf der anderen Seite. Nicht dass es den Herbartianismus nicht gegeben habe, ist dabei meine These, sondern dass in dieser Konstruktion über Gebühr vereinfacht und der Herbartianismus zur Karikatur diffamiert wird, das will ich andeuten (vgl. Tenorth 1989b: 317-343; 1989d: 133-154). Blickt man auf die Quellen und die zeitgenössische Diskussion, dann stellt man nicht nur fest, dass die Reformpädagogik auch im Schoße des Herbartianismus entsteht, sondern auch sonst viel der Tradition verdankt. Hermann Lietz und die Landerziehungsheime belegen das ebenso wie, wenn auch verdeckt, die Steinersche Pädagogik der Waldorfschulen, wie Klaus Prange gezeigt hat. Die Spätherbartianer sind auch selbst innovativ an der Veränderung der Erziehungsmöglichkeiten beteiligt, und vor allem - sie haben ein Wissen aufgebaut, das für die Schule und die Lehrer unentbehrlich war, um den Beruf zu konstituieren und die Professionalität im Umgang mit Kindern und Schülern zu finden.

Insofern ist es die wirklich überraschende Tatsache, dass dieses wohlgefügte Wissenssystem an Geltung und Anerkennung verliert und durch andere Formen von Erziehungswissenschaft aufgelöst wird. Für unser Thema, also für die Anerkennung oder Ablehnung, ist es dabei die wichtigste Tatsache, dass das Verhältnis von Anerkennung und Verweigerung, von Liebe und Abwehr sich zunächst und vor allem innerhalb der Pädagogik entfaltet; denn abgelöst wird der Herbartianismus nicht nur durch eine reformorientierte linke Lehrerfraktion (die dennoch die Schemata des Herbartianismus in ihren Denkformen nicht ablegen kann), sondern zugleich auch durch eine aus der Erziehungsreflexion selbst stammende und mit der Lehrerbewegung eng verbundene empirische Erziehungswissenschaft, die das Theorie- und Forschungsfundament des Herbartianismus bezweifelt, aber an seiner Ambition, gesichertes Wissen zu liefern, gleichwohl festhält. Die neue Erziehungswissenschaft, zuerst eine erfahrungswissenschaftlich orientierte Disziplin, gewinnt unmittelbar und rasch wieder neue Anerkennung innerhalb der Profession. Sie verbrüdert sich mit der forschungsorientierten Erneuerungsbewegung der Lehrerschaft und zugleich mit der kulturkritisch verstandenen Erneuerung des öffentlichen Bildungswesens, die seit 1890/1900 insgesamt Geltung hat.

Ungeliebt, um die schwierigen Fronten zu charakterisieren, die um 1900 gelten, ist diese Disziplin aber in Bezug auf zwei Außeninstanzen: Einerseits wird sie problematisiert von der empirisch arbeitenden Psychologie (weil die davon eine Beschädigung ihrer eigenen Reputation befürchtet, die ihre Bemühungen zunichte macht, objektive und nicht interessengeleitete Forschung zu werden), andererseits von der Philosophie, und dann auch von einer philosophisch orientierten Reflexion von Bildungsproblemen, weil sie befürchtet, dass durch die Verbindung empirischer Pädagogik mit den Statusambitionen der Volksschullehrer die Eigeninteressen auf Zugang zu den Universitäten belastet werden (vgl. Drewek 1996: 299-316). Das Ergebnis solcher interner Kontroversen und externer Zuschreibungen ist schließlich, dass eine der erfolgversprechendsten Innovationen des Faches - die empirischexperimentelle Pädagogik - aus der Disziplin und aus dem Wissenschaftssystem heraus selbst zunichte gemacht, jedenfalls in ihren Wirkungsmöglichkeiten stark beschränkt wird, so dass sich empirische pädagogische Forschung außerhalb der Disziplin, zuerst in der Psychologie, dann in der Soziologie etabliert.

2. "Reformpädagogik" und Reformorientierung

Ungeliebt, und deswegen ohne Chance auf institutionelle Anerkennung, ist diese neue Erziehungswissenschaft dann nach 1918 nicht nur theoretisch und disziplinintern, sondern auch bildungspolitisch (vgl. Tenorth 1989c: 117-140). Allein eine philosophische Erziehungswissenschaft findet den Zugang in die Universität. Bei der Abwehr der anderen Disziplingestalten wirkt das Motiv fort, dass pädagogische Reflexion immer das Wissen der Schulmänner

17

war und ist, jetzt freilich unter der problematisierenden Bedingung, dass die Anerkennung des Wissenschaftsstatus des Berufswissens von Lehrern dazu führen würde, dass sie universitär ausgebildet, anders bezahlt und institutionell neu platziert werden müssen.

Es bedarf schon großer Anstrengungen der philosophischen Erziehungswissenschaft, der Bildungs- und Finanzpolitiker der Weimarer Republik und der Universitäten um die von der Verfassung gebotene Akademisierung der Lehrerbildung zu ermöglichen ohne die Lehrer wirklich in die Universität hineinzulassen.

Die dabei bekanntlich gefundene Lösung der pädagogischen Akademien zeigt wiederum, wie unerwartet sich Liebe und Missachtung verteilen. In der traditionalen Selbstwahrnehmung der Pädagogik ist die Gründung der Akademien ein Indiz für die Anerkennung des Faches, in Selbstbeschreibungen der Politiker ist sie ein Indiz für die einzig angemessene Form praxisbezogener Ausbildung von Lehrern, für die Absolventen dieser Schulen die beste Möglichkeit "Schulmännerklugheit" zu erwerben und handlungsfähig zu werden.

Wissenschaftsstatus aber, das Kriterium der Anerkennung als Disziplin, gewinnt nicht diese "Schulmännerklugheit" der pädagogischen Akademien, sondern die sie reflektierende, philosophisch begleitende, zensierende, begrenzende und normierende Form philosophischer Pädagogik, die sich an Universitäten etabliert. Eduard Spranger ist dafür der meistgesuchte Hauptzeuge, weil man seine Attacken gegen die Lehrer und die "Wolfsmeute des DLV" in Erinnerung rufen kann. Mir scheint es genauso wichtig, an Theodor Litt zu erinnern, der in der Mitte der zwanziger Jahre die "Möglichkeiten und Grenzen der Pädagogik" und die pädagogische Variante der "neuen Sachlichkeit" dadurch stark macht, dass er die Pädagogen und ihren Imperialismus strikt zurückweist, sie von Gesellschaftsreformen abhält und intensiv daran erinnert, dass es auf nichts anderes und mehr ankomme, als auf das "pädagogische Handwerk". Die Gegner dieser Attacken, die sich als Plädoyer für die Bescheidenheit der pädagogischen Profession darstellen, sind linke und links-liberale Lehrer, aber auch Pädagogen in der sozialen Arbeit und in der Sozialpädagogik, die an der Reform der Erziehungsverhältnisse festhalten. Die von den Erziehungsphilosophen kritisierten Fachvertreter sind schließlich solche Pädagogen, die die immer noch dominierende Form konfessioneller oder milieuhafter Bindungen der Erziehungswissenschaft zugunsten des Universalismus einer autonomen Erziehungsreflexion und -praxis auflösen wollen - Ernst Krieck z.B. oder Siegfried Kawerau. Diese Gegner sind also nicht einfach nach politischen Kriterien oder in den Schemata von links und rechts zu beschreiben, sondern quer durch die politischen Fraktionen zu finden, Teile einer sich verselbständigenden pädagogisch-sozialen Bewegung, in der die neuen Erziehungsverhältnisse autonom neu gestaltet werden sollten. Ungeliebt ist diese Gestalt der Disziplin, weil sie nicht nur das Wissenschaftssystem stört und den Staatshaushalt bedroht und problematisiert, sondern zugleich auch die auf Staatlichkeit fixierte Form der Regelung des Generationenverhältnisses in Deutschland an ihre Grenzen führt.

3. Philosophie und Ideologie

Mein drittes Beispiel für die in sich ambivalente, zum Teil unerwartete, immer problematische Verteilung von Anerkennung und Missachtung der Pädagogik könnte jetzt mit dem Jahr 1933 einsetzen und dem Verhältnis von Erziehungswissenschaft und Nationalsozialismus gelten. Ich will das nicht ausführlich tun, weil wir das in den letzten 20 Jahren intensiv erörtert haben[5], aber doch daran erinnern, dass sich auch unter diesen Bedingungen Anerkennung und Geltung eigentümlicherweise vermischen und verteilen. Selbstverständlich gibt es nach 1933 ganz unübersehbare Indizien für die Ausgrenzung einer gesellschaftskritischen, einer dem Faschismus gegenüber distanzierten und auch gegenüber dem neuen Staat kritischen Pädagogik (vgl. Tenorth 1990a: 90-112; 1994: 703-706; 1996b: 156-171). Gleichzeitig finden sich unübersehbare Indizien für eine zweite, durchaus große Gruppe von Pädagogen, die nach Anerkennung durch den Staat gieren und sich in Anpassungsleistungen überbieten - ohne die Anerkennung immer zu finden.

Schließlich findet sich, nicht so sehr an Universitäten und nicht so sehr im etablierten Wissenschaftsdiskurs präsent, aber doch unübersehbar eine vom Staat gesuchte, anerkannte und stark nachgefragte Erziehungswissenschaft im Arbeitsdienst, in der Ausbildung der Lehrer innerhalb der HJ, schließlich auch in der Wehrmachtspsychologie oder in Betrieben, bei DATSCH und DINTA, dort, wo man in der Ausbildung von Lehrlingen oder in der Praxis von Erziehung nach Rationalisierung sucht, nach Optimierung und Technisierung pädagogischer Verhältnisse. Es kann keineswegs die Rede sein, dass die Pädagogik hier eine ungeliebte Disziplin war, hier war sie vielmehr anerkannt, beachtet, stark nachgefragt, und sie lieferte die Informationen, die man von ihr erwartete - wie andere Wissenschaften auch[6].

Zwischenfazit:

Angesichts dieser Verhältnisse vor und nach 1900 muss man fragen, ob sich in dem Streit um die Anerkennung und Nichtanerkennung des Faches nicht viel eher Kontroversen über bestimmte Disziplinzustände, Theoriemodelle oder Wissenschaftsgestalten verbergen, etwa derart, dass eine an Technologie und Technokratie orientierte, auf Rezeptwissen nicht allergisch reagierende Disziplin immer anerkannt und geachtet war, zur Stabilisierung von Milieus und Institutionen, auch von der pädagogischen Profession, gesucht wurde und

---

[5] Für den Kontext Tenorth 1986: 299-321; 1988: 53-84; 1989e: 261-280.

[6] Von der Professionalisierung der Psychologie sprechen die Arbeiten von Ulf Geuter (Frankfurt a.M. 1994), von der Professionalisierung der Soziologie die Studien von Otthein Rammstedt (Frankfurt a.M. 1986), vom Nutzen der Historie für die Eroberungspolitik die jüngsten Debatten in der Geschichtswissenschaft etc.

von daher auch die Erfolgsgeschichte der Pädagogik mit begründet, wie sie in der Ausbildung der Professionen und in der Legitimation von Erziehungsverhältnissen vorliegt. Man mag diese Anerkennung für manche Epochen retrospektiv nur unwillig sehen, sie ist dennoch unbestreitbar.

Die jetzt naheliegende Dualisierung, also der Verweis auf das Gegenbild einer gesellschaftskritischen Pädagogik, die nicht nur gegen die Verführung der Instrumentalisierung und Politisierung gefeit war und sich gegen die freiwillige Unterwerfung gewehrt hat, hellt das Bild nur partiell auf. Diese einfache Dualisierung ist schon deswegen nicht besonders attraktiv, weil es Ratschläge zur Technokratisierung von Erziehungsverhältnissen auch aus der Zeit vor 1933 gibt und sogar von gesellschaftskritischen Pädagogen - Herwig Blankertz hat das an Siegfried Bernfeld gezeigt (vgl. Blankertz 1982: 302 u.ö.), die wiederkehrenden Erziehungsstaatsvisionen und die widersprüchlichfatalen Versuche der Konstruktion des neuen Menschen warnen ebenfalls (vgl. Benner u.a. 1998). An Beispielen für eine sich kritisch dünkende, aber politisch sich anbiedernde und die jeweiligen Machtlagen stützende Erziehungswissenschaft nach 1945 ist in Ost und West kein Mangel. Aber es geht hier nicht um Abrechnung oder um Schuldzuschreibungen, sondern um die strukturellen Probleme im Verhältnis von Disziplin und Politik, auf die man in der Geschichte der Erziehungswissenschaft stößt:

- Anerkennung und Achtung findet die Erziehungswissenschaft als Disziplin zunächst eindeutig in der Ausbildung von Pädagogen. Sie findet diese Anerkennung jedenfalls so lange, wie sie die Ausbildungsleistung und das Ausbildungsversprechen nicht verknüpft mit Statusambitionen und mit dem Versuch, sich selbst und ihre Klientel auf einem institutionellen Niveau, z.B. der Universität, zu verankern, das andere Ressourcen und einen anderen Status für Profession und Disziplin fordert.

- Problematisch und ungeliebt ist die Disziplin seit dem ausgehenden 19. Jahrhundert kontinuierlich aber schon dann, wenn man das Verhältnis von Profession und Disziplin betrachtet. So wie exemplarisch die Herbartianer an Geltung bei den Pädagogen um 1900 verlieren, so verlieren die Pädagogen nach 1900 kontinuierlich an Geltung bei Universitätsphilosophen, die Universitätsphilosophen wiederum kontinuierlich an Geltung innerhalb der praxisbezogenen Form pädagogischer Reflexion und Arbeit.

- Ein großes Potential an Kontroversen rührt deshalb daher, dass es eine Fiktion wäre, von der ungeliebten - oder anerkannten - Disziplin als einer Einheit zu sprechen. In Wirklichkeit werden unter dem Disziplinbegriff ganz unterschiedliche Wissensformen gebündelt, mit unterschiedlichen Referenzen, mit unterschiedlichen Standards der Erzeugung und Bewertung von Wissen und mit unterschiedlichen Erwartungen an die Bedeutsamkeit und die Relevanz von Kritik und Forschung.

- Blickt man schließlich auf die externen Relationen, in denen sich die Disziplin über die ihr zugeordnete Profession hinaus in der Geschichte entwickelt, dann darf man vereinfacht festhalten, dass die Disziplin in dem Maße staatlich und öffentlich gesucht und anerkannt war und ist, in dem sie technokratisch nutzbares, Erziehungsverhältnisse stabilisierendes und regulierendes orientierendes Wissen liefert. Die Erziehungswissenschaft wird aber in dem Maße wieder als unnütz oder überflüssig betrachtet oder als problematisch beurteilt, in dem sie Erziehungsverhältnisse selber mit Alternativen konfrontiert und alternativ theoretisch konzipiert oder antizipierend problematisiert.

III.

Im Grunde wiederholen sich in der Bundesrepublik seit 1960 die Problemkonstellationen, die auch schon für den fragilen, in sich problematischen, kritischen und ambivalenten Status der Erziehungswissenschaft bis 1945 charakteristisch waren, und zwar sowohl im Westen wie im Osten, freilich mit der Schwierigkeit, dass die empirischen Nachweise für den Osten in der bisherigen Forschung nicht so eindeutig zu finden sind, so dass ich meine Hinweise primär auf die Geschichte der Bundesrepublik beschränke (vgl. Tenorth 1997: 111-154). Dabei kann ich auch auf die Frage eingehen, ob es 1968 tatsächlich eine Zäsur in der Disziplingeschichte gab, und wenn ja, in welchem Sinne sich diese Zäsur begreifen und in ihrer langfristigen Wirkung interpretieren lässt (für den Hintergrund Tenorth 1999b: 135-161).

Mit der Zäsur von 1968, das erleichtert vielleicht die Diskussion, wird nicht ein anerkannter Zustand der Disziplin oder das Fach insgesamt thematisch und bis heute problematisch, sondern im Grunde die Disziplin in zwei Disziplingestalten zum Gegenstand der Reflexion. Die alte, nach 1945 im Westen wieder restaurierte, an den Universitäten im wesentlichen philosophisch orientierte, an den pädagogischen Hochschulen in der Tradition der Akademien bzw., nimmt man die katholischen pädagogischen Hochschulen, im Milieuwissen der zwanziger Jahre neu formierte Erziehungswissenschaft bildet die eine Seite, die sich formierende unter dem Siegel der kritischen Erziehungswissenschaft sich bald entfaltende, aber in sich noch unklar-offen definierte Erziehungswissenschaft die zweite.

Gegen die landläufige Beschreibung würde ich die sog. empirische Erziehungswissenschaft zunächst nicht als relevante Größe einführen, trotz aller wissenschaftstheoretischen Propaganda, die zumal von Heidelberg, aber auch von Konstanz aus mit diesem Begriff verbunden wurde und wird. Empirische Forschung in der Erziehungswissenschaft lässt sich als komplexes Paradigma und als traditional schon existente Disziplingestalt auf beiden Seiten der Nachkriegs-Erziehungswissenschaft finden. Heinrich Roth und seine realistische Wendung sind in vielen ihrer Propagandasätze sehr viel eher der kritischen Erziehungswissenschaft als der traditionellen philosophischen Pädagogik zurechenbar, in vielen anderen Aspekten, Erwartungen und Wissensformen aber auch der Tradition der an pädagogischen Hochschulen längst etablierten und z.B. über das Frankfurter Institut für Internationale Pädagogische Forschung auch mit der Ausbildung von Lehrern verknüpften Pädagogik.

Meine Überlegungen konzentrieren sich zunächst auf die zwei konfligierenden Leitbilder des Faches, weil es meine These ist, dass beide Formen von Pädagogik zugleich dafür sorgen, dass die Anerkennung der Disziplin in der Folgezeit, und wie man sehen kann, vielleicht auch sogar bis heute, problematisch wird und bleibt. Manifeste Probleme mag die seit 1968 entstehende kritische Erziehungswissenschaft zuerst aufgeworfen haben, sie stehen aber keineswegs allein. Dennoch lohnt zunächst ein Blick auf diesen Teil des Faches.

Kritische Erziehungswissenschaft

Die kritische Erziehungswissenschaft und mit ihr der Aufbruch von 1968 sind insofern ein Ereignis, das Anerkennung und Missachtung des Faches in gleicher Weise provoziert, weil mehrere Stränge der Disziplinentwicklung, mehrere Problemdimensionen ihrer Arbeit, wissenschaftliche, gesellschaftliche, institutionelle, pädagogische und politische Entwicklungen und Zäsuren, sich hier verbinden. Einerseits ist selbstverständlich die Nähe von Protagonisten dieses Faches zu der Studentenbewegung unübersehbar, gleichzeitig teilt die kritische Erziehungswissenschaft die kritische Wendung der jungen Generation gegen die im Faschismus groß gewordene Elterngeneration; sie akzeptiert die Bedeutsamkeit einer kritischen Vergewisserung über das problematische Erbe der nationalsozialistischen Vergangenheit, und sie vermag die bundesrepublikanische Gesellschaft nach Kriterien von gerecht und ungerecht zu sortieren, nach Kriterien also, die im Diskurs der regierenden Pädagogik und Bildungspolitik angesichts des Bildungssystems und der Erziehungsverhältnisse in der neuen Schärfe und Eindeutigkeit vorher nicht vorhanden waren.

Die Konsequenzen dieses Aufbruchs, der 1969 vom Rückenwind der ersten sozialliberalen Koalition profitiert, sind auch entsprechend radikal: Die Bildungsexpansion setzt ein; obwohl die Strukturreform der Schule scheitert, ist die Strukturreform der Lehrerbildung gelungen; die letzten pädagogischen Hochschulen werden in die Universitäten integriert, die Lehrerbildung erhält endgültig den Rang einer Ausbildung an wissenschaftlichen Hochschulen. Parallel wird das Diplom für Pädagogen erfunden und damit der Teil der Ausbildung von Pädagogen auf universitäres Niveau gehoben, der vorher zum Teil nur in Fachschulen oder Fachhochschulen verankert war. Völlig neue Themen und Fragestellungen, die die soziale Arbeit mit sich führt, kehren ebenso in die Universität - und die Erziehungswissenschaft - ein, wie der Versuch, Erwachsenenbildung auf wissenschaftlichem Niveau zu betreiben oder sogar ein Thema wie die Freizeit zum Gegenstand der wissenschaftlichen Pädagogik zu machen. Das Diplom in Pädagogik wird - nach dem Diplom in Psychologie - zum ersten exemplarischen Fall einer Ausweitung traditioneller

Universitätsausbildungsgänge, die nicht mehr allein zur Selbstreproduktion von Fächern, sondern zur Selbstreproduktion von Praxiseliten führen, mit allen Folgeproblemen, die ein ungesichert schwieriges Fach in der Anfangsphase der Neukonstitution (und wegen großer Propaganda) mit sich führt.

Bildungspolitik und Pädagogik, gesellschaftliche Erneuerung und wissenschaftliche Ambitionen, große Hoffnungen und gescheiterte Erwartungen verbünden sich zu einem Syndrom, in dem für die externen Beobachter, spätestens bei den Debatten über hessische Rahmenrichtlinien, die Pädagogik wieder in die Rolle kommt, die ihr Friedrich Wilhelm IV. bereits zugeschrieben und die Börne befürchtet hatte. Lässt man die Pädagogen arbeiten, wie sie möchten, muss man mit den schlimmsten Folgen rechnen.

In dieser Situation ist freilich nicht nur für die Außenwelt und für den Außenbeobachter die Pädagogik erneut eine ungeliebte Disziplin, sondern auch innerhalb des Faches. Erst vor diesem Hintergrund einer sich entfaltenden Erziehungswissenschaft gewinnen nämlich die scheinbar rein wissenschaftstheoretischen Kontroversen, wie sie zwischen Kritischer Theorie und einer vermeintlich kritisch rationalen Erziehungswissenschaft geführt werden, den Charakter, den sie in Wahrheit ja immer haben, nämlich den des Klassenkampfes in der Theorie. Die wissenschaftstheoretische Diskussion ersetzt eine Zeit lang nicht nur die Forschung und die Ausbildungsleistungen, sondern wird zum Fokus, in dem Identitätsbildung sowohl im Fach als auch in der Profession zugleich und gleichzeitig behandelt werden.

Für meine Diagnose ist entscheidend, dass dabei die Selbstkritik und die Selbstreflexion im Fach selbst wieder stimuliert werden. In unterschiedlichen Konsequenzen und noch nicht eindeutiger Gegenwartsgestalt wird aus der Verständigung über die denkbaren Formen der Erziehungswissenschaft ein Diskurs, der jedenfalls eines zuverlässig leistet, eine fachinterne Kritik der fachinternen Illusionen der späten sechziger und frühen 1970er Jahre. Man könnte an den Schriften von Klaus Mollenhauer zeigen, wie die alten Ansprüche, politischen Erwartungen und pädagogischen Hoffnungen in disziplinär transformierter Gestalt sowohl überleben als auch reduziert und herunterdefiniert werden.

Heutige Gestalt

Die Erziehungswissenschaft bewahrt das Selbstverständnis, das sich kurzfristig 1968 und in der Folgezeit in wichtigen Segmenten der Disziplin entwickelt hatte, über die späten 70er Jahre hinaus bis zur Gegenwart nicht. Sie wird zu einer Sozialwissenschaft, die unabhängig von politischen Codierungen in eigentümlicher Weise Theorie und Forschung, Praxisambition und professionsbezogene Ausbildungsleistung zu verknüpfen sucht, alltäglich, normalisiert, nicht mehr oder nicht weniger anerkannt wie andere Sozialwissenschaften auch. In Selbstverständnisdebatten verstrickt, z.B. über "das Allgemeine" oder leitende Paradigmata, aber zumeist doch mit dem Alltag der Ausbildung und den Möglichkeiten der Forschung beschäftigt als mit Selbstreflexion oder Kritik und Konstruktion neuer großer Welten.

Zuschreibungen

In der Außenwahrnehmung und dann nicht nur im Feuilleton der FAZ (obwohl Konrad Adam einige Meisterschaft im Diffamieren entwickelt hat), wird freilich das Bild der immer noch existenten Pädagogik von 1968 und einer sich in ihren Versprechen übernehmenden Erziehungswissenschaft entworfen, und zwar in Topoi von Polemik, Aggression und Abwehr von Erziehungswissenschaft und Bildungsreform, die selbst der Analyse bedürfen.

Ganz eindeutig ist die Pädagogik hier ein Objekt, an dem Stellvertreterkriege ausgetragen werden. Sie liefert - wie in der Bildungsreform der 20er Jahre angesichts der Reformpädagogik, wie in der Schulreform der empirischen Pädagogen vor 1914 - nicht mehr als ein Stichwort, an dem sich konservative Ängste, u.a. vor dem Gleichheitspostulat, ebenso entzünden wie traditionale Urteile über das, was Schule sein könnte oder soziale Arbeit legitimerweise erwarten darf, oder was sich an Bezahlung für Pädagogen im Status ihrer Referenzdisziplin institutionell verankern lässt. Je intensiver man diese Debatte über die Erziehungswissenschaft und ihre Leistung betrachtet, wie sie sich in der konservativen Öffentlichkeit, zum Teil auch noch innerhalb des Philologenverbandes, bei reformenttäuschten Lehrern, aber auch in manchen Nachbardisziplinen findet, um so deutlicher ist, dass sich das Problem von Anerkennung und Nichtanerkennung, von liebevoller Zuwendung oder abwertender Abwendung in der Regel nicht auf ein Fach bezieht, sondern auf ein strukturelles Problem: Die Schelte der Erziehungswissenschaft und die Kontroversen über ihren Status gelten der Frage, welche Organisationsform und welchen Status soziale Reproduktion und die Ordnung des Generationenverhältnisses in unserer Gesellschaft haben können.

Insofern wird die wissenschaftliche Pädagogik, so wäre meine Prognose, innerhalb dieses Segmentes der öffentlichen Debatten notorisch so ungeliebt bleiben, wie wir sie gegenwärtig wahrnehmen, es sei denn, die ökonomischen und sozialen Verhältnisse seien gegeben, um die Pädagogik wieder so anzuerkennen, dass man auch das Generationenverhältnis neu ordnen kann - so, wie das um 1970 erwartet wurde. Aber das ist eine müßige Erwartung.

Interne Kritik

Wichtiger als diese externe Validierung oder die kritische Zuschreibung an das Fach scheint mir deshalb auch, dass man die begleitende interne Kritik an der Erziehungswissenschaft nicht ganz ignoriert. Parallel zu der ungestümen

Expansion des Faches - von wenig mehr als 200 auf mehr als 2.000 Fachvertreter an den wissenschaftlichen Hochschulen - und konzentriert auf die damit verbundenen großen Ambitionen in Bezug auf die Reform und Erneuerung der Erziehungs- und Bildungsverhältnisse hat ja auch eine immanente Kritik und Analyse der Erziehungswissenschaft eingesetzt.

Sie war nicht von politischen Vorurteilen geleitet, sondern von systematischen Hypothesen, und diese Kritik hat versucht sich auf eindeutige Daten und Befunde der Wissenschaftsforschung zu stützen. Der Ausgangspunkt dieser Forschungen war nicht die These von der ungeliebten, sondern von der aller Normalität entbehrenden, besonderen Gestalt der wissenschaftlichen Pädagogik, die quasi als das pädagogische oder wissenschaftliche Pendant zum deutschen politischen Sonderweg und als Korrelat zu den Verirrungen der deutschen Bildungstradition interpretiert wurde. Auf Kongressen unserer Gesellschaft wurde ernsthaft thematisiert, ob die Disziplin überflüssig ist (vgl. Herrmann 1983: 443-463), innerhalb der Fachgesellschaft wurde, wie schon früher angesichts einzelner Fachvertreter (vgl. Tenorth 1992a: 23-40), gefragt, ob die Erziehungswissenschaft eigentlich erwünscht sei; in Kommissionen unserer Gesellschaft wurde die Frage aufgeworfen, was denn "normal" sei an der Erziehungswissenschaft.

Die Befunde der Wissenschaftsforschung haben in einer höchst unerwarteten Weise alle diese Unterstellungen dementiert (vgl. Tenorth 1990b: 15-27; 1992b: 297-320). Nimmt man die Standardindikatoren der Wissenschaftsforschung, dann ist die Erziehungswissenschaft inzwischen eine höchst normale Disziplin: Sie zeigt ein Publikationsverhalten ihrer Mitglieder, das dem aller anderen Wissenschaften entspricht (wenige schreiben viel, viele schreiben gar nicht - etc.), mit einem methodisch-theoretischen Innovationspotential, das Wissenschaften in der Regel zeigen, mit einem Muster der Rekrutierung, das Autonomie erkennen lässt, und mit einer Einbindung in den gesellschaftlichen Prozess der Wissenserzeugung und -verwertung, in dem sie für ihre Angebote eine Nachfrage findet, die erstaunlich groß ist.

Lässt man z.B. die Einwerbung von Drittmitteln bei der DFG (die relativ schmal ist) nicht so isoliert stehen, wie sie manchmal behandelt wird, dann verfügt die Erziehungswissenschaft über Forschungsressourcen aus Ministerien, von regionalen und lokalen staatlichen Instanzen, Wohlfahrtsträgern u.ä. Einrichtungen, die ein Vielfaches von dem umfassen, was andere Sozialwissenschaften für sich verzeichnen können. Es macht Mühe, angesichts dieses Status das Urteil von der ungeliebten oder gar der nichtnormalisierten Disziplin aufrechtzuerhalten. Das Urteil erweist sich als eine Konstruktion, der in gewissen Situationen Orientierungswert zukommt, vielleicht auch ein Mobilisierungspotential, aber keine unbestrittene, gar für alle Dimensionen der Wissenschaftspraxis zutreffende Geltung.

Tatsächlich ist die Erziehungswissenschaft eine Disziplin, die zwar öffentlich abgewertet wird, aber gleichzeitig, wenn auch nicht immer von den gleichen Instanzen, auch öffentlich gesucht wird: Man nutzt heute ihr diagnostisches

Potential, sogar dankbar als Fundament einer Schulpolitik, die primär auf Leistung setzt, wie im Umfeld der TIMMS-Studien; man konfrontiert sie, wie im sozialpädagogischen Kontext, mit Erwartungen an Diagnose und therapeutischen Ratschlag, die kaum einzulösen sind, und verweigert ihr doch gleichzeitig die Anerkennung für die schwierige Arbeit in einem schwierigen Revier. Ganz offenbar hängt die Anerkennung der Pädagogik - im Bereich der Schule, in der sozialen Arbeit - mit einem Mechanismus zusammen, den schon Friedrich Paulsen für die Lehrer konstatierte: Ihre Anerkennung steigt mit dem sozialen Status ihrer Klientel.

Versucht man auch für die zweite Phase der Disziplingeschichte, d.h. für die bis zur Gegenwart reichende Entwicklung der Erziehungswissenschaft, also für die Zeit nach 1945, vor allem für die Zeit seit 1968, ein Fazit, dann ergibt sich der folgende Befund:

- Zunächst gibt es eine eigentümliche Wellenbewegung, indem sich Anerkennung und Nichtanerkennung des Faches abbilden lassen. Eine relative Stabilität in der externen Wahrnehmung für die Erziehungswissenschaft in der unmittelbaren Nachkriegszeit, verbunden mit restaurativen Tendenzen nach 1945 wird abgelöst durch zunächst erhöhte Aufmerksamkeit für die Leistungsfähigkeit des Faches, begleitet von einer scharfen Kritik ihrer traditionalen Gestalten, gefolgt schließlich von hohen, wenn nicht übersteigerten Erwartungen an die Leistungsfähigkeit einer neuen Erziehungswissenschaft, die von außen herangetragen, intern gesteigert und dynamisiert werden. Sie führen schließlich, wie das bei übersteigerten Erwartungen prognostizierbar ist, zum Kollaps und Zusammenbruch, weil sich die institutionellen Voraussetzungen, ökonomischen Bedingungen und Konsequenzen, die der eigene Erfolg hätte erwarten lassen, nicht einstellen.

- Ungeliebt ist die Disziplin seither (und erneut) in einem konservativ traditionalen Milieu, weil sie dort zum Stellvertreter und Symbol für eine ungeliebte, verachtete Form von Bildungspolitik, von abgewehrten - egalitären - Mustern sozialer Reproduktion und Statuszuweisung, von unerwünschter Art von Schularbeit geworden ist. Abgelöst von der Realität - der von Schulen, von sozialer Arbeit und auch von der tatsächlichen Leistung der Erziehungswissenschaft in Forschung und Lehre - wurde ein Vorurteil über das Fach gebildet und tradiert, mit dem man zwar beliebig hantieren kann, das aber primär zur Stigmatisierung und Ausgrenzung eines Faches geeignet ist, das aber nicht mehr der Prüfung an der Realität bedarf, wenn man über die Leistungen in Lehre und Forschung, in der Ausbildung und Praxisberatung spricht.

- In der Realität ist die Erziehungswissenschaft aber zu einer ganz normalen Disziplin geworden, und das schließt ein, dass die Formen der Krisen und die konstatierten Defizite den üblichen Konjunkturen folgen, die für Wissenschaft in einem so professionsbezogenen Bereich wie der Pädagogik erwartbar und normal sind: Abhängig sind die Krisen bzw. Konjunkturen von der Erfindungskraft der Disziplinmitglieder und auch von der Attraktivität der Probleme, die sich für die Forschung stellen, von Aufgaben, die die Praxis stellt, und von Schwierigkeiten, die man der Erziehungswirklichkeit zuschreiben kann. Die Aussagen in und die öffentliche Resonanz auf die TIMMS-Studien einerseits, bestimmte sozialpädagogische Analysen andererseits, z.b. zur Jugendgewalt, zeigen, welche Leistungs- und Verwendungsfähigkeit in der aktuellen Arbeit der Disziplin identifizierbar sind - samt allen Folgeproblemen, die theoretisch und praktisch mit solchen Arbeiten verbunden sind. Aber wenn es darauf ankäme, den Nachweis für die optimistischen Diagnosen, Prognosen über die Normalität und Alltäglichkeit von Defizitzuschreibungen und Leistungsversprechen zu führen, dann besteht kein Mangel an wissenschaftlicher Arbeit, an der man über die Erziehungswissenschaft diskutieren kann.

IV.

Gibt es ein Fazit meiner Überlegungen, das auch systematisch Sinn macht? Mein Fazit mag sich trotz aller Normalitätsunterstellungen etwas fatalistisch anhören oder skeptisch, gleichwie. Die Tatsache, dass die Pädagogik eine eher doch ungeliebte Disziplin ist, würde ich der Situation zuschreiben, dass die Ordnung des Generationenverhältnisses selber die Gesellschaft vor so große Anpassungsprobleme stellt, dass sie Attribuierungsmuster braucht, um zuzuschreiben, was an Schwierigkeiten, Defiziten und Misserfolgen in der Sozialisationsordnung zu beobachten ist. Pädagogik eignet sich für solche Zuschreibungen, weil sie tradiert und verkörpert, was sie reflektiert. Aber sie hätte in dieser Situation ihren Beruf verfehlt, nämlich die Erwartung, dass sie die Ordnung des Generationenverhältnisses kritisch thematisiert und konstruierend wie forschend begleitet, wollte sie zu einer geliebten Disziplin werden.

Denn wer sollte uns lieben, wenn wir heute thematisieren, in welcher - nur schwer zu legitimierenden - Weise die Gesellschaft ihre Gegenwart zwischen den Generationen ordnet und über ihre Zukunft lernend und lehrend, ausbildend und forschend verfügt, Chancen und Optionen definiert und zuschreibt? Angesichts der Realität, in der diese Gesellschaft das tut, was traditionellerweise unter dem Titel der Pädagogik geschieht, nämlich die Ordnung des Generationenverhältnisses, darf man nicht erwarten geliebt zu werden, weil in der Regel schon Beschreibungen als Kritik rezipiert und recodiert werden. Wer sollte dann derjenige sein, bei dem wir Anerkennung zu erhalten suchen - der Finanzminister? die Kultusministerien? Ich sehe die Schwierigkeit, die mit der institutionellen Verankerung für Pädagogen und Erziehungswissenschaftler verbunden ist, und selbstverständlich habe ich die Sorge, dass der qualifizierte Nachwuchs, den wir heute ausbilden, künftig nicht die Arbeitsmöglichkeiten findet, die er braucht. Aber ich würde nicht um Anerkennung buhlen, weder generell noch im Besonderen: Man soll über fehlende Liebe nicht jammern, sich vielleicht nur andere Liebhaber suchen; und breite Anerkennung als Disziplin, das zeigt die Geschichte der Pädagogik, war eher dort zu finden, wo die Erziehungswissenschaft die kritische Frage nach den Implikationen, Folgen und nicht offengelegten Erwartungen im Prozess der Generationen nicht mehr thematisiert hat, sondern nicht mehr war, als ein technokratischer Begleiter nichtreflektierter Veränderung. Das wird uns zwar gelegentlich empfohlen, z.t. sogar unter dem Namen der "Forschung", aber man muss wissen, dass man dann nicht einmal mehr qualifizierte pädagogische Berufsabsolventen ausbilden kann; denn die Zukunft, mit der sie zu tun haben und die sie in autonomer, theoretischer und sozialer Kompetenz bewältigen müssen, wird nicht dadurch einfacher, dass wir in der Lehre behaupten, dass diese Zukunft einfach sei. Auch wenn es vielleicht wenig ermutigend klingt, wir werden uns, so denke ich, besser mit dem Zustand produktiv abfinden müssen, dass wir eine ungeliebte Disziplin sind, schon weil die historische Erfahrung lehrt, dass Anerkennung meist größere Probleme mit sich bringt als skeptische Abwehr.

Literatur

Apel, Hans J./ Horn, Klaus/ Lundgren, Peter/ Sandfuchs, Uwe (Hrsg.) 1999: Professionalisierung pädagogischer Berufe im historischen Prozeß. Bad Heilbrunn

Benner, Dietrich/ Schriewer, Jürgen/ Tenorth, Heinz-Elmar (Hrsg.) 1998: Erziehungsstaaten. Historisch-vergleichende Analysen ihrer Geschichte und nationaler Gestalten. Weinheim

Blankertz, Herwig 1982: Die Geschichte der Pädagogik. Wetzlar

Börne, Ludwig 1977: Aphorismus 35. In: Blankertz, Herwig: Sämtliche Schriften. Band 1. Dreieich: 144

Drewek, Peter 1996: Die Herausbildung der "geisteswissenschaftlichen Pädagogik" vor 1918 aus sozialgeschichtlicher Perspektive. In: Leschinsky, Achim (Hrsg.): Die Institutionalisierung von Lehren und Lernen. Weinheim/ Basel: 299-316 (34. Beiheft der Zeitschrift für Pädagogik)

Herrmann, Ulrich/ Oelkers, Jürgen/ Schriewer, Jürgen/ Tenorth, Heinz-Elmar 1983: Überflüssige oder verkannte Disziplin? Erziehungswissenschaft zwischen Ratlosigkeit und Betriebsamkeit, Theoriekonjunkturen und Theorieverschleiß. In: 18. Beiheft der Zeitschrift für Pädagogik. Weinheim/ Basel: 443-463

Kersting, Christa 1992: Die Genese der Pädagogik im 18. Jahrhundert. Campes 'Allgemeine Revision' im Kontext der neuzeitlichen Wissenschaft. Weinheim

Tenorth, Heinz-Elmar 1985: Wissenschaftliche Pädagogik in Deutschland. In: Braun, Hans-Joachim/ Kluwe, Rainer (Hrsg.): Entwicklung und Selbstverständnis von Wissenschaften. Ein interdisziplinäres Colloquium. Frankfurt a.M.: 79-100

Tenorth, Heinz-Elmar 1986: Deutsche Erziehungswissenschaft 1930-1945. Aspekte ihres Strukturwandels. In: Zeitschrift für Pädagogik 32 (1986): 299-321

Tenorth, Heinz-Elmar/ Jäger, G. 1987: Pädagogisches Denken 1800-1870. In: Jeismann, Karl E./ Lundgreen, Peter (Hrsg): Handbuch der deutschen Bildungsgeschichte. Band 3. 1800-1870. Von der Neuordnung Deutschlands bis zur Gründung des deutschen Reichs. München: 71-103

Tenorth, Heinz-Elmar 1988: Wissenschaftliche Pädagogik im nationalsozialistischen Deutschland. Zum Stand ihrer Erforschung. In: Herrmann, Ulrich/ Oelkers, Jürgen (Hrsg.): Pädagogik und Nationalsozialismus. Weinheim/ Basel (22. Beiheft der Zeitschrift für Pädagogik): 53-84

Tenorth, Heinz-Elmar 1989a: Pädagogisches Denken. In: Langewiesche, Dieter (Hrsg.): Handbuch der deutschen Bildungsgeschichte. Bd. V. 1918-1945. Die Weimarer Republik und die nationalsozialistische Diktatur. München: 113-153

Tenorth, Heinz-Elmar 1989b: Versäumte Chancen. Zur Rezeption und Gestalt der empirischen Erziehungswissenschaft der Jahrhundertwende. In: Zedler, Peter/ König, Eckard (Hrsg.): Rekonstruktionen pädagogischer Wissenschaftsgeschichte. Weinheim: 317-343

Tenorth, Heinz-Elmar 1989c: Deutsche Erziehungswissenschaft im frühen 20. Jahrhundert. Aspekte ihrer historisch-sozialen Konstitution. In: Zedler, Peter/ König, Eckard (Hrsg.): Rekonstruktionen pädagogischer Wissenschaftsgeschichte. Weinheim: 117-140

Tenorth, Heinz-Elmar 1989d: Kulturphilosophie als Weltanschauungswissenschaft. Zur Theoretisierung des Denkens über Erziehung. In: Bruch, Rüdiger vom/ Graf, Friedrich W./ Hübinger, Gangolf (Hrsg.): Kultur und Kulturwissenschaften um 1900. Krise der Moderne und Glaube an die Wissenschaft. Stuttgart: 133-154

Tenorth, Heinz-Elmar 1989e: Erziehung und Erziehungswissenschaft von 1930-1945. Über Kontroversen ihrer Analyse. In: Zeitschrift für Pädagogik 35 (1989): 261-280

Tenorth, Heinz-Elmar 1990a: Die Entwicklung der Wissenschaftsdisziplin Pädagogik in der Zeit des Nationalsozialismus. In: Siegele-Wenschkewitz, Leonore/ Stuchlik, Gerda (Hrsg.): Hochschule und Nationalsozialismus. Wissenschaftsgeschichte und Wissenschaftsbetrieb als Thema der Zeitgeschichte. Frankfurt a. M.: 90-112 (Arnoldshainer Texte 66)

Tenorth, Heinz-Elmar 1990b: Vermessung der Erziehungswissenschaft. In: Zeitschrift für Pädagogik 36 (1990): 15-27

Tenorth, Heinz-Elmar 1992a: 'Unnötig und unerwünscht' - Siegfried Bernfeld und die Universitätspädagogik. In: Hörster, Reinhard/ Müller, Burkhard (Hrsg.): Jugend, Erziehung und Psychoanalyse. Zur Sozialpädagogik Siegfried Bernfelds. Neuwied/ Berlin: 23-40

Tenorth, Heinz-Elmar/ Horn, Klaus-Peter 1992b: Die unzugängliche Disziplin. Bemerkungen zu Programm und Realität empirischer Analysen der Erziehungswissenschaft. In: Paschen, Harm/ Wigger, Lothar (Hrsg.): Pädagogisches Argumentieren. Weinheim: 297-320

Tenorth, Heinz-Elmar/ Horn, Klaus-Peter 1994: Emigration und Remigration in der Erziehungswissenschaft. In: Zeitschrift für Pädagogik 40 (1994): 703-706

Tenorth, Heinz-Elmar 1996a: Normalisierung und Sonderweg. In: Borelli, Michele/ Ruhloff, Jörg (Hrsg.): Deutsche Gegenwartspädagogik. Bd. II. Hohengehren: 170-182

Tenorth, Heinz-Elmar/ Horn, Klaus-Peter 1996b: The Impact of Emigration on German Pedagogy. In: Ash, Mitchell G./ Söllner, Alfons (Eds.): Forced Migration and Scientific Change. Washington (German Historical Institute)/ Cambridge (Univiversity Press): 156-171

Tenorth, Heinz-Elmar 1997: Erziehungswissenschaft in Deutschland - Skizze ihrer Geschichte von 1900 bis zur Vereinigung 1990. In: Harney, Klaus/ Krüger, Heinz-Hermann (Hrsg.): Einführung in die Geschichte der Erziehungswissenschaft und der Erziehungswirklichkeit. Opladen: 111-154

Tenorth, Heinz-Elmar 1998a: Geschichte der Erziehungswissenschaft: Konstruktion einer Chimäre oder Geschichte einer erstaunlichen Karriere? In: Drewek, Peter/ Lüth, Christoph et.al. (Eds.): History of Educational Studies - Geschichte der Erziehungswissenschaft - Histoire des Sciences de l'Education. Gent: 3-20 (Paedagogica Historica, Suppl. Series III)

Tenorth, Heinz-Elmar 1998b: Les sciences de l'éducation en Allemagne. Un cheminement vers la modernité entre science, profession enseignante et politique. In: Le Pari des sciences de l'éducation. Coord. par Rita Hofstetter et Bernard Schneuwly. In: Raisons éducatives 1 (1998) 1/ 2: 117-145

Tenorth, Heinz-Elmar 1999a: Der Beitrag der Erziehungswissenschaft zur Professionalisierung pädagogischer Berufe. In: Apel, Hans J./ Horn, Klaus P./ Lundgren, Peter/ Sandfuchs, Uwe (Hrsg.): Professionalisierung pädagogischer Berufe im historischen Prozeß. Bad Heilbrunn: 429-461

Tenorth, Heinz-Elmar 1999b: Die zweite Chance. Oder: Über die Geltung von Kritikansprüchen 'kritischer Erziehungswissenschaft'. In: Sünker, Heinz/ Krüger, Heinz-Hermann (Hrsg.): Kritische Erziehungswissenschaft am Neubeginn?! Frankfurt a.M.: 135-161

Für eine Identität der Erziehungswissenschaft?
Fünf Skizzen zu einer Art Psychogramm der Disziplin[1].

Michael Winkler

Einleitung

Die Literatur der Moderne, allzumal die in ihrer österreichischen Spielart, welche den Zerfall bis zur Morbidität genießt, kennt wenigstens zwei Formen, das ihr zentral erscheinende Problem brüchiger Identität zu behandeln. Die eine, zuweilen mit Joyce's "Ulysses" verglichen, belegt Robert Musils "Mann ohne Eigenschaften" als Versuch, an der unpersönlich bleibenden Hauptfigur des Ulrich Identität an Nicht-Identität aufzuzeigen, um Dissolution und Fragmentierung als beherrschende und typische Existenzform nachzuzeichnen. Die andere, weniger bekannte, hat Heimito von Doderer, nicht unumstrittener Romancier der späten fünfziger Jahre, entwickelt. In "Die Merowinger oder Die totale Familie" (Doderer 1962) schildert er den Fall des Childerich III., eines späten Nachkommen des großen Geschlechts. Durch vielfältige Heirat und Adoption gelingt es diesem, sämtliche einigermaßen erreichbaren Verwandtschaftsgrade auf sich zu vereinen, so dass er, wenn auch nur dem juristischen Verhältnis nach, sein eigener Vater, Großvater, Neffe und Onkel wird. Hegelianisch gesprochen hebt er alle Partikularität in sich auf, erzielt so eine Totalität, die sich als absolute Identität begreifen lässt.

In welcher Lage sich die Erziehungswissenschaft befindet, welches der beiden Modelle auf sie zutrifft, lässt sich nicht ganz entscheiden. Sie scheint jedenfalls ihrer selbst nicht so ganz gewiss zu sein, sieht sich geplagt vom Syndrom einer "undisziplinierten Disziplin" (Hoffmann/ Neumann 1997), fühlt sich von außen bedrängt und sogar infrage gestellt, während ihr innerer Zustand, schon mit "Unübersichtlichkeit als Wissenschaftsprinzip" beschrieben (Uhle/ Hoffmann 1994), zumindest in jüngster Zeit wieder zunehmend Fragen nach Gemeinsamkeiten, gar nach Wesentlichem aufwirft (vgl. z.B. Gruschka 1996). Die Debatten etwa um die Allgemeine Pädagogik haben zugenommen und verraten eine Aufgeregtheit, die den Beteiligten zuweilen den Blick auf das tatsächlich Geschriebene verstellt; da zeichnen sich schon Demontagefantasi-

---

[1] Bei den hier angestellten Überlegungen handelt es sich um einen Versuch, vielleicht sogar nur im die Annäherung an einen solchen, jedenfalls nicht um eine strenge Abhandlung. Daher dürfen weder Systematik noch ein ordentliches methodisches Verfahren erwartet werden, vielmehr bestimmen auch Intuitionen, Seitenblicke und aktuelle Leseerfahrungen den Gedankengang. Insofern sind auch die Literaturhinweise im Text nur als solche zu bewerten, müssen daher zwangsläufig als eher willkürlich genannt und nicht als Beleg akribischer Auswertung erscheinen.

en ab, wo im Gegenteil gute Gründe formuliert und ein Fall für die Allgemeine Pädagogik festgestellt werden, deren Studium ihr einigermaßen Existenzberechtigung verschafft.

Systematisch bezieht sich Identität im erziehungswissenschaftlichen Kontext auf durchaus Unterschiedliches, nämlich auf gegenständliche Identität, mithin auf einen von allen Beteiligten geteilten Objekt- oder Themenbereich, auf Abgrenzung gegenüber anderen Disziplinen und endlich auf einen gemeinsam geteilten und für gültig gehaltenen Bestand an Theorien, Kategorien und Begriffen. Lässt man dies - zugegeben: einigermaßen sträflich - beiseite, wird man, ermuntert durch jene soziologischen wie philosophischen Spekulationen, welche die Formel von der Postmoderne gegenwartsdiagnostisch in Anspruch nehmen, die Identität der Erziehungswissenschaft mit der Figur des bis auf den Vornamen anonymen Ulrich und dessen bröckeliger Existenz beschreiben wollen. Bei mehr Vertrauen in empirische Einsicht, hinreichendem Selbstbewusstsein und einer Spur ironisch gebrochener Kritik liegt hingegen die Figur des Childerich nahe, dessen totalisierendes Verhalten sich doch programmatischen Träumen nähert, wie sie wenigstens in Belastungssituationen Erleichterung verschaffen: Angesichts öffentlicher Feindseligkeit und innerer Zerrissenheit, angesichts fachlicher Desorientierung und sachlicher Verunsicherung, angesichts also unklarer Identität sind Fantasien schon denkbar, die jener familiären Implosion nahekommen, welche den Helden Heimito von Doderers plagt: Der Preis dieser vollständigen Identität des Childerich besteht nämlich in gelegentlich eskalierenden geistigen Störungen, die mit dem ungewöhnlichen Remedium des *Wutmarsches* behandelt werden. Zweifelsohne in Weiterentwicklung und - moderner - Dynamisierung des bekanntermaßen eher beschaulichdösigen Settings psychoanalytischer Behandlung wird der Patient durch den Raum getrieben, aufgehalten nur durch die einigermaßen blindwütige Zerstörung von unzweifelhaft symbolisch gemeinten Figuren, die seinen Projektionen dienlich sind.

Damit ist allerdings auch der Gang der folgenden Überlegungen entworfen. Wie sehr ihr Titel vordergründig programmatisch klingt, sind sie eher therapeutisch angelegt. Den Übeln der späteren Moderne und ihren Auswirkungen auf Pädagogik wie Erziehungswissenschaft lässt sich nämlich mit totalisierenden Identitätsentwürfen kaum beikommen, doch kann ein dezent gehaltener *Wutmarsch* vielleicht über das in Unruhe und gar außer sich geratene Selbst beruhigen. Und seriöser, wenn auch um das Vergnügen der literarischen Anspielung gebracht und zugleich in Anlehnung an eine frühere Bestandsaufnahme, die bis in die Terminologie des Titels unerwartete Aktualität gewinnt: Der "Standort der Erziehungswissenschaft" (vgl. Flitner 1964) ist so schlecht nicht. Die Erziehungswissenschaft muss sich vielmehr, so die in fünf Stichworten explizierte These, um ihre Identität nur dann Sorgen machen, wenn sie diese mit Gewalt erringen will.

I.

Verblüffen wird wohl der Befund, dass die Erziehungswissenschaft hinsichtlich ihrer gegenständlichen Identität von der etwas verworrenen jüngeren Weltlage durchaus profitiert. Jene Veränderungen moderner Gesellschaften (vgl. van der Loo/ van Reijen 1992), welche als *Modernisierung der Moderne*, schon stärker finalisiert als *zweite Moderne* oder gar mit der schon erwähnten *Postmoderne* belegt werden, legen ihr nämlich eine Art von einheitlichem Gegenstand frei, der zwar weniger mit dem Begriff der Identität, wohl aber mit dem einer - ein wenig metaphorisch gesprochen - *Allgemeinheit des Pädagogischen* bezeichnet werden kann. Solche - für die Erziehungswissenschaft und ihre Identität gegenständlich relevante - Allgemeinheit besteht zunächst in der Sichtbarkeit und Dringlichkeit eines pädagogischen Problems. Genauer: Die modernen Gesellschaften der Gegenwart erzeugen ein Problem der Vergesellschaftung, das nicht mehr durch die bislang verfügbaren Vergesellschaftungsverhältnisse allein bearbeitet werden kann. Selbstverständlich haben zu diesen schon immer auch pädagogische Institutionen und Pragmatiken gehört, doch stützten sich diese - sowohl faktisch wie auch in ihrer Legitimation - auf sozialisatorische Prozesse, die ohnedies funktional abliefen, durch Tradition, durch ständische Strukturen - etwa in der Position von Müttern in Familien - und durch Umgangsverhältnisse bestimmt waren. Nun stehen die Gesellschaften nicht nur vor einer dramatischen Zuspitzung der doppelten Problematik von Sozialisation, nämlich Reproduktion von Gesellschaft durch Integration der Individuen in diese zu sichern; vielmehr scheint Sozialisation soweit prekär geworden, dass Pädagogik als ihre reflexiv organisierte Form unabweisbar wird. Darin gründet übrigens noch die Kritik an den bestehenden pädagogischen Institutionen. Ihnen ist vorzuhalten, dass sie noch der Prämisse einer integrationsfähigen Gesellschaft gehorchen und sich keineswegs in der Radikalität auf die pädagogische Problematik einlassen, wie dies sozial und kulturell verlangt wäre. Damit verlieren sie ihre Legitimität, obwohl sie nach internen Maßstäben durchaus erfolgreich funktionieren.

Die Struktur dieses allgemein gewordenen pädagogischen Problems können hier nur Stichworte andeuten:

- Es gründet *erstens* in der Wandlungsdynamik moderner Gesellschaften, welche sich soweit beschleunigt hat, dass sie weder mit Lebenszeiten in Einklang zu bringen, noch in der gesellschaftlich je verfügten oder zugestandenen Entwicklungszeit zu bewältigen ist. Das hat zwei Gründe: Einmal lösen sich in dieser Wandlungsdynamik Kontinuitäten auf; neben der Gleichzeitigkeit des Ungleichzeitigen werden Brüche zu einem dominanten Merkmal sowohl des gesellschaftlichen und kulturellen Prozesses wie aber auch der individuellen Lebensgeschichten. Lebensbewältigung kann sich kaum mehr auf standardisierte Muster verlassen, vollzieht sich nicht mehr im Rahmen kultureller Normalität, sondern verlangt beständig Neuarrangements und Neuinterpretationen der eigenen Erfahrung im zeitlichen Rahmen. Durch die Veränderung des Anzueignenden werden zum anderen Bildungsleistungen, Aneignung, vor allem Prozesse der Vermittlung obsolet, in welchen Subjekte den Weg in einen sozialen und kulturellen Zusammenhang finden, den sie verstehen und gestalten sollen. Der Tradition muss so gleichwertig das Vergessen als Kulturtechnik (vgl. Weinrich 1997) zur Seite treten; es geht nicht mehr allein darum in einer Gesellschaft einen Platz zu finden, vielmehr wird dieser sozial geräumt und muss daher auch subjektiv aufgegeben werden. Sozialisation kann aber dies allein nicht leisten, weil sie nicht das Selbstverhältnis des Subjekts begründet, aus welchem es eben jene sozial geforderte Distanzierung gegenüber seiner eigenen Bildungsgeschichte vollziehen kann. Hier muss ein anderes hinzutreten, eben Pädagogik, die sich aus der spannungsvollen Situation und den in ihr gegebenen Optionen entwickelt und Zukunftsperspektiven eröffnet, die aber keine Ziele haben. Aus der Bruchsituation heraus müssen Settings entstehen, in welchen Bildung als offener Prozess geleistet wird.

- Dies gilt *zweitens* auch angesichts der fortschreitenden Differenzierungsprozesse des Sozialen. Sie führen zu einer Partikularisierung der Existenz, ihre Auflösung in segmentäre, zugleich brüchige Zuordnungen, und verlangen die Preisgabe von festen Bindungen an den einen oder anderen Zusammenhang. Sie fordern vorübergehende Kopplungen von Subjekten, die zugleich eine Perspektive oberhalb des so erreichten Komplexitätsniveaus gewinnen müssen. Weil dies schwierig ist, hat man schon eine Vorstellung postmoderner, multipler Identität entworfen. Doch taugt diese wenig, weil die Subjekte einerseits aus entwicklungspsychologischen Gründen sicherer, Orientierung gebender Zusammenhänge bedürfen, andererseits sich nun aber doch von diesen zu distanzieren haben um gleichsam von oben herab über sich selbst und ihre Wege, ihre Optionen und Chancen zu entscheiden. Sie finden keine Strukturen - Pädagogik wird nötig um solche Strukturen für eine erfolgreiche Ontogenese und Identitätsbildung zu schaffen. Sie stellen das für moderne Gesellschaften fundamentale Erfordernis eines Selbstzwanges sicher (vgl. Elias 1977) und begründen die entscheidenden Bedingungen einer Selbstkonstitution (vgl. Bernhard 1999).

- *Drittens* zeichnet sich ab, dass soziale Strukturen, Verhältnisse, aber auch kulturelle Zusammenhänge sich verflüssigen (vgl. Giesen 1991). Prozesse werden dominant, in welche man involviert ist, ohne sich ihnen gegenüber noch positionieren und verhalten zu können. Eine Konstitution als Subjekt, sei es als kollektives oder individuelles, gegenüber einer dynamisch gewordenen Gesellschaft wird schwierig, nicht zuletzt, weil solche Identifikationsprozesse selbst wiederum die Strukturen verändern. *Structuration* wird zum dominanten Prinzip einer nur noch metastabilen Gesellschaft (vgl. Giddens 1988). Dies verlangt neue Identitätsbalancen, ein gleichsam performatives Subjekt, das zugleich doch sich selbst bewahren muss; sich als ein Bildungssubjekt zu begreifen, könnte eine Antwort darstellen, die freilich prekär und belastend erscheint, weil sie neue Vorstellungen von Normalität und Abweichung nach sich zieht.

- *Viertens* verlieren moderne Gesellschaften ihre Evidenz und sinnliche Erfahrbarkeit als soziale und kulturelle Wirklichkeiten. Sie werden unsichtbar, verschwinden gleichsam, um als imaginative Gesellschaften (vgl. Castoriadis 1990) wieder für Reflexionsprozesse erzeugt zu werden. Dabei verwandeln sie sich in mehrfacher Hinsicht in Mediengesellschaften, nämlich einmal hinsichtlich ihrer Steuerungsinstrumente: Geld und Recht gewinnen die Oberhand mit dem Effekt, dass der fortschreitende Abstraktionsdruck zunimmt; sozial und kulturell hat nur noch Bedeutung, was sich im abstrakten Geldausdruck oder in der Rechtsverordnung darstellen lässt. Zum anderen aber übernehmen die Symbolsysteme und die Informationsmedien die Rolle einer wirklichen Welt, die doch beständig entschlüsselt oder konstruiert werden muss. Doch die personale Selbstdarstellung gelingt nur noch über die Expression des Leibes in Symbolen, die von anderen auf verfügbare Zeichensysteme bezogen und im Blick auf diese beurteilt werden können. Endlich führt dies zu einem immensen Bedeutungszuwachs von Expertensystemen, von Wissen und Informationsaustausch. Reflexive Gebundenheit von Welt in Symbolsprachen wird zum konstitutiven, die materielle Stofflichkeit von Welt suspendierenden Moment der Moderne. Pädagogik wird dabei benötigt, um gegenüber dieser abstrakt gewordenen, unsichtbaren und insofern tendenziell sinnlos gewordenen Welt den Subjekten jene Erfahrungen zu ermöglichen, welche diese zum Aufbau ihrer kognitiven und affektiven Kompetenzen benötigen. Pädagogik muss nämlich Welt sichtbar machen, auch um den Preis, dass sie diese nur noch in didaktischen Formen präsentiert. Der von Comenius schon vorgezeichnete Weg zur Erfahrung der Welt im *orbis pictus* ist in der Moderne notorisch geworden, auch um die Kompetenz zu begründen, Zeichen zu dekodieren, damit wir mit einer Welt in Bildern umgehen können.

- Die angedeuteten Prozesse werden *fünftens* als Erosion lebensweltlicher Hintergründe, Sicherheiten, Orientierungslinien und Normen erfahren; die Subjekte sehen sich entbettet (vgl. Giddens 1993), nämlich entlassen und entlastet, dabei so weit freigesetzt, dass sie die eigene Emanzipation nicht mehr betreiben müssen. Insofern sind sie selbst Akteure einer Liberalisierung, mit der sie ihre eigenen Lebensvoraussetzungen auflösen. Die andere Seite dieses Geschehens liegt in dem paradoxen Vorgang der Individualisierung, der in seiner Radikalität das schon im Mittelalter ansetzende, neuzeitliche Projekt der Individualisierung dementiert. Überspitzt formuliert: der gesellschaftliche Prozess der Individualisierung, in welchem totale Individualität erzeugt und inszeniert wird, hebt alle Möglichkeit von Individualität auf, weil diese nicht mehr als Selbstentwurf konkretisiert werden kann. Entwicklungsgeschichtlich brauchen Subjekte aber für die Entwicklung ihrer Subjektivität Schutzräume, soziale Bindungen und Verpflichtungen, aus welchen heraus sie sich selbst überhaupt als Subjekte wahrnehmen und erproben können, Fehler machen, um kompetentes Handeln zu erlernen. Sie brauchen dies heute mehr denn je: Denn die modernen Gesellschaften der Gegenwart verlangen in ihrer Dynamik und Komplexität auf Seiten der Individuen Vertrauen - nicht zuletzt in die Expertensysteme; sie fordern geradezu gläubige Naivität, weil der Alltag in einer wissenschaftlich strukturierten Gesellschaft andernfalls nicht mehr zu bewältigen wäre.

Auch hier scheint Pädagogik in ungeahnter Weise gefordert, möglicherweise als behütendes Geschehen, als Schutz gegen Modernität.

- Endlich, *sechstens*, bleibt als eigenes Moment der Vorgang der Ökonomisierung zu nennen, einer Kapitalisierung, die dem ganzen Geschehen zugrunde liegt. Auf gespenstische Weise verwirklicht sich in ihr jene Reduktion auf die bloße Wertform der Ware, die Karl Marx analysiert hat; in der Stunde der Wahrheit seiner Theorie bleibt sie unbeachtet, verraten nur in den ideologischen Mustern neuer Selbständigkeit. Auch hier geht es übrigens um Pädagogik, werden doch neue Leitbilder vermittelt. Die bayerisch-sächsische Zukunftskommission spricht von der Ablösung des Arbeitnehmerbildes durch das vom Unternehmer, der sich des eigenen Lebens bemächtigt, auch wenn dies längst beherrscht ist. Ein paradoxer Nebeneffekt dieser Ökonomisierung besteht freilich darin, dass diese nicht nur Kultur als alltägliche Lebensform und Grundlage der alltäglichen Lebensführung zerstört, indem sie allein den kommerziellen Nutzen in Rechnung stellt. Was berechnet und vom Kapital verwertet werden kann, wird diesem unterworfen - noch bis in die intimsten Regungen des privaten Lebens hinein, die von einer Pornoindustrie definiert wird. Um ein Paradox handelt es sich dabei, weil die Geldrationalität Kultur nicht zähmt. Sie entlässt sie auch in einen rational nicht mehr zu kalkulierenden Raum: Kultur wird zum Kriegsgut, lässt den Habenichtsen ein Feld, auf dem sie agieren und sich totschlagen können. Fundamentalismus ist die andere Seite des Kapitalismus. So entsteht eine brisante Mischung, die wieder Pädagogik fordert, nämlich als Zivilisierungsinstanz - vermutlich hoffnungslos überfordert, gleichwohl unabweislich für eine Wertekultur (vgl. Liebau 1999).

Um Missverständnissen vorzubeugen: All dies wäre falsch verstanden, wollte man es als kulturkritisch gefärbtes Horrorszenario lesen. Entscheidend ist nur die Anforderungsstruktur, die sich darin verbirgt. So viel kann dann festgehalten werden: Die Modernisierung der Moderne schafft eine Situation, in der sich ein pädagogisches Problem darstellt. Dies zu begreifen, zu analysieren, bildet einen Gegenstand der Erziehungswissenschaft, der ihre Identität markieren könnte - und wohl muss. Denn in Rechnung wäre auch zu stellen, dass diese Problemstruktur nicht mehr intuitiv, nicht mehr im Rückgriff auf Mythen, religiöse Vorstellungen und Traditionen, sondern nur noch rational zu bewältigen ist. Schon Emile Durkheim hatte gesehen, dass nach Rückzug der traditionellen Mächte und Auflösung der mit ihr gegebenen ideologischen Hegemonie in einer sich differenzierenden Gesellschaft neue Formen entstehen müssen, in welchen Sozialisation organisiert wird. Insofern erzeugt die Gesellschaft selbst einen Bedarf an rational gestalteter Pädagogik - und als verfügbares Rationalitätsmodell steht bislang nur das der Wissenschaft, eben auch das der Erziehungswissenschaft zur Verfügung. Die Moderne kann sich kaum aus ihren eigenen Formen zurückziehen - und zu diesen gehört auch die erziehungswissenschaftliche Rationalität.

II.

Es müsste überraschen, wenn das eben entworfene pädagogische Anforderungsszenario empirisch folgenlos bliebe. Tatsächlich hat die Pädagogik als Profession von den säkularen Entwicklungstendenzen der Moderne schon lange profitiert, wenn nicht diese selbst wiederum ermöglicht. Allein der selbst bei Schrumpfung des Gesamtarbeitsmarktes doch noch stabile, wenn nicht sogar expandierende pädagogische Arbeitsmarkt indiziert dies trotz aller Überfüllungskrisen im Lehrerberuf - und auch hier stellt sich die Frage, wo die angeblich am Bedarf vorbei produzierten Lehrer eigentlich verblieben sind. Welche Verzögerungseffekte pädagogische Wirklichkeiten nach dem Paulsenschen Gesetz auch auszeichnen (vgl. Sünkel 1994), wie spät etwa Schule auch immer kommt, sie ist längst zu einer institutionellen und pragmatischen Infrastruktur geworden, die eine Voraussetzung für die Moderne darstellt. Wenn es in dieser eine Erfolgsgeschichte gibt, dann ist es zweifellos die der pädagogischen Institutionen; nachdem Schule seit dem 19. Jahrhundert alle Subjekte für eine lange Zeit einschließt, um sie gesellschaftlich zu integrieren, haben nun die sozialpädagogischen Einrichtungen in ihrem Jahrhundert (Rauschenbach 1999, Thiersch 1992) eine vergleichbare Erfolgsbilanz aufzuweisen. Die Institutionen der Erwachsenenbildung, welche endlich das lebenslange Lernen ermöglichen, werden spätestens im nächsten Jahrhundert die verpflichtende Pädagogisierung der ganzen menschlichen Biographie abschließen (vgl. Kade/ Nittel/ Seitter 1999). Aller Entstrukturierung von Lebensläufen steht ihre Transformation in einen nicht abzuschließenden Bildungsprozess gegenüber, der in Institutionen erfolgt - über deren Besuch freilich kaum mehr unmittelbar sanktionsbewehrt, sondern vermeintlich frei entschieden wird. Dem Zwang der Verhältnisse können sich die Subjekte freilich kaum entziehen, gleichwohl muss ihre innere Disposition zum Entwurf des eigenen Lebens als eines Bildungsprojekts erzeugt werden. Es ist nämlich gar nicht selbstverständlich, dass wir uns ständig einem pädagogischen Einfluss aussetzen.

Jedenfalls findet die Erziehungswissenschaft in dieser empirisch gegebenen, institutionellen Allgemeinheit nicht minder einen identitätsstiftenden Gegenstand. Dabei steht dieser in drei Problemdimensionen zur Debatte. Zum einen muss das Verhältnis von System und Infrastruktur bearbeitet werden: Wie verhält sich ein professionelles, auf Pädagogik spezialisiertes Leistungssystem zu der Anforderung, als Infrastruktur alle Individuen zu inkludieren, um ihre Verkehrsfähigkeit sicherzustellen? Soll und muss es nach Modellen organisiert werden, die eher dem des Staates oder dem des Marktes nachgebildet werden? Dann muss geprüft werden, wie das System seine erforderliche Binnendifferenzierung bewältigt. Endlich: wie verhält es sich zu seinen Institutionen, wie kontrastieren Sicherheit, Stabilität, aber auch Versteinerung zu den Flexibilitätsanforderungen, welche aus der historischen Dynamik moderner Gesellschaften erwachsen? Dabei geht es nicht um soziologische Analysen, weil im Hintergrund als entscheidend die pädagogischen Fragen stehen, welche sich aus der skizzierten Problemstruktur ergeben. Zudem aber bleibt für die Bewältigung dieser Aufgaben wie auch der inhaltlichfachlichen Ausgestaltung der institutionellen Gestalt von Pädagogik der Zwang, ein hinreichend ausgebildetes Personal zur Verfügung zu stellen. Weil dieses aber im Horizont des neuzeitlichen Rationalisierungsprozesses sowohl die Organisation der systemischen und institutionellen Gestalt von Pädagogik wie auch die personenbezogenen Leistungen in den Institutionen zu erbringen hat, weil also - zugespitzt formuliert - im Modernisierungsprozess die Voraussetzungen von Erziehung und diese selbst organisiert werden müssen, bedarf es einer Verbindung von wissenschaftlicher Reflexivität und pragmatischen Fähigkeiten, die nur eine erziehungswissenschaftliche Ausbildung sichern kann. Notabene: Dabei handelt es sich nicht um einen programmatischen Entwurf, sondern schlicht um ein empirisch gestütztes Argument.

Neben dieser institutionellen Verallgemeinerung steht allerdings im Blick auf die Identitätsthematik die eher prekäre einer Universalisierung von pädagogischen Pragmatiken und Semantiken: Handlungsstrategien des Erziehens, Unterrichtens sind längst tief in die lebensweltlichen Zusammenhänge eingedrungen - als gewünschte Folge pädagogischer Konzepte wie dem - in der Sozialpädagogik - der Milieu- und Alltagsorientierung, aber auch als Effekt einer Ausweitung pädagogisch ausgebildeter Personen einerseits, der Verstreuung pädagogischen Wissens (Lüders 1994) andererseits. Pragmatiken und Semantiken der Pädagogik sind offensichtlich nicht präzise zu kontrollieren. Der Grund ist leicht einzusehen: Einerseits bildet Erziehung ein Moment in lebensweltlichen Zusammenhängen, andererseits aber sind auch diese nicht vor Rationalisierungsprozessen gefeit. Im Gegenteil: Ein Dilemma von Erziehungswissenschaft besteht darin, dass sie ihre Identität insofern ständig preisgibt und preisgeben muss, indem das in ihr erzeugte Wissen und die für sie charakteristischen Reflexionsformen in Lebenswelt und Alltag versickern, weil sie von dort nachgefragt werden, und weil erziehungswissenschaftlich ausgebildete Personen spezifisch pädagogische Berufsrollen aufgeben und in andere Felder wechseln.

Doch liegt das Problem tiefer: Pädagogische Pragmatiken und Semantiken bieten sich in den modernen Gesellschaften in besonderem Maße für die individuelle Selbstthematisierung an. Die Subjekte entwerfen sich als ein pädagogisches Projekt, nehmen sich in einem Entwurf der eigenen Bildung wahr, den sie nicht vollenden können und wollen (vgl. Kade/ Seitter 1996). Überspitzt formuliert: Die Identität des Pädagogischen besteht heute darin, dass dieses eine Art Code sowohl für die Organisation öffentlicher Settings wie aber auch für die selbstgesteuerte Integration von Subjekten in der modernen

Gesellschaft bietet. Mehr noch: Pädagogik, die semantischen Felder von Erziehung und Bildung eröffnen Verständigungshorizonte, die dann sozialintegrativ wirken können.

Eine empirisch aufgeklärte gesellschaftstheoretische Vergewisserung über Pädagogik - also eine erziehungswissenschaftliche Überlegung - wird hier allerdings den Vorbehalt machen, dass ein solcher pädagogischer Code allzumal in einer Gesellschaft unwahrscheinlich ist, die als Erlebnisgesellschaft beschrieben wird; in dieser stehen weniger Perspektiven und zukunftsgerichtete Projekte sondern mehr Gegenwartserleben zur Debatte. Allerdings stellen sich die Bildungsinstitutionen zunehmend selbst darauf ein, bei den Subjekten die Bereitschaft für den eigenen Bildungsprozess zu erzeugen und zu erzwingen; man kann dies als die schwarze Seite der reformpädagogischen Ambitionen interpretieren. Schon verschmelzen Bildungs- und Erlebniswelten: Bildung macht dann Spaß - *eductainment* lautet die Formel. Zudem könnte man gegenüber der These von der Verallgemeinerung des Pädagogischen Zweifel anmelden, ob sie nicht allzu groß geraten ist: Noch beschränkt sich die pädagogische Selbstthematisierung im sozialpädagogischen Sektor auf Personensorgeberechtigte und deren Sprösslinge, die den Slang der Sozialarbeiter "drauf haben", um so Vorteile für sich zu erzielen, vielleicht um die eigene Änderung zu vermeiden. Auch dürfen die Beispiele der Erwachsenenbildung nicht überstrapaziert werden, wenngleich hier wohl die genannten Phänomene am stärksten hervortreten. Selbst die sogenannten Bildungs-, Kultur- und Studienreisen indizieren zwar die Aspiration der Selbstbildung, ernüchtern aber in ihrer Wirklichkeit.

Ob diese Einwände die Tendenz zu einer Bildungsgesellschaft und einer in ihr gegebenen Allgemeinheit des Pädagogischen jedoch widerlegen, muss offen bleiben. Die Indizien scheinen zu deutlich, zumindest für diejenigen, die einen Blick auf die soziale Realität wagen, ohne die Tradition pädagogischer Reflexivität preiszugeben, welche uns doch erst die pädagogischen Sachverhalte zu erkennen gibt. Ohnedies darf man nicht übersehen, dass die empirische Ausdehnung von Pädagogik und diese gesellschaftliche Selbstthematisierung als einer Bildungsgesellschaft in den professionellen Zusammenhängen die Frage nach dem provozieren, was man denn hier eigentlich tut. Noch ist die Lage mehrdeutig: Während die Träger von Weiterbildungsangeboten es kaum wagen, Pädagogik, Erziehung, Bildung und Unterricht auf die Liste ihrer Angebote zu setzen, werden in anderen Bereichen einschlägige Nachfragen drängender: Was bedeutet für uns Erziehung? Müssen wir nicht erziehen? Müssen wir nicht doch Grenzen setzen? Wie verhalten sich diese zur Autonomieanforderung? Viel spricht dafür, dass gerade angesichts der öffentlichen Auseinandersetzung, die doch zugleich auch immer Legitimationsfragen aufwirft, die fachlichen Probleme erneut bestimmt und erneut diskutiert werden müssen. Es geht vielleicht um die Erinnerung an die "vergessenen Zusammenhänge", welche den Kern dieses nun fast universell gewordenen Pädagogischen ausmachen, um dieses sachgerecht, in seinen Grenzen und Möglichkeiten ausgestalten, aber auch um es kontrollieren zu können, sowohl gegenüber den von außen herangetragenen Zumutungen wie auch gegenüber den im pädagogischen System selbst erzeugten Überforderungen. Damit lässt sich aber erneut ahnen, was die Identität der Erziehungswissenschaft ausmachen könnte: In der angedeuteten Problemstruktur und in ihrer sozialen Lösung als empirischer Allgemeinheit des Pädagogischen findet sie ein Thema und einen Gegenstand, die sie nicht nur rechtfertigen, sondern auch eine Aufgabe, die ihre eigene ist, über die sie sich im Kontext ihrer Reflexion zu vergewissern hat. Nicht um Identität geht es dann, sondern um Identifizierungsarbeit.

III.

Die Allgemeinheit eines pädagogischen Problems, wie auch die Allgemeinheit des Pädagogischen selbst, als Institutionen, Pragmatiken und Semantiken ruft allerdings eher Verwunderung darüber hervor, dass die Frage nach der Identität von Erziehungswissenschaft überhaupt aufgeworfen wird. Eine Disziplin, die in derart evidenter Weise einen Gegenstand ihrer Erkenntnis vorfindet, diesen in den unterschiedlichsten Winkel und Ecken der sozialen Wirklichkeit erkennen, ihm in den Kommunikationsprozessen der Gesellschaft wie in der Selbstwahrnehmung der einzelnen Subjekte nachspüren kann, dürfte kein Identitätsproblem haben. Eher droht ihr ein wenig das Schicksal des von Doderer geschilderten Childerich, ein wenig zuviel von einem gemeinsamen Thema bearbeiten zu müssen. Warum also der Kummer über ein Identitätsproblem, das stattdessen dem des Musilschen Ulrich ähnelt?

Seinen äußeren Anlass findet er vermutlich in einem Nebeneffekt der skizzierten Phänomene. Ein Indiz für die Gültigkeit der bislang vorgetragenen Überlegungen lässt sich nämlich noch an den gesellschaftlichen Selbstbeschreibungen erkennen. Sie sind tatsächlich längst umgestellt auf die Thematisierung von Erziehung und Bildung - freilich in einer Weise, durch die Erziehungswissenschaft geradezu traumatisiert wird: Tony Blair gewinnt seinen Wahlkampf zwar wegen des Überdrusses an jahrzehntelanger Vorherrschaft der Konservativen, gleichwohl mit einer geradezu catilinischen Rhetorik, die ihn regelmäßig "education, education, education" fordern lässt. Der frühere deutsche Bundespräsident Roman Herzog macht sich eine neue Bildungsoffensive zum Anliegen, dem wenigstens die Intelligenzblätter folgen. Unterhalb dieser politischen Ebene treten besorgte und energische Mahner auf, welche Bildung zum Thema machen, neue Aufgaben angesichts der Informationsgesellschaft an sie herantragen oder einigermaßen dreist an einem Bildungskanon festhalten (vgl. Schwanitz 1999). Die andere Seite dieser pädagogischen Offensive stellen jene nicht nur rhetorischen Übungen dar, die zunächst der vorgeblich missglückten elterlichen und öffentlichen Erziehung im Falle einzelner Jugendlicher gelten, dann ein Abdriften der gesamten jungen

Generation in einer Gesellschaft befürchten, die ihre pädagogische Verantwortung nicht mehr wahrnehme.

Wären nicht die letztgenannten Töne, könnte man sogar auf Wohlwollen gegenüber der Pädagogik schließen; in Anspruch genommen wird sie in jedem Fall: Der Eintritt in die globale Bildungsgemeinschaft verlangt nach neuen Konzepten, den ideologischen Überbau untersetzt eine Disziplinierungsoffensive, gegenüber der jener dereinst proklamierte "Mut zur Erziehung" geradezu als Appell zu anarchistischer Ausschweifung erscheint. Bei dieser eigentümlichen Mischung von Modernismus und Rechtskonservatismus wirkt nur irritierend, dass der öffentlich genutzten Rhetorik kaum konsequente politische Entscheidungen oder rechtlich gesicherte Programme folgen. Das hat nicht nur mit Geldmangel zu tun. Im Gegenteil verfolgen die hämmernden Parolen selbst ein Erziehungsprogramm, notgedrungen kein nationales, sondern ein auf Globalisierung und Individualisierung gerichtetes. Sie zielen auf das schon benannte Bildungssubjekt, das sich als Unternehmer seiner selbst in einem Markt von institutionellen Angeboten bewegt - sofern es dies angesichts seiner prekär gewordenen materiellen Verhältnisse kann.[2]

Diese öffentlichen Diskurse über pädagogische Themen, über Bildung, Erziehung und Unterricht, treffen die Erziehungswissenschaft gleich mehrfach - und wenn man so will in dem, was sie gerne für ihre Identität halten möchte:
- Erstens wird sie in ihrem Sachverstand und Fachwissen wenig gefragt. Die öffentlichen Debatten finden in Abwesenheit von Vertretern der wissenschaftlichen Zunft statt, zumindest von solchen, die in dieser Anerkennung genießen. Aber dies braucht als normal nicht zu beunruhigen. Im Gegenteil: Öffentliche Debatten folgen einer Logik medialer Inszenierungen (vgl. Plake 1999), hier sind die - wie auch immer entstandene - Prominenz, nicht der Sachverstand gefragt. Experten dürfen nur gelegentlich ihre Meinung sagen, um als Fachleute dann sogleich denunziert zu werden. Dass dies der Erziehungswissenschaft widerfährt, belegt also nur, dass sie in ihrem Status anerkannt ist. Ohnedies verrät die mit Prominenz verbundene Autorisierung von Äußerungen wenig über zureichende Fachlichkeit - bei aller Sympathie für die Bücher etwa von Schwanitz liegt sein Bildungsentwurf deutlich unterhalb des Niveaus der erziehungswissenschaftlichen Bildungsdebatte. Ein Erziehungswissenschaftler könnte sich dies nicht leisten, wollte er weiterhin mit Kollegen noch verkehren; aber er kann die Einmischung von außen durchaus genießen, weil sie Bosheiten denken lässt, die man sich selbst nicht erlauben darf.

---

[2] Die Zukunft enthüllt hier der Blick ins Ausland: Die von Arbeitslosigkeit bedrohten englischen Akademiker verzichten auf erheblichen Lebensstandard, um sich exorbitant teuer gewordene Bildungsangebote und -zertifikate englischer Universitäten zu erwerben.

- Die zweite Kränkung trifft das praktische Engagement, das die Erziehungswissenschaft als ihre Signatur sieht. Als réflexion engagée beschränkt sie sich nicht auf nüchterne Beobachtung und Beurteilung von Feldern, Institutionen, Pragmatiken und Semantiken, sowie deren Veränderung, sondern will Wirkungen, vor allem Veränderung erzielen; kein Zufall, wenn die These vertreten wird, zwischen Pädagogik und Reformpädagogik bestehe gar keine Differenz (vgl. Oelkers 1996). Beschreibend und analytisch müsste sie Wahrheiten hinnehmen, die den Professionellen widerstreben, deren "erregte Aufmerksamkeit" (Rutschky 1992) freilich Eigeninteresse verrät: Schon das wagt die engagierte Erziehungswissenschaft nicht auszusprechen, ebensowenig wie so manches andere, das sie doch auch erkannt haben könnte: Dass etwa das Bildungssystem bei allen offensichtlichen Mängeln, bei aller Unterversorgung in immer größerer Quantität trotz alledem auch brauchbare Qualifikationen erzeugt und deshalb in immer höheren Maße nachgefragt wird. Oder ein anderes Beispiel: Von den Befunden über die Erfolge der Erziehungshilfen lässt sie sich kaum überzeugen, weil dies den eigenen Vorurteilen widerspräche. Bösartig formuliert: Die Erziehungswissenschaft dementiert die eigene Identität, indem sie ihren Gegenstand nicht dem auf Erkenntnis gerichteten, theoretischen, sondern einem von vornherein praktisch ambitionierten Zweifel unterwirft.

Nun sieht sie diese ihr konstitutiv erscheinende Beziehung zwischen Theorie und Praxis zerbrochen, die sie auch als motivationales Element für die Ausbildung nutzt; sie verspricht häufig, für eine bessere Praxis vorzubereiten, um so die Studenten für ihr Studium anzuregen. Jetzt sieht sie, dass solche Selbstaufgabe als Wissenschaft ihr wenig nützt; im Gegenteil fühlt sie sich von der Häme betroffen, die über die pädagogische Praxis ausgeschüttet wird; weil sie mit dieser immer schon verbunden ist, kann sie weder mit ihrem Wissen klärend zur Seite treten, noch aber sich von dieser distanzieren, wo diese Unterstützung nicht verdient. Verschärfend tritt hinzu, dass zwischen Globalisierung und Individualisierung als Bildungsentwürfen kaum mehr mittlere Institutionen bleiben, in welchen dieses praktische Engagement verwirklicht werden kann. Die pädagogische Realität ändert sich - paradoxerweise hin zu einer Form von Praxis, die in höherem Maße als bislang an reflexive, wissensgesättigte, kritische Kompetenzen gebunden ist.

- Damit hängt eine dritte Kränkung zusammen. Nach der langen Tradition, in der Pädagogik und Politik im nationalstaatlichen Kontext, als Nationalpädagogik und deren säkularen Versionen gesehen wurde, nach der Verbindung von Erziehung und politischer Utopie, haben große Teile der Erziehungswissenschaft ihr Reformengagement verbunden mit einer Einbettung von Bildung und Erziehung in das sozialstaatliche Projekt; das hat nicht zuletzt damit zu tun, dass die Expansion der Erziehungswissenschaft in starker Affinität zu bildungspolitischen Veränderungsprozessen stattfand, sie sich selbst als treibendes Moment und Kommentar dieser Entwicklung sehen konnte. Schon die Auflösung dieser Verbindung hat zu Enttäuschungen mit dramatischen Effekten für das Identitätskonzept der Erziehungswissenschaft geführt. Nun bricht die Verbindung mit dem Staat zusammen so dass auch andere Formen der sozialen Organisation von Bildung sichtbar werden. Dabei steht noch gar nicht fest, ob diese kapitalistisch-marktwirtschaftlich, gesellschaftlich oder gar in jener Form gemeinschaftlicher und bürgerschaftlicher Verantwortung geschehen soll, wie sie schon Herbart beschrieben hat und sie in Konzepten des Kommunitarismus erneut zu erkennen ist. Doch ist das noch längst nicht ausdiskutiert.

Alle drei Kränkungen laufen auf ein Problem hinaus: Die Erziehungswissenschaft sieht sich in der Gefahr, ihre Themen zu verlieren; sie definiert sie nicht mehr, ist zudem in ihrem Status attackiert. Gleichwohl liegt hierin eine doppelte Chance: einmal ist die Kollaboration von Staat und Pädagogik nicht allein positiv zu bewerten, der Geruch von Erziehungsdiktaturen haftet ihr allemal an. Zum anderen wird eben so schärfer freigelegt werden, was die Phänomene der Erziehung auszeichnet. Die Kontaminierung ihrer Wahrnehmung und ihres Verständnisses mit politischen Kategorien lässt sich zumindest debattieren. Dabei zeigt sich hier schon, dass Erziehungswissenschaft auch nötig ist, weil man der Pädagogik nicht immer vertrauen darf. Der schon in Erinnerung gebrachte Entwurf der bayerisch-sächsischen Zukunftskommission, das Blair-Schröder-Papier - all solche Utopien enthalten durchaus pädagogische Aspirationen, deren Konsequenzen indes zu überlegen wären. Vielleicht gibt es ja doch Optionen.

IV.

Die Frage nach der Identität einer Disziplin[3], sinnvollerweise ohnedies nur bei den Eröffnungsreden von Kongressen, mithin zu Anlässen aufgeworfen, bei welchen Wittgensteins Diktum von der feiernden Sprache Gültigkeit hat, drückt sicher das Unbehagen an einem gegebenen Zustand aus. Ihre rhetorische Funktion besteht jedoch neben aller sozialpsychologisch relevanten Einigkeitsstiftung in der Tröstung über das Unabweisliche: Identitätsprobleme gehören wohl zur Normalität *normal gewordener* Disziplinen, die sich *einerseits* mit dem Paradox abfinden müssen, dass das öffentliche Interesse an ihnen als Disziplin im gleichen Maße zurückgeht wie ihre Themen eben wieder öffentlich verhandelt werden - und zwar einigermaßen ungeniert um den Beitrag, den die Disziplin nun für eben diese Verhandlungen liefern könnte.

Das schmerzt besonders, weil die Erziehungswissenschaft in ihrem Selbstwertgefühl lange von den Aspirationen profitierte, die traditionell von der in

---

[3] Über die oben als Fußnote festgehaltene Bemerkung hinaus darf ich für diesen Teil pauschal auf die Arbeiten verweisen, die als Ergebnis der Debatten in der "Kommission Wissenschaftsforschung" der DGfE insbesondere als "Beiträge zur Theorie und Geschichte der Erziehungswissenschaft" (Weinheim) erschienen sind.

der Pädagogik erklärten Nähe zur Aufklärung genährt wurden und im Topos von der Menschheitserziehung sich aussprachen, im 20. Jahrhundert aber von dem Anspruch auf eine wissenschaftlich inspirierte Bildungsreform noch gestärkt wurden. Wie kaum eine andere Disziplin stand die Erziehungswissenschaft im politischen Geschehen und musste ihre wachsende Bedeutungslosigkeit in diesem Zusammenhang als Ernüchterung empfinden. Sie hat diese externe Legitimation verloren, muss nun über die Normalität einer Wissenschaft sich rechtfertigen, deren Themen einigermaßen kontingent wirken, allzumal wenn diese über Qualifikationszusammenhänge generiert werden. So müssen am Ende wohl alle damit leben, dass sie eben nur noch *faktisch* Angehörige der Erziehungswissenschaft sind, die ihnen ein hinreichendes transzendentales Obdach verwehrt.

Andererseits gründen Identitätsprobleme in der Normalität von Prozessen disziplinärer Ausdifferenzierung, des Auseinanderdriftens unterschiedlicher Paradigmen und des Nebeneinanders von Forschungsthemen. Verschärfend mag hier hinzukommen, wenn dies vor dem Horizont knapper werdender öffentlicher Ressourcen stattfindet, somit Konkurrenzsituationen eintreten.[4] Unabhängig von diesen Effekten belastet die Ausdifferenzierung in Teildisziplinen die Erziehungswissenschaft wohl besonders, weil sie spät, dafür umso heftiger eingesetzt hat. Ungeschützt kann mit Blick auf akademische Schulbildungen und informelle Lehrer-Schülerkarrieren in der Erziehungswissenschaft zumindest behauptet werden, dass diese sehr wohl über einen paradigmatischen Kernbestand verfügt und diesen mit ihren Rekrutierungspolitiken verstetigt hat. Faktisch wirkte nämlich das geisteswissenschaftliche Paradigma sehr viel länger, als sich selbst die eingestehen wollen, welche sich der realistischen Wende oder der Entwicklung zur Kritischen Erziehungswissenschaft

---

[4] Um das Problem an dem Fall zu konkretisieren, der zum Auslöser auch der hier angestellten Überlegungen wurde: Der Versuch, die grundständige erziehungswissenschaftliche Ausbildung an der Universität Heidelberg einzuschränken oder aufzugeben, stellt prima facie keine Attacke auf die Erziehungswissenschaft schlechthin dar. Immerhin verbirgt sich hinter ihm die Bemühung, einem von der Erziehungswissenschaft lange angemeldeten Desiderat, nämlich einer Ausweitung des Pädagogik-Anteils im Lehramt nachzukommen. Ob die vorgeschlagene Organisationsform, insbesondere der Einsatz von abgeordneten Lehrern dafür eine sinnvolle Form darstellt, lässt sich freilich bezweifeln. Noch schwerer wiegt allerdings der Einwand, dass die Ausbildung von Lehrern so von der Erforschung ihres Tuns abgekoppelt, insofern allerdings entszientifiziert wird. Hinzu käme, dass insbesondere das Lehrerhandeln eben nicht allein aus Sicht einer ausdifferenzierten erziehungswissenschaftlichen Teildisziplin hinreichend begriffen werden kann, sondern in der Tat auf eine umfassende Theorie der Erziehung in modernen Gesellschaften angewiesen ist. Wie man dies nämlich auch drehen und wenden mag: Die durch Gesetz verpflichtend gemachte, also generalisierte Inklusion aller Individuen in das Schulsystem konfrontiert dieses in nachdrücklicher Weise mit dem, was vorhin als Problem des Pädagogischen schlechthin charakterisiert worden ist.

verschrieben haben; in mancher, etwa auch in methodischer und gegenständlichkonzeptioneller Hinsicht stellt diese ohnehin nur eine Fortsetzung von jenem dar. Erst in jüngerer Zeit tritt es in den Hintergrund gegenüber anderen sozialwissenschaftlichen Zugängen, sodass jetzt erst schmerzlich ein Einheitsverlust erlebt wird; möglicherweise provozieren aber die jüngeren Wiederbelebungsversuche für die geisteswissenschaftliche Pädagogik Skepsis nur deshalb, weil sie angesichts eines einigermaßen lebendigen Patienten überflüssig sein könnten. Alternative Zugänge sahen sich jedenfalls in der Erziehungswissenschaft häufig genug auf Randpositionen beschränkt; Vertreter des Kritischen Rationalismus etwa blieben vergleichsweise selten, empirische Zugänge trotz beachtlicher Leistungsfähigkeit in der Fachdiskussion unterbewertet (vgl. Ingenkamp u.a. 1992).

Eine besondere Schwierigkeit der Erziehungswissenschaft liegt allerdings darin, dass der Ort ihres disziplinären Wissens nicht eindeutig bestimmt ist, weder bei seiner Generierung noch bei seiner Anwendung. Die Medizin etwa hat ihre Forschung im Kontext der akademischen Ausbildungsstätten, der Lehrkrankenhäuser und in den Industrielaboren, die Anwendung ihres Wissens in Kliniken und ärztlichen Praxen situiert; was außerhalb dieser Orte in Sachen Krankheit und Gesundheit passiert, verfällt schlicht dem Verdikt von Kräuterweiblein und Scharlatanerie, die politischen Steuerungsversuche sind hingegen selbst für den Laien als solche und damit als sachfremd zu identifizieren - was nicht ausschließt, dass Reformen dem öffentlichen Gesundheitswesens gut tun. Eben diese Differenz zwischen deutlich erkannter politischer Steuerung und wissenschaftlicher Einsicht fehlt der Erziehungswissenschaft. Erziehungswissenschaft scheint hingegen - abhängig von nationalen Kulturen - an unterschiedlichsten Punkten des Bildungs- und Erziehungssystems möglich. Jedenfalls kann sie ihre Wissensbestände weniger kontrollieren und exklusiv halten als andere Disziplinen.[5] Bislang gibt es zudem - sieht man von den jüngeren Tendenzen zur Selbständigkeit in sozialen Berufen ab - keine niedergelassenen Pädagogen, die schon aus Gründen der eigenen Existenzsicherung darauf achten würden, das professionell entscheidende Wissen exklusiv zu halten. Deshalb haben weder die Disziplin noch die mit ihr verbundenen Professionen Stoppregeln entwickelt, die sie vor den Gefahren einer - wie in der Psychoanalyse zu sagen wäre - Laienanalyse bewahren würden. Selbst die Psychologen haben gelernt, die Ausübung ihrer Tätigkeit an die Zugehö-

---

[5] Allerdings muss konzediert werden, dass die deutsche Erziehungswissenschaft sich auch von einem Ressentiment gegenüber den Erkenntnissen und Einsichten leiten lässt, die auf den unterschiedlichsten Ebenen der für Schulfragen zuständigen Behörden entstehen - wobei das Vorurteil inzwischen auf beiden Seiten gepflegt wird. Hier hat die Sozialpädagogik eine andere Entwicklung genommen, allzumal dem zuständigen Bundesministerium schon durch die Pflicht zur regelmäßigen Berichterstattung über die Leistungen der Jugendhilfe sozialwissenschaftliche Untersuchungen auferlegt sind.

rigkeit zu Fachverbänden zu knüpfen, um so wenigstens der unkontrollierten Ausübung entgegenzuwirken, mit der sich das Wissen ausbreitet. Für die Erziehungswissenschaft gibt es jedenfalls keine räumliche Sicherung der Identität. Die Verhältnisse von Disziplin zu Profession, von Profession zu Organisation und Institution, endlich zu Adressaten sind einigermaßen ungeklärt, sodass ihr Wissen und ihre Reflexionsformen, ihre Theorien und Begriffe wenig kontrolliert erscheinen müssen. Das hat freilich wiederum damit zu tun, dass Kernbestände ihres Gegenstandsverständnisses alltagsweltlich fundiert und nichtprofessionell gebunden sind, weil der Erziehungssachverhalt eben keineswegs allein in einem spezifischen Setting realisiert wird – deshalb schien die Identität der Erziehungswissenschaft stabil, so lange sie an Lehrerhandeln gebunden war, wurde aber fragil, als etwa die Sozialpädagogik mit ihrer lebensweltlichen Orientierung hinzutrat und sich zudem kritisch mit institutionellen Zusammenhängen auseinander setzen musste. Insofern könnte sein, dass die Krise der Identität von Erziehungswissenschaft mit dem Erfolg von Sozialpädagogik zusammenhängt, weil diese wohl am stärksten von allen erziehungswissenschaftlich begleiteten Professionen expandierte, zugleich aber in erheblichem Maße von Prozessen der Deinstitutionalisierung betroffen war und diese - etwa im Ansatz von Integration und Flexibilisierung erzieherischer Hilfen - aus fachlichen Gründen vorantreibt.

Darin deutet sich ein weiterer Grund für die disziplinäre Identitätsproblematik der Erziehungswissenschaft an: Sie hat in relativ kurzer Zeit einen Kernbereich verloren, weil als Folge der Ausdifferenzierung und raschen, quantitativ relevanten Erweiterung pädagogischer Professionen das Pädagogische zunehmend in die Teildisziplinen abwanderte, dort aber durch Wissen und Denkfiguren aus anderen Disziplinen soweit angereichert wurde, dass eine inhaltlich erziehungswissenschaftliche, insofern pädagogische Identität nicht mehr zu erkennen ist. Etwas überspitzt formuliert: Die Sozialpädagogen kreisen um eine sozialpädagogische Vorstellung von Erziehung, die Erwachsenenbildner sprechen von Information und Moderation, Heilpädagogen heben vielleicht auf Pflege und Begleitung ab. Alle Beteiligten ahnen noch einen Zusammenhang mit der Erziehungswissenschaft, strecken zugleich aber die Fühler zu anderen Disziplinen aus, mit deren Vorstellungen sie sich dann als eigene Disziplinen konstituieren: Die Sozialpädagogen mit starker Affinität zur Soziologie, die Erwachsenenbilder geneigt zur Politologie, die Heilpädagogen mit Bezug auf die Medizin. Sie bleiben der Erziehungswissenschaft eigentlich nur in loser Kopplung verbunden, auch wenn diese gleichsam ihren Namen für alle Teildisziplinen hergibt.

Gleichwohl lässt sich diesem Prozess einer Identitätserosion auch Positives abgewinnen. Die Erziehungswissenschaft, die in ihr generierten Sachverhaltsauffassungen und Denkmuster, auch die von ihr geleistete Ausbildung, kann gerade in ihrer, Identitätsprobleme artikulierenden Unspezifität, als durchaus modern gewertet werden. Wenn auch um den Preis der Aushöhlung oder gar des Verlustes von Kernvorstellungen rückt sie durchaus nahe an die Schlüsselqualifikationen, welche den Subjekten in modernen Gesellschaften abverlangt werden; insofern haben Ansätze recht, die sie in der Nähe einer kommunikationsorientierten oder gar - wie bei Dieter Lenzen - lebenslauforientierten Disziplin sehen wollen, dabei sie als Teil einer modernen, reflexiven Lebensführung interpretieren, welche die eigene Biographie als Entwicklungs- und Lernprojekt sehen. Insofern müssen auch die Befunde nicht erschrecken, welche etwa an den erzählten Biographien von professionellen Pädagogen nur geringe Effekte systematisch erziehungswissenschaftlicher Ausbildung ausmachen wollen (vgl. Thole/ Küster-Schapfl 1997). Erziehungswissenschaftliches Wissen und Reflexionen flottieren relativ frei und lassen sich wenig fassen, weil sie kommunikativ schon immer präsent sind; zuweilen sickern sie tief und bis zur Unkenntlichkeit in gesellschaftliche Kommunikation und Selbstentwürfe ein, wirken dabei aber möglicherweise habitusbildend. Nicht frei von Zügen der Hoffnungslosigkeit lässt sich behaupten: dem Fehlen disziplinärer Identität der Erziehungswissenschaft korrespondiert eine erziehungswissenschaftliche Identität der Gesellschaft. Aber das ist natürlich übertrieben.

V.

Wie ist also die Lage der Erziehungswissenschaft? Der lange, von manchem sicher als kompliziert empfundene und über Umwege geführte *Wutmarsch* erbringt ein mehrdeutiges Ergebnis: Auf der einen Seite kann sich Erziehungswissenschaft auf einen gegenständlichen Zusammenhang beziehen, der ihr durchaus Identität (und - auch dies zum Trost - Bedeutung) verschafft: Die Moderne erzeugt nämlich nicht nur in einiger Dramatik ein pädagogisches Problem, an dem man sich gründlich abarbeiten kann, bevor es begriffen, in seinen Möglichkeiten und Konsequenzen erkannt ist. Vielmehr erzeugt sie auch ein gewaltiges pädagogisches Feld von Institutionen, Pragmatiken und sprachlichen Codes, die tief in Lebenswelten und biographische Zusammenhänge hineinreichen. Dabei wird die Erziehungswissenschaft in mancher Hinsicht Opfer ihres eigenen Erfolges: gerade weil Formen pädagogischer Reflexion auch in öffentliche Diskurse eindringen, kann ihre Verwendung die Erziehungswissenschaft traumatisieren. Und dies gelingt um so leichter, als sie in der Tat keine einfache Disziplin ist, sondern ausdifferenziert, durchaus zerrissen in Theoriekonkurrenzen und paradigmatischen Unterschieden.

Dennoch: Abgesehen von der geringen Wahrscheinlichkeit, eine Identität der Erziehungswissenschaft überhaupt noch finden zu können, muss durchaus offenbleiben, ob eine solche wünschenswert wäre. Bei Außenbeobachtern könnte nämlich schon die Suche nach der Identität schnell den Eindruck erwecken, die Erziehungswissenschaft bewege sich in dem von vergleichbaren Problemen geplagten pubertären Zustand und sei als Disziplin noch nicht erwachsen. Mehr noch würde die Vermutung treffen, ihr gehe es mehr um Doxa statt um Episteme, um Dogmatik und nicht um Erkenntnis, die doch an Auseinandersetzungen um Theorien und deren Falsifikation gebunden ist. Der Verdacht läge nahe, es gehe um Glaubenslehre, nicht um wissenschaftlich begründete Einsicht, um Pädagogik als "ein Bekenntnis", wie Fritz Osterwalder kürzlich ausgehend von Rousseau als eine kontinuierlich wirksame Dimension pädagogischer Diskurse herausgearbeitet hat (Osterwalder 1999). Seine These und sein Plädoyer für eine wertfreie Wissenschaft blieben nicht unwidersprochen, wobei die Folgeprobleme derart erfüllter Identitätserwartungen noch gar nicht benannt wurden: Sie würden nicht nur unweigerlich dazu führen, dass man sich von all der Schelte zumindest auch betroffen fühlen müsste, die über eine Disziplin gewöhnlich ausgeschüttet wird. Meist richtet sich diese zwar pauschal auf das Ganze, doch kann man sich solchen Globalurteilen immer noch ganz gut entziehen, wenn man für den selbst favorisierten Ansatz gelassen erklärt, er sei von der Kritik weder berührt noch betroffen. Wenn Karl-Heinz Bohrer im "Merkur" einmal wieder subtil über die Pädagogik herzieht (vgl. zuletzt beispielsweise: Bohrer 1999: 1120), darf man sich so wenigstens freuen, zu den Lesern von Bohrer zu gehören - und sich insgeheim sagen, dass er vielleicht sogar recht hat. Ähnlich ergeht es mit den Überlegungen von Katharina Rutschky, die neben aller Kritik an Schwarzer Pädagogik mit einiger Gnadenlosigkeit die Finger in die Wunden professioneller Pädagogik steckt; Angehörige einer identitätsüberzeugten Erziehungswissenschaft dürften ihr dann das Salz nicht reichen, das man doch häufig genug noch hinterher streuen muss. Und wenn in der "Zeit" die Sozialpädagogik zwar objektiv unsachlich und ziemlich bar jeglicher Kenntnis attackiert wird (vgl. z. B. Morshäuser 1999), kann man sich den Schaum der Aufregung ersparen und sich von der Kritik anregen lassen. Nüchtern betrachtet gibt es genügend Vertreter der Erziehungswissenschaft, mit welchen man nicht unbedingt identifiziert werden will - jedenfalls könnte wohl jeder eine kleine Liste erstellen, die abzuarbeiten es mehr als eines Wutmarsches bedürfte. Identität beschert jedenfalls die Konsequenz des "mitgefangen-mit-gehangen", die man als durchaus fatal beurteilen muss.

Ein wacher Verstand wird daher vernünftigerweise den Identitätsprospekt weder begrüßen noch bejubeln, allzumal die internen Folgen vielleicht noch schlimmer wären. Angesichts chaotisierender Effekte einer zunächst postmodernen Marktstrategie und später eines entfesselten Kapitalismus gewinnen antiliberale Züge zwar schon wieder einigen Chic. Doch sollte man sich davor hüten, die Kritik an einer gesellschaftlich und vor allem lebensweltlich verhängnisvollen Deregulation in den Bereichen von Wissenschaft und Kultur zu einer Identitätspolitik voranzutreiben, die dem Fundamentalismus nahekommt. Überspitzt formuliert: Worüber sollte man sich denn noch streiten, wenn alles schön identisch ist? Immerhin wäre der unwahrscheinliche Fall von Identität auch der hässliche Fall, mögliche Gewinne einer solchen Politik müssten nämlich einigermaßen bitter erkauft werden, zumal die Fantasien sich kaum bremsen lassen, welche die Frage auslöst, wer denn über Identität zu befinden habe: Die jeweilige Vorsitzende der DGfE? Oder die gewählten Fachgutachter der DFG? Der Autor mit den höchsten Verkaufszahlen eines Buches, das als Erziehungswissenschaft gilt? Endlich der Fachvertreter mit den schönsten Internet-Seiten? Hier scheint Dogmatismus angebracht, nämlich in der Formel: Gott bewahre uns vor alledem!

Wenn überhaupt Hoffnungen auf Identität und Programme für ihre Schaffung angesagt sind, so sollten sie also zunächst streng beschränkt bleiben. Im Sinne der schon genannten Feiertagsreden darf man sie auf sozialpsychologischer Ebene situieren, in der Dimension also zunächst eines einigermaßen anständigen Umgangs miteinander, dann eines hilfreichen Verständnisses für einander, übrigens auch in der Sache. Solche Wünsche sind legitim, doch sollten die schwarzen Seiten eines paradigmatischen Einverständnisses nicht übersehen werden. Was sich bei Thomas Kuhn darüber lesen lässt, kann in der Interpretation durch Michel Foucault einigen heilsamen Schrecken verursachen. Falls man dies überhaupt will, kann man darüber hinaus - aber auch schon eher hypothetisch - der Gefahr einer Identitätsdiffusion durch strengere Kontrolle der Zertifikate entgehen, die die Erziehungswissenschaft insbesondere denjenigen ausgibt, die sich vor allem in Teildisziplinen mit professionsorientierten Absichten bewegen. Etwas drastisch formuliert: wer etwa Sozialpädagogik studiert, um in ihrem Feld tätig zu werden, müsste sehr viel genauer Auskunft über die genuin erziehungswissenschaftlichen Inhalte geben, die sein Studium bestimmt haben. Eine solche Identitätspolitik könnte sich an "einheimischen Theorien" entlang profilieren, die insbesondere im Kontext der Allgemeinen Pädagogik anzusiedeln wären. Möglicherweise könnte man für einen solchen Zugang Mitstreiter finden - etwas unvorsichtig vermutet wird vielleicht Klaus Prange hierfür plädieren. Allerdings steht man vor der Schwierigkeit, hier einen Konsens erzwingen zu müssen, was vermutlich den sozialpsychologischen erwünschten Effekten von Identitätsbemühungen entgegensteht. Die jüngeren Debatten um ein erziehungswissenschaftliches Grundcurriculum stimmen jedenfalls nicht besonders froh.

Und wenn man sich doch über eine solche pragmatische Vernunft hinauswagen will?

Dann könnte man - mit allem Vorbehalt gegenüber unklaren Formeln, wie sie ein Münchener Soziologiemystiker seit geraumer Zeit in die Welt setzt - so etwas wie eine *reflexive Modernisierung* der Erziehungswissenschaft einfordern. Dabei geht es zunächst formal um Distanz, auch und besonders gegenüber den traditionell gewordenen Bündnissen und Vorurteilen etwa mit der Politik, mithin um Offenheit gegenüber Brüderschaften und Vereinnahmungen, die unzuverlässig sind. Aus dieser Haltung heraus wäre Erziehungswissenschaft dann angewiesen auf Selbstbeobachtung und kritische Analyse der Effekte, die sie selbst erzeugt hat, wobei dies auch bedeuten würde, einmal mehr zu prüfen, was als theoretische und begriffliche Tradition in ihr vorliegt. Identität hängt also davon ab, wie weit die Disziplin Erziehungswissenschaft sich selbst über gegenstandsorientierte Grundlagenforschung, über Erkenntnis, dann vor allem über Theorie definiert, auch um den Preis, dass sie vornehmlich Theoriekontroversen bewegen. Das ist übrigens sehr viel leichter gesagt als getan, weil es an die Grundfesten des disziplinären Selbstverständnisses reicht. Dieses kann sich dann nämlich nicht mehr vorrangig über das Theorie-Praxis-Verhältnis definieren, kann nicht mehr die Praxisrelevanz zum Kriterium ihres Tuns und ihrer Leistungen bestimmen. Genauer: Sie muss sich zum Expertentum verhalten, kann dann nicht mehr bereitwillig Formeln folgen, die eher - um die Unterscheidung von Richard Rorty aufzunehmen - an Solidarität statt an Objektivität interessiert sind. Pragmatisch formuliert müsste sie den Mut zur Anweisung und Technik aufbringen, darf sich aber umgekehrt in ihrer eigenen Entwicklung von kontrollierten Erfahrungen aus praktischen Zusammenhängen anregen lassen.

Inhaltlich aber wäre sie verwiesen auf die empirisch gewordene Allgemeinheit des Pädagogischen, mithin auf die Beschreibung, Analyse, Deutung und den Begriff der Struktur pädagogischer Probleme einerseits, der universell gewordenen Institutionen, Pragmatiken und Semantiken andererseits. Dies verlangt nicht notwendig eine Entscheidung für empirische Forschung, wohl aber eine wirklichkeitszugewandte Haltung. Sie müsste also die Rationalität entwickeln, die schon Siegfried Bernfeld in seinem "Sisyphos" angemahnt hat (Bernfeld 1973). Freilich wäre sie heute darauf angewiesen, Pluralität zu verarbeiten und zu begreifen, sozusagen mit der Identität in der Differenz oder umgekehrt mit den Differenzen in der Identität umzugehen (vgl. Heyting/ Tenorth 1994). Möglicherweise müsste sie also begreifen, dass sie eine gegebene Identität gar nicht als solche fassen, sondern immer nur in den Unterschieden ihrer Teildisziplinen und differierenden Paradigmen, unter der Voraussetzung auch noch von Kategorien und Begriffen verarbeiten muss, die notorisch von Unzuverlässigkeit geprägt sind. Die Alternative des Childerich besteht für sie nicht; sie kann nicht alles an Identität in sich sammeln, wohl aber in einem spannungsreichen Forschungs- und Reflexionsprozess. Mehr noch: Sie könnte gerade die in ihr selbst angelegten Differenzen nutzen, um der Komplexität ihrer Themen und Gegenstände sich anzunähern; vielleicht muss sie sogar lernen, innerdisziplinär interdisziplinär zu verfahren. Und dies würde wohl auch für den Umgang mit ihren Klassikern gelten, die von den einen als szientifisch irrelevant abgetan, von den anderen aber als möglicher Hort einer fachlichen Identität angesprochen werden. Beides ist sicher falsch: Als Theorien der Pädagogik gelesen, können solche Klassiker - neben allen möglichen Wissensbeständen und Reflexionsformeln - vor allem Differenzen zugänglich machen, welche die Wahrnehmung, Erkenntnis und Analyse der Wirklichkeit des Pädagogischen leiten könnten.

Was heißt dies nun? Programmatisch geht es für die Erziehungswissenschaft höchstens um Selbstbewusstsein insbesondere angesichts einer evidenten Dringlichkeit von Pädagogik. Dieses Selbstbewusstsein hat vermutlich zuerst weniger mit wissenschaftlicher Leistungsfähigkeit zu tun; wahrscheinlich muss man es sich sogar nur einfach einreden, um es dann mit einiger Unverschämtheit in gesellschaftliche Kommunikation einzubringen. In zweiter Linie aber kann es helfen, die Erziehungswissenschaft so hinzunehmen, wie sie ist; sie braucht sich nicht mit Identitätsforderungen zu überlasten, weil sie mit ihrer eigenen Normalität genug zu tun hat - und sich auch mit dieser begnügen kann. Eher szientifisch liegt hingegen die Konsequenz der Frage nach der Identität darin, dass sich Erziehungswissenschaftler (und vielleicht sogar diejenigen, die mit einer erziehungswissenschaftlichen Ausbildung in den unterschiedlichsten Tätigkeitsbereichen wirken) zumindest einer Frage stellen: Die Identität der Erziehungswissenschaft muss nämlich nicht in dem ohnedies nur vermuteten "einen pädagogischen Grundgedankengang" (Flitner 1983 (1950): 123) ruhen, sondern darf darin liegen, dass man sich regelmäßig angesichts der sozialen, kulturellen und lebensweltlichen Veränderungen, angesichts vor allem auch der selbst beabsichtigten und bewirkten Entwicklungen einer Überlegung aussetzt, die man in die Formel fassen kann: Was bedeutet dies für die Pädagogik?

Die Antworten auf diese Frage können und brauchen nicht darauf gerichtet zu sein, Eindeutigkeit und Einheit sichtbar zu machen, aus welcher Erziehungswissenschaft sich selbst definiert. Eher geht es darum, die Spannungen und Widersprüche, welche die soziale und kulturelle Situation in den Sozialisationsverhältnissen darstellt, aufzuzeigen, Differenzen und Kontingenzen zu markieren, auch im Blick auf ihre Wahrnehmung durch die Erziehungswissenschaft selbst. Sie bleibt in ihrer vielleicht banalen Realität einer normal science Bezugspunkt von Forschungsprozessen, von Beschreibungen, Erhebungen und Analysen, von Theorien und Urteilen über eine komplexe Wirklichkeit, die auf einen einheitlichen Begriff gar nicht mehr zu bringen ist. Darin liegt die formale Seite ihrer Identität, der doch eine zumindest vordergründig inhaltliche zur Seite gestellt werden kann, die gleichwohl nur als Denk- und Fragerichtung zu begreifen ist. Denn: wie auch immer diese Wirklichkeit aussieht, sie ist doch nur zu fassen unter der Vorstellung von Bildungsprozessen, welche historische Subjekte zu bewältigen haben, in den unterschiedlichsten Bildungswelten, mit welchen sie nicht zuletzt als Folge auch von Erziehungswissenschaft konfrontiert sind. Doch auch dieses, die differierenden Bildungswelten und Bildungsgänge sind kaum substantiell zu fassen, sondern nur als Aufgabe von Erkenntnis, die regelmäßig neu von den unterschiedlichen Teildisziplinen zu bewältigen wäre. Insofern liegt auch hierin höchstens eine Identität der Nicht-Identität - und das ist vielleicht ganz gut so, weil sie so nicht den Schematisierungen verfallen muss, welche von der Literatur der Moderne angeboten werden.

Michael Winkler

Literatur:

Bernfeld, Siegfried 1973: Sisyphos oder die Grenzen der Erziehung. Frankfurt a.M.

Bernhard, Armin 1999: "Multiple Identität" als neues Persönlichkeitsideal. In: Neue Sammlung 39 (1999): 291-305

Bohrer, Karl Heinz 1999: Mythologie, nicht Philosophie. In: Merkur. Deutsche Zeitschrift für europäisches Denken 53 (1999): 1116-1121

Castoriadis, Cornelius 1990: Gesellschaft als imaginäre Institution. Entwurf einer politischen Philosophie. Frankfurt a.M.

Doderer, Heimito von 1962: Die Merowinger oder Die totale Familie. München

Elias, Norbert 1977: Über den Prozeß der Zivilisation. Soziogenetische und psychogenetische Studien. Zwei Bände 3. Auflage. Frankfurt a.M.

Flitner, Wilhelm 1964: der Standort der Erziehungswissenschaft. Eine Studie über die Sozialfunktion der Wissenschaften und die Pädagogik. Schriftenreihe der Niedersächsischen Landeszentrale für Politische Bildung. Wissenschaft und Politik - Heft 1. O.O.

Flitner, Wilhelm 1983: Allgemeine Pädagogik (1950). In: Flitner, Wilhelm: Gesammelte Schriften. Hrsg. v. Erlinghagen, Karl, Flitner, Andreas, Herrmann, Ulrich. Bd. 2. Paderborn u.a.

Giddens, Anthony 1988: Die Konstitution der Gesellschaft. Grundzüge einer Theorie der Strukturierung. Frankfurt a.M./ New York

Giddens, Anthony 1996: Konsequenzen der Moderne. Frankfurt a.M.

Giesen, Bernhard 1991: Die Entdinglichung des Sozialen. Eine evolutionstheoretische Perspektive auf die Postmoderne. Frankfurt a.M.

Guschka, Andreas (Hrsg.) 1996: Wozu Pädagogik? Die Zukunft bürgerlicher Mündigkeit und öffentlicher Erziehung. Darmstadt

Heyting, Frieda/ Tenorth, Heinz-Elmar 1994: Pädagogik und Pluralismus. Deutsche und niederländische Erfahrungen im Umgang mit Pluralität in Erziehung und Erziehungswissenschaft. Weinheim

Hoffmann, Dietrich/ Neumann, Karl (Hrsg.) 1997: Die gegenwärtige Struktur der Erziehungswissenschaft. Zum Selbstverständnis einer undisziplinierten Disziplin. Weinheim

Ingenkamp, Karlheinz/ Jäger, Reinhold S./ Petillon, Hanns/ Wolf, Bernhard (Hrsg.) 1992: Empirische Pädagogik 1970-1990. Eine Bestandsaufnahme der Forschung in der Bundesrepublik Deutschland. Band I + II. Weinheim

Kade, Jochen/ Seitter, Wolfgang 1996: Lebenslanges Lernen. Mögliche Bildungswelten. Opladen

Kade, Jochen/ Nittel Dieter/ Seitter, Wolfgang 1999: Einführung in die Erwachsenenbildung, Weiterbildung. Stuttgart

Liebau, Eckard 1999: Erfahrung und Verantwortung. Weinheim und München

Lüders, Christian 1994: "Verstreute Pädagogik". Ein Versuch. In: Horn, Klaus-Peter/ Wigger, Lothar (Hrsg.): Systematiken und Klassifikationen in der Erziehungswissenschaft. Weinheim: 103-127

Loo, Hans van der/ Reijen, Willem van 1992: Modernisierung. Projekt und Paradox. München

Morshäuser, Bodo: Landser, Söldner und Kanaken. Jugendliche Gewalttäter verbreiten Angst und Schrecken. Warum sie das tun, liegt auf der Hand. In: Die Zeit. 14. Okt. 1999, Nr. 42: 52

Musil, Robert 1981: Der Mann ohne Eigenschaften. Roman. Reinbek

Osterwalder, Fritz 1999: Pädagogik - ein Bekenntnis. Zur Architektur pädagogischer Diskurse und ihrer Geschichte. In: Neue Pestalozzi Blätter. Zeitschrift für pädagogische Historiographie 5 (1999), Heft 1: 21-27

Plake, Klaus 1999: Talkshows. Die Industrialisierung der Kommunikation. Darmstadt

Rauschenbach, Thomas 1999: Das sozialpädagogische Jahrhundert. Analysen zur Entwicklung sozialer Arbeit in der Moderne. Weinheim und München

Rutschky, Katharina 1992: Erregte Aufklärung. Kindesmißbrauch: Fakten u. Fiktionen. Hamburg

Schwanitz, Dietrich 1999: Bildung. Frankfurt a.M.

Sünkel, Wolfgang 1994: Schule mit Verspätung. Theoretische Überlegungen zum "Paulsen-Effekt". In: Sünkel, Wolfgang: Im Blick auf Erziehung. Reden und Aufsätze. Bad Heilbrunn: 87-95

Thiersch, Hans 1992: das sozialpädagogische Jahrhundert. In: Rauschenbach, Thomas, Gängler, Hans: Soziale Arbeit und Erziehung in der Risikogesellschaft. Neuwied: 9-23

Thole, Werner/ Küster-Schapfl, Ernst-Uwe 1997: Sozialpädagogische Profis. Beruflicher Habitus, Wissen und Können von PädagogInnen in der außerschulischen Kinder- und Jugendarbeit. Opladen

Uhle, Reinhard/ Hoffmann, D. (Hrsg.) 1994: Pluralitätsverarbeitung in der Pädagogik. Unübersichtlichkeit als Wissenschaftsprinzip. Weinheim

Weinrich, Harald 1997: Lethe. Kunst und Kritik des Vergessens. München

53

Bildung und Gesellschaft:
Erziehungswissenschaft als Sozialwissenschaft

Heinz Sünker

I.

Die Frage nach der 'Bildung' hat immer noch als Frage nach dem Menschen, genauer: als der nach der gesellschaftlichen Formung der Menschen, damit dem Verhältnis von Individuum und Gesellschaft zu gelten.

Zu erinnern ist hier an unterschiedliche Kontexte, die vor etwa 35 Jahren in der bundesdeutschen Diskussion zur Substitution des Bildungsbegriffs durch die Kategorien Lernen, Sozialisation und Qualifikation führten. Die Degeneration des Bildungsbegriffs zur Leerformel (Nipkow 1977), die sozialwissenschaftliche Wende in der Erziehungswissenschaft, die vordem allgemein Pädagogik hieß, Debatten zum Verhältnis zwischen Bildungs- und Beschäftigungssystem, die unter dem Label Bildungssoziologie oder auch politische Ökonomie des Ausbildungssektors geführt wurden, griffen ineinander (vgl. Sünker 1984: 2-20).

Heydorn, der inspirierendste Bildungstheoretiker dieses Jahrhunderts, hat diese Entwicklung in seinem Hauptwerk "Über den Widerspruch von Bildung und Herrschaft" interpretiert als die Folge von Ausdifferenzierungsprozessen in spätkapitalistischen Gesellschaften, als Konsequenz eines Prozesses der "Degeneration des Neuhumanismus zum Dandytum", als "Übergang des Gebildeten zum Experten" (Heydorn 1979: 171), als "Übergang vom Bildungsbürgertum zur Funktionselite" (Heydorn 1979: 297). In seinen Überlegungen kritisiert er einen kulturfeindlichen Ökonomismus der vorherrschenden linken Bildungstheorie als Reflex der bestehenden Verfassung (Heydorn 1980: 291), da die Frage nach Begriff und Inhalt von Bildung in jenen Zeiten und Kontexten häufig - im Rahmen einer politischen Ökonomie des Ausbildungssektors - auf 'Ableitungen' aus dem Kapitalverhältnis reduziert wurde.

Nach dieser ideologiekritischen Darstellung der Degeneration des Bildungsbegriffes, die wesentlich in einer bildungsbürgerlichen Funktionalisierung ihren Ausdruck fand, wurde zwischenzeitlich die Anschlussfähigkeit bildungstheoretischer Überlegungen für eine kritische Erziehungswissenschaft und Gesellschaftstheorie erkannt.

Denn ist insbesondere mit dem Qualifikationsbegriff sozusagen die Kapital-Perspektive gleich mitgeliefert, indem *Verwertung* die Bezugsgröße bildet, werden im Rahmen der Sozialisationsforschung Fragen nach dem Bildungsprozess, wie Mollenhauer es formuliert hat, auf Fragen "nach dem Sozialisationsprozeß reduziert" (Mollenhauer 1979: 241), so soll der Bezug auf den Begriff der Bildung den gesellschaftskritischen Impetus wahren, aufnehmen und weitertreiben, der in der Konstitution des Bildungsbegriffs in seinen frühbürgerlichen - Moderne mitkonstituierenden - Verfassungen mitgesetzt war und mit dem man das Projekt des Menschen, die Menschheitsidee, in einer nicht subjektivistischen und nicht objektivistischen Weise zu lösen gedachte (vgl. Voges 1979: 68ff.; Sünker 1989a).

II.

Die Frage nach der allgemeinen Bildung, ihrer gesellschaftspolitischen wie individuellen Bedeutungen (Heydorn 1994: 41ff.), bildet die Klammer aller seiner historischen wie systematischen Beiträge; zugleich verweist sie auf die Bedeutung einer gesellschaftstheoretisch und gesellschaftskritisch operierenden Bildungstheorie. Gesetzt ist damit auch die Aufgabe, Vermittlungen zwischen gesellschaftlichen Strukturen, den Strukturierungen gesellschaftlicher Beziehungen zwischen den Mitgliedern einer Gesellschaftsformation und den Konstitutionsbedingungen von Subjektivität zu bestimmen und zu erforschen, wie dies Heydorn bereits in seinen frühen Schriften tut, wenn er auf Zusammenhänge zwischen der Priorität kapitalistischer Verwertungslogik, der Marktförmigkeit gesellschaftlicher Beziehungen und einer Reduktion gesellschaftlicher Existenz auf "bare Funktionsfähigkeit" (ebd. 1994: 232) hinweist. Der in dieser Gesellschaftsverfassung enthaltene Funktionalismus führt zur "Frage nach einer Bildung, die die maximale Effizienz des Menschen in einer technologischen Gesellschaft sicherstellt, einer Gesellschaft, die auf Anpassung, Wechsel und Mobilität in weithin determinierten sozialen Grenzen beruht" (ebd. 1994: 284; s. dazu Beck 1986). Dabei, so heißt es bei ihm, "[...] soll Bildung, wie stets in der Geschichte, Ideologie und Macht einer bestehenden Gesellschaft absichern; sie muß diejenige Reflexion aussparen, über die sich die Entmythologisierung der Macht vollzieht. Damit gerät sie in einen erkennbaren Gegensatz" (ebd. 1994: 285; vgl. Koneffke 1981; Sünker 1989a).

Indem er in seinen Arbeiten "die Interdependenz von Gesellschaftsverfassung und Bildungsinstitution" (Heydorn 1980a: 99) nicht nur allgemein zu seinem Thema macht, sondern die Aufschlüsselung dieses Verhältnisses in den Besonderungen von Bildungs- und Gesellschaftsgeschichte radikal vorantreibt, d.h. die jeweiligen Konstellationen, Verkehrsformen und Praxen analysiert, entwickelt Heydorn die für seine Analyse notwendigen Kategorien, die ihren Focus in einem mäeutischen Begriff von Bildung als "entbundene Selbsttätigkeit" (Heydorn 1979:10) haben. Er will so - der Humboldtschen Tradition folgend - deutlich machen, dass die in die Interdependenz eingebundene Determination institutionalisierter Bildung sich zwar historisch objektiviert, aber nicht objektivistisch zu interpretieren ist. Das Momenthafte und damit Unwahre der Determination bleibt wesentlich, weil aus gesellschaftlicher Praxis die Gefahr "ihrer stetigen Durchbrechung" erwächst (Heydorn 1980a: 99).

Die Heydornsche Rekonstruktion von Bildungs- und Gesellschaftsgeschichte führt zum Aufweis einer Differenz zwischen der in gattungsgeschichtlich verankerten Bildungsprozessen herausgesetzten Erkenntnis- und Handlungsfähigkeit der Menschen und der real-historisch immer noch mangelhaft entwickelten emanzipatorischen Bewegung der Gesellschaft. Dies ist der vornehmste Bezugspunkt des 'Überlebensaufsatzes', der die Frage, welchen Bildungsgrad die Gesellschaft besitzen muss, "um mit einer Überlebensaussicht in das kommende Jahrtausend zu treten" (ebd. 1980: 288) in vielfältige Facetten auseinanderlegt[1]. Zudem verbindet sich für Heydorn damit die Hoffnung eröffnende These, dass im Verhältnis von Bildung und Überleben das Bewusstsein von der eigenen Voraussetzung zum Ausgangspunkt werde und dies den ersten Prozess einer befreienden Verarbeitung bezeichne (Heydorn 1980: 293). Diese Hoffnung Heydorns kann parallel gelesen werden zu einer handlungs- und erkenntnistheoretischen Überlegung Lefebvres, der davon ausgeht, dass das handelnde Erkennen sich in Bildern, Bildern eines verwandelten Lebens entfaltet: "Zugleich muß dieses Erkennen eine Praxis der Veränderung durchmachen. Der Akt, der Erkenntnis mit Praxis inau-

---

[1] Mit der Frage nach den Überlebensaussichten und -perspektiven formuliert Heydorn leitmotivisch, was auch anderen Analysen wesentlich ist. So geht Kilian in seiner Arbeit "Das enteignete Bewußtsein" (1971: 7) von der These aus, "daß menschliche Selbsterkenntnis historisch veralten kann". Perspektivisch entscheidend wird für ihn: "Die Sozialtechniken und die Gesellungsformen des Menschen, welche das Gesicht der Herrschaftskultur bestimmten, haben in der gegenwärtigen Phase der geschichtlichen Entwicklung ihre Funktion als Ordnungsfaktoren weitgehend eingebüßt. Der organisierende Prozeß der herrschaftsstrukturellen Sozialtechniken beginnt in einen desorganisierenden Prozeß umzuschlagen, in welchem eben jene Faktoren, die bisher der Erhaltung der Ordnung dienten, zu Faktoren der Unordnung und der Zerstörung werden. Umgekehrt wird deutlich, daß die Entfaltung der durch gewohnheitsmäßige unbewußte Repression bisher weitgehend ‚unterentwickelten' freien Kommunikationsfähigkeit im weitesten Sinne des Wortes als jenes noch kaum erkannte Kulturziel der heute lebenden Generation anzusehen ist, von dessen weitgehender konkreter Realisation die Überlebenschancen der Menschheit in der nächsten Zukunft möglicherweise abhängen werden" (273 f.). Siehe dazu auch die Einschätzung von Sonnemann, der in seinem Buch "Negative Anthropologie" formuliert: "Während die naturwissenschaftliche Technik eine Utopie nach der andern verwirklicht, kleben die Menschen an bestehenden Verhältnissen ihres Bewußtseins und ihrer Gesellschaften nun mit einer Ohnmacht, die so vertrauensvoll sich der Macht unterstellt wie ein unberatener Wanderer einem alleinstehenden Weidenbaum, wenn es blitzt; die Diskrepanz zwischen dem Verhängnis, das in den kainitischen Affekten eines eifernden, militant gewordenen Immobilismus liegt, und dem Geringen an Kraft, das schon jetzt gegen ihn eingesetzt werden kann, wird bedrohlicher, die Zeitspanne, die bis zum dritten Weltkrieg verbleiben mag, treibt die reflexiven Minderheiten zu einer Hast, die ihrerseits die Reflexion, von deren Genauigkeit alles abhängen muss, nicht begünstigt. Ihre Chance ist nicht hoffnungslos, aber schmächtig, sie bedarf, soll sie überhaupt eine bleiben, in gewissem Grad auch des Glückes" (1969: 14).

guriert, ist *poietisch*: Er schafft gleichzeitig Begriffe und Bilder, Erkenntnis und Traum" (Lefebvre 1975: 122f; vgl. Sünker)[2].

Da zu klären ist, inwiefern die wachsende Bedeutung institutionalisierter Bildung und die wachsende Gewinnung eines menschlichen Inhalts (Heydorn 1980: 287 f.) sich zueinander verhalten, gilt es, sich den *verschütteten* Inhalt des Bildungsbegriffes neu zu vergegenwärtigen (ebd. 1980: 291) und den Umriss eines Bildungsbegriffes zu bestimmen, "den die Gegenwart erfordert" (ebd. 1980: 295). Lässt des Weiteren die geschichtliche Entwicklung bis zur Gegenwart sich als Situation der Menschen lesen, die durch Verhängtsein (Heydorn 1979: 31) bestimmt ist, so wird die Frage nach den freiheitsverbürgenden Potentialen menschlicher Entwicklung zum entscheidenden Problem der Gegenwart. Weil ein Weiteres "bares Überleben" mit einer "fortschreitenden Selbstzerstörung des Menschen" (Heydorn 1980: 187 f.) einhergeht - von ihm als kollektive Neurose benannt -, ergibt sich als erste Aufgabe, darüber aufzuklären, wie ein produktives Bewusstsein, "das sich auf die Erfüllung der Zukunft", damit auf ein qualifiziertes Leben richtet (ebd. 1980: 283), heute neu gewonnen werden kann.

Wenn die Frage nach dem Überleben substantiell "nicht allein über die Ausschließung des Krieges zu beantworten [ist], auch nicht über soziale Kriterien, die sich materiell beschränken" (ebd.), so stellt sie sich dem Problem, was Zukunft in einem fundamentalen und weitgreifenden Sinne zu qualifizieren vermag. Gebunden an einen emphatischen Begriff des Menschen, menschlicher Subjektivität und an einen comenianisch gewirkten Begriff von Utopie als "Gedächtnis einer verdunkelten Welt", formuliert Heydorn: "Die universelle Gattung, die die Fülle ihrer Möglichkeiten entlässt, ist die vollendete Utopie der Bildung" (ebd. 1980: 298).

III.

Weil, wie Heydorn in der Aufnahme einer entscheidenden Denkfigur aus der Tradition des praxisphilosophisch orientierten westlichen Marxismus (vgl. Sünker 1989: 25-56) formuliert, Geschichte ohne Gewissheit ist, sie keine Zukunft verbürgt, und sie kein Gesetz enthält, "das sich unabhängig vom Menschen vollzieht, um ihn an sein Ziel zu bringen" (Heydorn 1980: 300), vielmehr die "schwere Last", die "Freiheit des Werdens" auszuhalten (ebd. 1980: 301) gerade in der Gegenwart auf der Tagesordnung steht, ist es ihm darum zu tun den Menschen als Täter und damit Subjekt seiner Geschichte (ebd. 1980: 284f.) in sein Recht zu

---

[2] Aber auch dies kann durchaus verfallsgeschichtlich verlaufen: "Im Laufe dieser Trennung verkommt die *Poiesis* zur *Poesie*: zur Operation an der verbalen Materie, zu einem Diskurs, der zwar von Bildern und Symbolen belebt wird, aber dem banalen Reden nahe steht und sich im Verhältnis zu ihm definiert. Die *Poiesis* vergisst, dass sie auch *Praxis* ist: Handeln an den Menschen durch Werke und Worte, Erziehung, Bildung, Gründung" (Lefebvre 1975: 167).

setzen. Daraus resultiert die Aufgabe, die Bedingungen der Verknüpfung von Bildungs- und Gesellschaftsgeschichte präzise aufzuschlüsseln, d.h. die humane Perspektive der Mündigkeit und Selbstbestimmung aller Menschen zu begründen sowie die Gegenkräfte zu bestimmen (vgl. Ramonet 1998).

Es geht mithin in einem Analyseschritt darum, die Realisierungsmöglichkeiten des ursprünglichen Ansatzes des Bildungsgedankens als Verständigung des Menschen über seine eigene Freiheit (Heydorn 1979: 32) aus den gesellschaftlich-geschichtlich entwickelten Bedingungen zu rekonstruieren. Der Dialektik der Institutionalisierung von Bildung, die zu den Polen Befreiung und Herrschaft führt, entsprechen Klassenaspekte der Bildung selber, deren Verhältnis es in den Gestalten von homo faber und homo ludens in Beziehung zu setzen gilt (Heydorn 1980: 285). Die mit der bürgerlichen Welt aufkommende begriffliche Universalität und zugleich empirische Beschränkung von Bildung (ebd. 1980: 285) radikalisiert in der Folge von Form und Gehalt der ob der industriellen Revolution notwendig werdenden Massenbildung die Entzweiung im Bildungsbegriff in einer klassengeschichtlich erkennbaren Weise. Dabei ist die Verkehrung von Bildung zur Erziehung "erzwungen von der Notwendigkeit, auch die abhängigen Massen als empirische bürgerliche Subjekte zu brauchen" (Koneffke 1982: 946). Gleichwohl ist Folgendes festzuhalten: die Entstehung der Bildung in der griechischen Antike verweist darauf, dass ihr von Anfang an zweierlei inhärent ist: zum einen eine gesellschaftliche Verzweckung, die einer eingegrenzten Aufgabe von Wissensproduktion entspricht, auf eine bloß partielle Begabung des Menschen abzielt, zum anderen aber eine in der Bildung selbst enthaltene Qualität, die zur Umkehrung dieses gesellschaftlichen Verhältnisses führt. Die Interpretationen von Antike und Aufklärung, darin eingelassener Formen der Auseinandersetzung mit Natur, verweisen darauf, wie sich ein befreiender Charakter in dieser Auseinandersetzung entfaltet (Heydorn 1979: 12f.; 1980: 290). Hegel (1952: 141ff.) hat in der "Phänomenologie des Geistes" in seiner Darstellung der Dialektik von Herrschaft und Knechtschaft die Grundfigur eines Denkens vorgestellt, mit der er aufschlüsselt, wie über Determination Freiheit gewonnen wird (vgl. Sünker 1989: 103ff.).

Dass Bildung universell und umfassend werden kann, setzt einen organisierten Bildungsprozess für immer mehr Menschen voraus (Heydorn 1980: 287). Obwohl innerhalb der empirischen Beschränkung das Verhältnis von praktischer Zubereitung und gleichzeitiger Subjektwerdung des Menschen zerrissen wird (ebd. 1980: 289), so ist doch für die Entwicklung der gesellschaftlichen Grundstruktur entscheidend: der Grad ihrer rationalen Struktur und der abstrakte Charakter der Produktion sind noch in einer Weise ineinander verwoben, dass "dem umfassenden Charakter, den die Bildung angesichts des Standes der technischen Entwicklung gewonnen hat" eine umfassende Paralysierung zur Ausschaltung ihrer revolutionierenden, d.h. aufklärenden und den Menschen als selbstbestimmten

Akteur in sein Recht setzenden, Potenzen entspricht (ebd. 1980: 290)[3]. Die widersprüchliche Konstitution und Realität von Gesellschaft lässt auch Bildung nicht aus; gleichwohl lässt sich aus dem dieser Entwicklung unterlegten Prozess folgern: "Die Allgemeinheit, die Bildung gewonnen hat, verweist darauf, daß die Momente der Bildung ihre klassengeschichtliche Zerrissenheit überwinden, in einer befreiten Gattung universell werden können" (ebd. 1980: 291). Auch wenn Bildung für Heydorn kein selbständiges revolutionäres - und d.h. vor allem der kulturellen und sozialen Entfaltung des Menschen dienendes - Element in der geschichtlichen Bewegung ist, sie dies nur in Verbindung mit der gesamten geschichtlichen Bewegung sein kann (ebd. 1980a: 100), ist darauf zu insistieren, dass die Bildungsinstitution "einen eigenen verändernden Beitrag, der unauswechselbar ist" (ebd. 1980a: 167) für die Realisierung dieser Freiheit ins Auge fassenden Perspektive bietet. Einzuholen ist damit, was sich bildungstheoretisch mit dem Aufweis der dialogischen Struktur von Bildungsprozessen und Bildungsverhältnissen, die ihren Focus im Begriff der wechselseitigen Anerkennung und der Mäeutik (vgl. Sünker 1989: 147ff.) haben, füllen lässt.

IV.

Heydorn bindet Bildung an ein Durchlaufen von Aneignungsprozessen, mit denen die neue Wirklichkeit eingeholt wird. Entscheidend ist dabei die Einschätzung, dass die Aneignung des Produktionsprozesses durch die Aneignung der menschlichen Identität übergriffen wird (ebd. 1980: 295; vgl. Bowles/ Gintis 1987). Gebunden ist diese Perspektive an die Vorstellung einer "Revolutionierung der Arbeit" und einer "Revolutionierung der Freizeit", was als ein Vorgang zu denken ist, "mit dem sich der Mensch zum Subjektsein erhebt. Beide Prozesse müssen gleichzeitig einsetzen, als Ausdruck einer Bedürfnisveränderung" (ebd.; vgl. dazu Marx o.J.: 230f., 387, 431f., 505, 587-597; Heller 1976; Hörning et al. 1990).

In diesem Kontext erhält die Bildung des Bewusstseins eine geschichtliche Bedeutung wie nie zuvor (ebd. 1980: 294). Wenn Heydorn seinen Überlebensaufsatz mit dem Satz abschließt, "Bewusstsein ist alles" (ebd. 1980: 301), so beruht

---

[3] Zu dieser Überlegung Heydorns können neue Ergebnisse aus der industriesoziologischen Forschung herangezogen werden, die von einem arbeitspolitischen Paradigmenwechsel sprechen. So machen Kern/Schumann deutlich, dass eine neuartige Wertschätzung der Qualitäten lebendiger Arbeit festzustellen ist, die allerdings durch politische Vorgaben und Prozesse zu erweitern ist, um einer privatistischen Verengung von neuen Produktionskonzepten zu begegnen. Eine soziale Steuerung der von ihnen konstatierten Innovationspotentiale hat dabei auf drei Politikfelder abzuzielen: eine Sozialisierung der Anpassungslasten, eine Politik der Arbeitszeitverkürzung, eine "Politik der offensiven Arbeitsplatzgestaltung und Qualifizierung, die die Produktionsintelligenz verallgemeinert und Industriearbeit als souveränes Arbeitshandeln ausformt" (1984: 327; vgl. auch Naschold 1985; Piore/Sabel 1985).

dies auf der Vorstellung von der Notwendigkeit und Möglichkeit von Denkprozessen, die die Entmythologisierung der Gesellschaft (ebd. 1980: 300) - unterstützt durch deren rationale Struktur - betreiben, und auf der Einsicht, dass der Mensch erst mit seiner Fähigkeit, die materielle Bedingung geistig zu durchdringen und sie damit zu verwandeln, zum Subjekt wird (ebd. 1980: 294). Dass dies keine Spekulation im negativen Sinne ist, sich hier vielmehr die Fortgeschrittenheit der Überlegungen Heydorns anzeigt, vermag ein Verweis auf ein gleichgelagertes systematisches Argument - sozialwissenschaftlich formuliert - von Pierre Bourdieu zu erhellen:

"Ein Bewußtsein, das keine Ahnung davon hat, daß es das, was es erkennt, selbst hervorbringt, und deshalb gar nicht wissen will, daß der tiefinnerste Reiz seines Bezugsobjekts, nämlich dessen Charisma, lediglich das Produkt unzähliger Kreditübertragungen ist, mit denen die Subjekte dem Objekt Kräfte zuschreiben, denen sie sich dann unterwerfen. Die spezifische Wirksamkeit der Wühlarbeit liegt gerade darin, daß sie durch Bewußtmachung die Denkkategorien verändern kann, die zur Orientierung der individuellen und kollektiven Praktiken beitragen, und besonders die Kategorien der Wahrnehmung und Beurteilung der Verteilungsstruktur" (Bourdieu 1987: 257). Dass bei Heydorn den Intellektuellen (und analog dazu den Lehrern) im Rahmen der Geschichte des Bewusstseins eine entscheidende Rolle zukommt, da sie als Produkt der bürgerlichen Gesellschaft zugleich ein von ihr erzeugtes eigenes Korrektiv, eine "Negation hinter ihrem Rücken" darstellen (ders. 1980: 291), ist in diesem Zusammenhang von systematischer Bedeutung[4]. Die Aufgabe des Intellektuellen, wenn er denn nicht zum Zyniker wird, lässt sich seit den Zeiten des Sokrates und seiner Mäeutik als die Kunst der Frage beschreiben, "als Frage nach dem Verbleib des Menschen", und mit seiner Entschlossenheit, "keine Verletzung dieser Frage zu dulden" (ebd. 1980: 299).

V.

In seinem Hauptwerk "Über den Widerspruch von Bildung und Herrschaft", dem er eine widerspruchstheoretisch begründete Systematik und eine emanzipatorische Perspektive zugrunde legte, hatte Heydorn u.a. die Entwicklung des Neuhumanismus, speziell bei Humboldt auffindbarer Theorieansätze und politischgesellschaftlicher Vorstellungen, untersucht. In dieser Analyse zeigte sich die an Gleichheit und Individualität orientierte Reichweite wie Perspektive der Humboldtschen Überlegungen, die die reflexive Fortgeschrittenheit frühbürgerlicher Theorie bezugen, auch wenn gesellschaftlicher Zustand und individuelle Existenz gerade nicht in ihr aufgingen.

Diese Theorie - von Humboldt bis Heydorn - und daran ist wiederum anzuschließen, beharrt - wie neben ihr soziologisch ausgerichtete angelsächsische Analysen

---

[4] Zu wesentlichen Aspekten einer Diskussion über gesellschaftliche Orte und Aufgaben von Intellektuellen s. die Beiträge Krahl (1971), Brunkhorst (1987), Walzer (1991).

in der Bildungsforschung - auf der Widerständigkeit von Subjekten gesellschaftlichen Verhältnissen gegenüber, die auf sie überzugreifen suchen[5]. Die im Falle Humboldts in dieser Differenz mitgesetzte Kritik des Utilitarismus, der Zurichtung des Menschen auf Vorgegebenes, auf Verwertung, begründet sich aus der Vorstellung eines Vermittlungszusammenhangs von Freiheit, Selbsttätigkeit und Vielseitigkeit (vgl. Rang 1984). Sie verrät große Einsicht in die Konsequenzen, die sich aus der Kapitalisierung der Gesellschaft entwickeln. Daraus folgt für Humboldt - als seine Lösung der Überlebensproblematik - die Annahme einer konstitutiven Differenz von Politik und Pädagogik, so dass Bildung von gesellschaftlicher Wirklichkeit abgetrennt wird, weil es gilt - eben um nicht illusionär zu werden und zu wirken -, "dem Menschen ein wie auch immer bedrohtes Versteck zu retten" (Heydorn 1979: 117).

Auch in der und für die Gegenwart ist an einer emanzipatorisch relevanten Differenz zwischen gesellschaftlichem Zustand und individueller Existenz festzuhalten, gleichwohl hat sich für Heydorn die Perspektive einer Totalität der Subjektwerdung verbessert, so dass die Frage nach dem Verhältnis von Bildung und Politik sich neu und erneuert stellt, weil Politik nicht länger durch Bildung unterlaufen wird, um dem härtesten Widerspruch auszuweichen, sondern der politische Prozess selbst als Prozess einer universellen Bildung zu fassen ist.

"Die Massenbefreiung, mit der die Universalität der Gattung als Bildungsauftrag zu Ende geführt wird, als Inbegriff einer Eigenverfügung, kann nur durch eine lange Kette selbständiger Akte verwirklicht werden. Die Erfahrung von Glück, die sie enthalten, ist unwiderrufbar" (ebd. 1980: 297).

Die von Heydorn hier vorgetragene vorsichtig optimistische Lesart der Möglichkeiten der Gegenwart gründet sich auf die Hoffnung: "Mit dieser Erfahrung [von Selbsttätigkeit und Glück, H.S.] sind wir schon freigesetzt, auch als noch Unterworfene" (ebd. 1980: 298). Es lässt sich, denke ich, mit guten Gründen argumentieren, dass gerade der Bezug auf Entwicklungen und Erfahrungen von Bürgerrechtsbewegungen in Osteuropa und der DDR sowie von alten und neuen sozialen (Alternativ-)Bewegungen im Westen dies bezeugen kann[6].

Gerade weil in den Geschichtsprozess herrschaftliche Interessen eingehen, die auf eine Paralysierung des möglich gewordenen Bewusstseins über Geschichte und Gesellschaft abzielen, ist es entscheidend zu erkennen, dass Institution und Mündigkeit in einen "unüberbrückbaren Gegensatz" geraten (ebd. 1979: 317). Dies

---

[5] In der angelsächsischen Debatte erfolgen die Analysen unter der Überschrift *Critical Pedagogy, Sociology and Politics of Education* (vgl. dazu die Beiträge in Sünker/ Timmermann/ Kolbe 1994 und Sünker/ Krüger 1999).

[6] Während sich für die alte soziale Bewegung, die Arbeiterbewegung, der Zusammenhang zwischen Bewegung, Gesellschaft und Bildungssystem als explizites Problem stellte (vgl. exemplarisch Simon 1972), diese auch auf die ihr inhärenten Lernprozesse hin untersucht wurde (Thompson 1980; Vester 1970), wäre dieser Problemzugriff für die neuen sozialen Bewegungen erst noch zu entfalten. Für die US-amerikanische Situation vgl. die Arbeiten von Flacks (1988) und Rorty (1999).

bedeutet: "Bildung als Institution ist reif, sich gegen sich selbst zu wenden, den Auflösungsprozeß der Herrschaft unter dem Zeichen bewußt gewordener Menschen zu signalisierren" (ebd. 1979: 323).

Vorweggenommen wird mit dieser Einschätzung ein Ergebnis neuester Gesellschaftsanalyse, die da lautet: "What is characteristic of social movements and cultural projects built around identities in the Information age is that they do not originate within the institutions of civil society. They introduce, from the outset, an alternative social logic, distinct from the principles of performance around which dominant institutions of society are built" (Castells 1998: 351; s. auch Sünker 2000).

Im Interesse emanzipatorischer Entwicklungen, einer Realisierung der Vernunftpotentiale in der Gestalt mündiger Selbstbestimmung und gesellschaftlicher Verantwortung (vgl. Bowles/ Gintis 1987; Heydorn 1980a: 103) ist somit - damit Pädagogik und Politik vermittelnd - dem Niedergang des Individuums (Heydorn 1980: 286, 1980a: 102; Horkheimer o.J.: 229-257) eine historisch-konkrete Alternative entgegenzusetzen. Dies verweist darauf, dass erneut - wie schon zu Beginn der bürgerlich-kapitalistischen Gesellschaft - Reflexionen zum Zusammenhang von Bildungstheorie und politischer Kultur, von Mäeutik und Demokratie in praktischer Absicht auf der Tagesordnung stehen; denn Demokratie und Mäeutik teilen - wie Lefebvre es genannt hat - ein gemeinsames Interesse: das an einer "Aufwertung der Subjektivität" (Lefebvre 1978: 7), damit, wie Heydorn es gekennzeichnet hat, an der Bildung aller sowie an Mündigkeit und Selbstverfügung als dem Ziel von Menschenbildung. Einher damit geht die Einsicht, dass Bildungspolitik Gesellschaftspolitik ist, dies der Erkenntnis zufolge, dass eine demokratische Gesellschaft gebildeter, d.h. handlungsfähiger und in politische Angelegenheiten eingreifende Bürgerinnen und Bürger bedarf.

Literatur

Beck, Ulrich 1986: Risikogesellschaft. Frankfurt
Bourdieu, Pierre 1987: Sozialer Sinn. Kritik der theoretischen Vernunft. Frankfurt
Bowles,Samuel/ Gintis,Herbert 1987: Democracy and Capitalism. New York
Brunkhorst, Hauke 1987: Der Intellektuelle im Land der Mandarine. Frankfurt
Castells, Manuel 1998: The Information Age. Vol. III: End of the Millennium. Oxford
Flacks, Richard 1988: Making History. The American Left and the American Mind. New York
Hegel, Georg Wilhelm Friedrich 1952: Phänomenologie des Geistes. Hamburg
Heller, Agnes 1976: Theorie der Bedürfnisse bei Marx. Hamburg
Heydorn, Heinz-Joachim 1979: Über den Widerspruch von Bildung und Herrschaft. Frankfurt
Heydorn, Heinz-Joachim 1980: Überleben durch Bildung. In: Heydorn, Heinz-Joachim: Ungleichheit für alle. Frankfurt

Heydorn, Heinz-Joachim 1980a: Zu einer Neufassung des Bildungsbegriffs. In: Heydorn, Heinz-Joachim: Ungleichheit für alle. Frankfurt

Heydorn, Heinz-Joachim 1980b: Zum Verhältnis von Bildung und Politik. In: Heydorn, Heinz-Joachim: Ungleichheit für alle. Frankfurt

Heydorn, Heinz-Joachim 1994: Werke Bd. 1. Vaduz

Hörning, Karl H./ Gerhardt, Anette/ Michailow, Matthias 1990: Zeitpioniere. Flexible Arbeitszeiten - neuer Lebensstil. Frankfurt

Horkheimer, Max o.J.: Zur Kritik der instrumentellen Vernunft. In: Horkheimer, Max: Kritische Theorie der Gesellschaft 111.0.0. (Raubdruck 1968)

Kern, Horst/ Schumann, Michael 1984: Das Ende der Arbeitsteilung? Rationalisierung in der industriellen Produktion. München

Kilian, Hans 1971: Das enteignete Bewußtsein. Neuwied

Koneffke, Gernot 1981: Überleben und Bildung. In: Argument-Sonderband AS 58. Berlin

Koneffke, Gernot 1982: Wert und Erziehung. Zum Problem der Normierung des Handelns in der Konstitution bürgerlicher Pädagogik. In: Zeitschrift für Pädagogik 28

Krahl, Hans-Jürgen 1971: Thesen zum allgemeinen Verhältnis von wissenschaftlicher Intelligenz und proletarischem Klassenbewußtsein. In: Krahl, Hans-Jürgen: Konstitution und Klassenkampf. Frankfurt

Lefebvre, Henri 1975: Metaphilosophie. Frankfurt

Lefebvre, Henri 1978: Einführung in die Modernität. Frankfurt

Marx, Karl o.J.: Grundrisse der Kritik der politischen Ökonomie. Frankfurt

Mollenhauer, Klaus 1979: Aspekte einer strukturalen pädagogischen Interaktionsanalyse. In: Röhrs, Hermann (Hrsg.): Die Erziehungswissenschaft und die Pluralität ihrer Konzepte. Wiesbaden

Naschold, Frieder 1985: Zum Zusammenhang von Arbeit, sozialer Sicherung und Politik. In: Naschold, Frieder (Hrsg.): Arbeit und Politik. Frankfurt

Nipkow, Karl-Ernst 1977: Bildung und Entfremdung. In: Zeitschrift für Pädagogik 23 (14. Beiheft)

Piore, Michael/ Sabel, Charles F. 1985: Das Ende der Massenproduktion. Berlin

Ramonet, Ignacio 1998: Die neuen Herren der Welt. Internationale Politik an der Jahrtausendwende. Zürich

Rang, Adalbert 1984: Sozialität autonomer Subjekte - Anmerkungen zum Subjektkonzept bei W.v. Humboldt und A. Gramsci. In: Winkel, Rainer (Hrsg.): Deutsche Pädagogen der Gegenwart. Bd. 1. Düsseldorf

Rorty, Richard 1999: Stolz auf unser Land. Die amerikanische Linke und der Patriotismus. Frankfurt

Simon, Brian 1972: The Radical Tradition in Education in Britain. London

Sonnemann, Ulrich 1969: Negative Anthropologie. Vorstudien zur Sabotage des Schicksals. Reinbek

Sünker, Heinz 1984: Bildungstheorie und Erziehungspraxis. Bielefeld

Sünker, Heinz 1989: Bildung, Alltag und Subjektivität. Weinheim

Sünker, Heinz 1989a: Heinz-Joachim Heydorn: Bildungstheorie als Gesellschaftskritik. In: Hansmann, Otto/ Marotzki, Winfried (Hrsg.): Diskurs Bildungstheorie 1. Weinheim

Sünker, Heinz 1995: Gesellschaftstheorie, Alltagstheorie und Subjektkonstitution. In: Euler, Peter/ Pongratz, Ludwig A. (Hrsg.): Kritische Bildungstheorie. Weinheim

Sünker, Heinz 2ooo: Bildung, Emanzipation und Reflexivität beim Übergang von der Arbeits- zur Wissensgesellschaft. In: Homfeldt, Hans-Günther/ Schulze-Krüdener, Jörgen (Hrsg.): Soziale Arbeit und Wissensgesellschaft (Weinheim, i.D.)

Sünker, Heinz/ Timmermann, Dieter/ Kolbe, Fritz-Ulrich (Hrsg.) 1994: Bildung, Gesellschaft, soziale Ungleichheit. Internationale Beiträge zur Bildungssoziologie und Bildungstheorie. Frankfurt

Sünker, Heinz/ Krüger, Heinz-Hermann (Hrsg.) 1999: Kritische Erziehungswissenschaft am Neubeginn?!. Frankfurt

Thompson, Edward P. 1980: Plebeische Kultur und moralische Ökonomie. Frankfurt

Vester, Michael 1970: Die Entstehung des Proletariats als Lernprozeß. Frankfurt

Voges, Rosemarie 1979: Das Ästhetische und die Erziehung. München

Walzer, Michael 1991: Zweifel und Einmischung. Gesellschaftskritik im 20. Jahrhundert. Frankfurt

Pädagogik als Humanwissenschaft

Micha Brumlik

Lebenslauf, Humanontogenese und Glück?

Ob eine Pädagogisierung der Gesellschaft vorliegt und wie auf sie zu reagieren ist, kann sich nicht an theoriestrategischen Interessen bemessen, die ein ganz anderes Problem lösen wollen: nämlich das der disziplinären Einheit und Identität der Erziehungswissenschaft. Eben deshalb ist dem Vorschlag, die Erziehungswissenschaft als jene Disziplin zu verstehen, die die Fragen lebenslaufbegleitender Professionalität vor dem Hintergrund einer allgemeinen Theorie der Humanontogenese behandelt, eine skeptische Absage zu erteilen - insbesondere dann, wenn zudem der untaugliche Versuch unternommen wird, den Begriff des "Lebenslaufs" unter - wie ich meine - fälschlicher Anwendung der Theorie autopoietischer Systeme um seine normativen Komponenten zu bringen und damit das Problem, um das es geht, von vornherein zu eliminieren. Sieht man als Basis der neueren Erziehungswissenschaft, etwa bei Dieter Lenzen, eine Wissenschaft des Lebenslaufs und der Humanontogenese an, so stellt sich sofort die Frage danach, ob eine solche Wissenschaft deskriptiv analytisch bleiben kann oder nicht doch auch normative Elemente aufnehmen müsste. Soll Erziehungswissenschaft im zitierten Sinne mehr sein als Soziologie des Lebenslaufs bzw. als reine Entwicklungspsychologie, dann lässt sich die Frage, woraufhin Erziehung als - ich wiederhole Lenzen - professionelle Lebensbegleitung zielen soll, nicht ausblenden. Dass bei der Fülle und Verschiedenartigkeit der Menschen in Epochen, Kulturen und Gesellschaften hier keine eindeutigen, konkreten Antworten möglich sind, liegt auf der Hand. Womöglich lassen sich aber einige wenige, eher abstrakte Kriterien entfalten, die es gestatten, die alltägliche Rede vom gelungenen oder misslungenen Leben zu präzisieren. Vielleicht ist es darüber hinaus sogar möglich eine formale Definition des Glücks oder des gelungenen Lebens zu geben. Aristoteles hielt dafür, dass bestimmte Fähigkeiten eine notwendige Bedingung für ein gelungenes Leben sind. Diese Verbindung von Fertigkeiten und Glück ist nicht trivial. Glück könnte ja auch gerade jenseits aller Fertigkeiten, als freies, sozusagen unverdientes Geschenk erfahren werden, als etwas, das dem bewussten Handeln gerade entzogen ist. Damit liegen von Anfang an mindestens zwei Bedeutungen des Begriffs eines gelungenen Lebens bzw. eines glückseligen Lebens vor: hier erfüllt sich Glück im Erstaunen über anstregungslos und ungewollte erfüllende Erfahrungen, dort im Meistern von Herausforderungen und im Streben nach Zielen. Welche Rolle spielen Fähigkeiten und Fertigkeiten in beiden Konzeptionen? Diese Frage lässt sich überhaupt nur dann sinnvoll stellen, wenn man überhaupt dazu bereit ist, Lebensläufe, Biografien als Ereignisketten anzusehen, die mindestens aus der Sicht ihrer Subjekte selbst sinnvoll, d.h. auf ein Ziel hin ausgerichtet sind und sei es auch nur eine formale Vorstellung vom Glück. Eben diese Teleologizität will Dieter Lenzen im Rahmen eines unter dem Namen "Humanontogenese" fungierenden Mediums einer künftigen Erziehungswissenschaft eliminieren. Dies führt zu einer auf den ersten Blick paradox klingenden, in der Sache zudem falschen Annahme. Die entscheidende Veränderung für die Erziehungswissenschaft bestehe bei der Übernahme dieses Vorschlags darin, "daß der Begriff der Selbstorganisation in bezug auf das Kommunikationsmedium Humanontogenese keinerlei Spielraum für pädagogische Tätigkeit beläßt, während paradoxerweise der Handlungsraum im Sinne des gesamten Lebenslaufs als Ort pädagogischer Prozesse bis an die Grenzen von Empfängnis und Tod erweitert wird" (Lenzen 1997a: 246).

Autopoietische Systeme und die Menschen

Der Fehler dieser Argumentation liegt alleine in der zugrunde gelegten Theorie autopoietischer Systeme, die im fraglichen Zusammenhang auf die Lernprozesse von Individuen im Lauf ihres Lebens angewendet wird. Unter der Bedingung, dass Lebensläufe aus keiner denkbaren Perspektive heraus als teleologisch gerichtete Ereignisketten möglich sind, sondern allenfalls jene Entitäten sind, die eine Kombination von Möglichkeiten eröffnen. Pädagogik als teleologisches Tun ist dann deshalb nicht mehr möglich, da die Umwelt auf autopoietisch geschlossene psychische Systeme nicht einwirken kann. So richtig es nun ist, dass psychische Systeme begrifflich widerspruchsfrei als in sich geschlossene autopoietische Systeme gefasst werden können, die von außen nicht beeinflussbar sind, so falsch ist es, Menschen mit psychischen Systemen zu identifizieren. Menschen sind weder mit ihren Gehirnen noch mit ihren Psychen identisch, und dort, wo Gehirne und Psychen noch so sehr geschlossene Systeme sind, so sehr sind die Menschen - wenn überhaupt - offene Systeme, die selbstverständlich gezielt und gewollt von anderen Menschen beeinflusst werden können und auch beeinflusst werden. Diesen Umstand mag man man zwar bedauern, man kann ihn aber nicht durch die Übernahme einer Terminologie aus der Welt schaffen.

Die Theorie autopoietischer Systeme und ihrer Autonomie, die mit der Autonomie lebendiger, hoffentlich mündiger Menschen nichts zu tun hat, führt daher durch einen schlichten kategorialen, reduktionistischen Fehlschluss zu zweierlei für eine Theorie pädagogischer Professionen unannehmbaren, weil unrealistischen Postulaten:

1. zum Postulat einer je schon gegebenen Autonomie der Educanden ganz unabhängig von ihrer lebensgeschichtlichen Entwicklung in Verbindung mit einer Zurückweisung des Begriffs der Sozialisation - Postulate, die dem mas-

kulinistischen Missverständnis Menschen könnten sich ohne konstitutive Abhängigkeit voneinander bilden; sowie

2. zum Postulat einer Lebenslaufbegleitungswissenschaft, die glaubt auf die Frage nach dem ge- oder eben missglückten Leben keine Antwort mehr geben zu müssen, zu können oder zu dürfen.

Im Gegenzug zu diesen unplausiblen Annahmen müssten - aber das kann ich der Kürze der Zeit wegen nur noch andeuten:

1. die grundlegende anthropologische Einsicht, wie sie z.b. Wilhem Kamlah in vorbildlicher Klarheit formuliert hat, sowie die etwa von Ulrich Oevermann vorgelegte Professionstheorie als Basis einer jeden kurativen Wissenschaft endlich ernst genommen werden:

"Wir bedürfen zur Befriedigung unserer Bedürfnisse", so Wilhelm Kamlah in seiner philosophischen Anthropologie, "nicht nur jeweils dieser und jener Dinge, die wir uns durch eigenes Handeln selbst verschaffen können, sondern wir bedürfen stets auch des Zusammenwirkens mit anderen, sind aufeinander angewiesen - obzwar zugleich einander im Wege. Anders gesagt: Wir bedürfen nicht nur der Güter, sondern auch der Mitmenschen. Dem ist hinzuzufügen: Wir sind auf andere angewiesen, nicht allein, um mit ihrer Hilfe zu den Gütern zu gelangen, derer wir bedürfen, sondern wir sind auch aufeinander angewiesen, um z.b. miteinander zu reden, unsere Situation zu besprechen, einander Geborgenheit zu gewähren, um im wechselseitigen Vertrauen unser menschliches Lebens zu bestehen" (Kamlah 1973: 95).

2. Ohne eine Vorstellung vom glückenden bzw. missglückenden Leben, d.h. dem Horizont eines gesellschaftlichen Gerechtigkeits- und Glücksverständnisses sind kurative Professionen - seien sie nun eher pädagogischer oder therapeutischer Art - nicht angemessen und sachhaltig rekonstruierbar. Dazu gehört freilich ein wohldefinierter Begriff von "Krankheit", die so in ihrer einzig angemessenen Konzeptualisierung erscheine: "nicht einfach platt als das klassifikatorische Gegenteil von Gesundheit, sondern als das Maximum an Gesundheit, das ein konkretes Leben in seiner Traumatisierungsgeschichte und in seinem Überlebenskampf unter seinen je konkreten Lebensbedingungen zu erreichen in der Lage war" (Oevermann 1997: 127).

Beide Grundeinsichten aber führen nicht zu einer Entgrenzung des Pädagogischen, sondern vielmehr zu seiner Eingrenzung. Peter Gross hat schon vor siebzehn Jahren in seiner leider unbeachtet gebliebenen Studie zu den Verheißungen der Dienstleistungsgesellschaft völlig zu Recht festgestellt: "Gelingt es nicht, Areale oder Personengruppen mit spezifischen Bedürftigkeiten auszugrenzen, stößt eine rationale Politik sozialer Dienstleistungen ins Leere, es sei denn, sie verstehe sich als Aktionsforschung großen Stils" (Gross 1983).

Autopoiese und Erziehungswissenschaft

Was am Ende - bis heute - als dritter Grundbegriff der Erziehungswissenschaft neben "Sozialisation" und "Erziehung" bisweilen mehr Probleme als Klärungen schafft, nimmt sich in einer schon klassisch gewordenen Formulierung so aus: "Ideal der Bildung", so Clemens Menze über den humanistischen Bildungsbegriff, "ist die sich in ihrem Eigencharakter hervorbringende Individualität, die sich auch unter widrigen Bedingungen in Freiheit entschließen und handeln kann" (Menze 1992: 353). Eben diese Begrifflichkeit, so resümiert Dieter Lenzen fünfzehn Jahre später, sei ein "deutsches Containerwort". Entsprechend versucht Lenzen mit den begrifflichen Mitteln der Systemtheorie Niklas Luhmanns und Karl Eberhard Schorrs, mit den Begriffen von "Selbstorganisation, Autopoiesis und Emergenz" den Bildungsbegriff und seine Paradoxien zu präzisieren. Die Konsequenzen, die Lenzen aus seinen Überlegungen zieht, könnten radikaler nicht sein und würden - so sie denn sachlich zutreffen - auch und gerade Bemühungen wie die von Helmut Peukert treffen: "Wenn nämlich konsequenterweise Handeln als Wahrgenommenes nur ein kognitives Konstrukt ist, sind Bemühungen um das 'richtige' pädagogische Handeln in einem anderen Licht zu sehen. Für eine Erziehungswissenschaft als Handlungswissenschaft hätte die Extrapolation solcher Konsequenzen weitreichende Folgen, ebenso übrig wie für eine 'pädagogische Ethik', deren Intentionen - das war allerdings der Bildungstheorie immer schon klar - ins Leere stoßen würden, wenn das kognitive System selegiert" (Lenzen 1997b: 965). Der hier noch konjunktivisch geführte Angriff Lenzens gegen alle Versuche einer pädagogischen Ethik wird später - in Überlegungen zur Umwandlung der Pädagogik in eine nicht mehr normativ gefasste "Wissenschaft von der Humanontogenese" verschärft: "Die Vorstellung, daß das Ganze des menschlichen Lebens überhaupt keinen Sinn habe und es deshalb auch keiner Teleologie bedürfe, scheint den Vertretern des pädagogischen Genres, also sowohl des pädagogischen Establishments wie der Erziehungswissenschaft mit wenigen Ausnahmen nicht hinnehmbar" (Lenzen 1997a: 237).

Auffälligerweise gipfelt Lenzens Versuch einer Neukonzeptualisierung der Erziehungswissenschaft in einer meditatio mortis: "Es stellt sich also die Frage, ob der Lebenslaufbegriff einerseits von geistesgeschichtlich-theologischen Konnotationen frei ist und ob er andererseits angesichts der anthropologischen Todestatsache - zumindest solange es eine solche ist - von teleologischen Konnotationen frei sein kann. Genau dies wäre aber eine Voraussetzung, wenn er gewährleisten soll, daß mit ihm keine Erziehungsziele formuliert werden und daß er einen 'Kombinationsraum' eröffnet" (ebd.: 240). Lenzen räumt ein, dass eine teleologische, also als sinnhaft erfahrene Fassung des Lebenslaufs aus der Perspektive von Teilnehmern kaum zur Disposition stehen dürfte, dass aber zu einem angemessenen Verständnis des sich zu einem allgemeinen kurativen System erweiternden Erziehungssystems diese Perspektive unterkomplex ist. Lenzens entnormativisierte Theorie der Humanontogenese finden Prüfstein und Anstoß an der Erfahrung des Todes. Ihm geht es darum, künftige Codierungen des kurativen Systems und seines Ausuferns angemessen fassen zu können: "Bleibt zu hoffen, daß zeitgenössische Beobachter der bevorstehenden Systemtransformationen, Erziehungswissenschaftler wie Soziologen, die Chance erhalten und wahrnehmen, Todesgestaltung nicht als fremdgesteuerten Prozeß einer Jugendpartei erfahren zu müssen, sondern diese Gestaltung als autopoietischen Prozeß oszillierender Organismen erfahren zu können" (ebd.: 246).

Bei diesem Stand der Debatte könnte man sich mit der seit der Habermas/ Luhmann-Kontroverse bekannten Auskunft begnügen, dass Lenzen eben eine systembezogene Beobachterperspektive vorträgt. Diese für den Pluralismus des Wissenschaftssystems sicherlich unumgängliche Konkordanzformel ist aber innerwissenschaftlich - wo es schließlich um Wahrheit von Aussagen und die Konsistenz sowie Validität begrifflicher Kontexte geht - ebenso unbefriedigend wie sachlich unzulässig. Nicht zuletzt wird die disziplinäre Weiterentwicklung der deutschen Erziehungswissenschaft sehr wesentlich davon abhängen, welches der beiden Paradigmen die Oberhand gewinnt.

Daher versuche ich im folgenden über eine sachliche Kritik der Lenzenschen Position zu einer grundsätzlichen Verteidigung des handlungstheoretischnormativen Paradigmas der Bildungstheorie zu gelangen.

Todesgestaltung und der Begriff des Menschen

Todesgestaltung, so hofft Lenzen, möge künftig als autopoietischer Prozess oszillierender Organismen, als endlicher Zerfallsprozess des Bewusstseins erfahren werden. Das ist - neben den vielen Vorschlägen, die die Mentalitätsgeschichte des Abendlandes zum Verständnis des Todes gemacht hat: als Übergang in eine Unter- oder Überwelt, als ewiger, traumloser Schlaf, als angstbesetzter Abbruch, als freundlicher Nachbar und Erlöser, als trostloses Massenschicksal - ein neuer Vorschlag: Zerfall eines autopoietischen Systems, nämlich des in sich geschlossenen, strukturell an das biologische System gekoppelten Bewusstseins. Tod, das heißt in dieser Theorie: Das in sich geschlossene Bewusstseinssystem beobachtet seinen eigenen Zerfall. Während der Tod - alteuropäisch - als das Sterben eines Menschen verstanden wurde und wohl auch bis auf weiteres im Alltagsverstand so gesehen wird, erscheint er hier als Zerfallsprozess eines spezifischen Systems. Damit ist nicht nur die Spezifität des menschlichen Todes begrifflich an das Verenden etwa eines Tieres assimiliert, sondern zugleich eine eigentümliche Reflexionsfigur wiederbelebt: das Sterben - oder der Tod? - soll als Gestaltung erfahren werden. Was wird gestaltet? Das Zerfallen des autopoietischen Systems? Wer gestaltet? Wiederum: Das autopoietische System! Der Tod des Bewusstseinssystems erweist sich so als das mitlaufende Beobachten und das heißt Erleben seines eigenen

Zerfalls. Erleben gilt in dieser Theorie stets als Attribuierung auf Umwelt. Das Bewusstseinssystem rechnet mithin seinen eigenen Zerfall dem Zerfall einer seiner Umwelten, im Extremfall seines Körpers zu und konstatiert die Auflösung der strukturellen Koppelung mit dem Leib. In diesem Fall ist nach dieser Theorie mit dem Entstehen starker Gefühle zu rechnen: "Gefühle kommen auf und ergreifen Körper und Bewußtsein", so Niklas Luhmann, "wenn die Autopoiesis des Bewußtseins gefährdet ist [...]. In jedem Fall sind Gefühle keine umweltbezogenen Repräsentationen, sondern interne Anpassungen an interne Problemlagen [...]. Sie sind gleichwohl instabil, da sie mit dem Wieder-in-Ordnung-bringen der Selbstkontinuierung des Bewußtseins abklingen" (Luhmann 1984: 370f.). Im Fall des Todes, so müssen wir schließen, wo von einem Wieder-in-Ordnung-bringen - der Selbstkontinuierung keine Rede sein kann, werden die entsprechenden Gefühle jedenfalls nicht im gleichen Sinn abklingen wie im Falle einer Renormalisierung, sondern einfach abbrechen. Die gefühlsmäßig repräsentierte Weiterkontinuierung wird sich dann - religiöser - Kontingenzformeln bedienen, womit auch die Theologie ihren Platz gefunden hätte. Andererseits: die Beschreibung von Tod und Sterben als autopoietischer Prozess oszillierender Organismen scheint reduktionistisch verkürzt - und zwar nicht nur nach Maßgaben anderer theoretischer Ansätze -, sondern nach Maßgabe der Systemtheorie selbst. Immerhin, so muss sogar Luhmann einräumen, bleibt die Gesellschaftstheorie auf eine Beschreibung des Menschen angewiesen, "die sie nicht einfach aus den Ergebnissen der organischen Chemie, der Zellbiologie, der Neurophysiologie, der Psychologie usw. zusammenstellen kann" (Luhmann 1994: 42). Dieser Versuch ist bisher misslungen, die Antwort der Systemtheorie bestand deshalb in aller Konsequenz und durchaus auch mit guten moralischen Gründen (vgl. Luhmann 1996: 229f.), normativ jeden Humanismus zu verabschieden und den Menschen in der Umwelt des Gesellschaftssystems zu platzieren (vgl. Luhmann 1994: 55).

Warum bleibt dann die Gesellschaftstheorie auf etwas, das sie offensichtlich nicht einlösen kann, angewiesen, nämlich auf eine "angemessene Beschreibung des Menschen"? Weil, so die deutliche und sachbezogene Antwort, die Theorie auf der Suche nach einer Beschreibung der Gesellschaft ist, die "ihrer modernen Realität gerecht wird" (Luhmann 1994: 42). Nun könnten sich Luhmann und die ihm verpflichteten Theoretiker einfach geirrt und damit die Konsistenz ihrer Theorie unnötigerweise zerstört haben. Andererseits - die Analyse gerade der modernen Gesellschaft besteht nicht zuletzt auch in einer Analyse ihrer Semantik. Dass hier der Begriff des Menschen immer wieder - sogar in anderen Wissenschaften - legitimerweise auftaucht, bestreitet die Gesellschaftstheorie gar nicht - sie bietet lediglich gute Gründe dafür auf, "daß man vom Menschen im Kontext einer Theoriearbeit zunächst lieber schweigen sollte" (Luhmann 1995a: 274). Der Grund dafür liegt nicht nur in dem Umstand, dass die Soziologie nicht in der Lage sei, genügend interdisziplinäre Anregungen zu einer Theoretisierung des Menschen aufzunehmen, sondern auch in einem moralischen soupcon: "Mit einer gewissen Nostalgie", so Luhmann in einem Traktat über Barbarei und Moderne, "können wir jetzt an die Barbaren zurückdenken oder an die anderen Völker, die Heiden, die Wilden. Ihnen blieb ihre eigene Sozialordnung überlassen. Wir hatten nichts damit zu tun. Es stand uns frei, sie zu bekehren oder zu versklaven oder sie im Tausch zu übervorteilen. Und es waren unsere Begriffe, europäische Begriffe, wenn wir von humanitas, von ius gentium, von Menschheit oder Menschenrechten sprachen" (Luhmann 1996: 229f.).

An dieser Stelle lässt sich die Askese der systemtheoretischen Soziologie nur noch mit Respekt vermerken, offen bleibt die Frage, ob sich die beabsichtigte Abschottung lebensweltlicher Intuitionen von wissenschaftlicher Theoriekonstruktion so asketisch durchhalten lässt, wie vorgeschlagen, aber all dies sind nicht die Probleme der Erziehungswissenschaft. So sehr es sein mag, dass die Soziologie - jedenfalls vorläufig und nicht sehr konsequent - auf einen Begriff des Menschen verzichten muss, so wenig binden die dort getroffenen Entscheidungen die Erziehungswissenschaft. Zumindest muss die Frage, ob und mit welchen Folgen sich die Erziehungswissenschaft in einen Anwendungsfall der Theorie autopoietischer, sozialer Systeme transformieren lässt, ebenso explizit behandelt werden wie die Frage, ob die Erziehungswissenschaft eher als die Soziologie in der Lage ist, interdisziplinäre Impulse aufzunehmen.

Das Proprium der Erziehungswissenschaft

Damit scheint man jetzt an der ebenso unausweichbaren wie letztlich nicht beantwortbaren Frage nach dem Proprium der Erziehungswissenschaft angelangt zu sein. Um sich dieser Frage zu nähern, empfiehlt es sich zunächst, um unnötige Reibungen zu vermeiden und konsistent zu bleiben, so weit wie möglich Grundentscheidungen der Systemtheorie mitzuvollziehen. In diesem Sinn ist erstens einzuräumen, dass die Systemtheorie jedenfalls nicht naiv reduktionistisch verfährt und die Existenz von Menschen durchaus beglaubigt, dass sie aber zweitens ebenso darauf beharrt, dass Menschen - im Unterschied zum Bewusstsein, zum Immunsystem, zur Psyche oder zur Gesellschaft keine autopietischen Systeme sind. Welches sind eigentlich die Gründe dafür, Wissenschaft nur noch als Theorie autopoietischer Systeme zu betreiben? Damit ist die Frage nach den - so Luhmann - "richtigen Reduktionen" gestellt (vgl. Luhmann 1990: 362f.).

Damit ist neben der Frage der Theorie- auch die Frage nach der Disziplinbildung gestellt, die sich beide zunächst als Ausdruck der segmentären Differenzierung des Wissenschaftssystems erweisen. Das abstrakte Problem, das solchen Disziplinbildungen unterliege, sei immer dasselbe und bestehe in "der Kombination von Varietät und Redundanz, von Reichtum an Gegenstandserfahrungen und Überraschungen auf der einen und Kombinationsmöglichkeiten auf der anderen Seite [...]. Das heißt zwar, daß die einzelnen Disziplinen unterschiedliche Phänomenbereiche erfassen, nicht aber, daß die gesellschaftlich konstituierten Dinge wie Länder und Wolken, Menschen oder Tiere für jeweils nur eine Disziplin konzipiert werden müßten" (Luhmann 1990: 451). Was für Disziplinen gilt, gilt a fortiori auch für Theorien innerhalb einer Disziplin.

Und daher gilt in der Soziologie, dass eine Konstruktion ihres Gegenstandes vom Menschen her, neben moralischen Einwänden, vor allem deshalb scheitert, weil die dazu aufgebotene Basistheorie, die den Begriff "Mensch" systematisch fassen könnte, nämlich die Sozialphänomenologie, mit ihrer Betonung der "Lebenswelt" und des leiblichen Subjekts zwar attraktiv sei, aber zuwenig ausschließe. Der auf leibliche Subjekte abhebende Begriff der "Lebenswelt" sei "ein unbestreitbar schöner, sich gut anfühlender Begriff: konkret und robust, nah und fern zugleich, reich an empirischem Gehalt und doch mit den Eigenschaften der äußersten Sphäre ausgestattet" (Luhmann 1995b: 177).

Theorieuntauglich, weil ambivalent, sei dieser Begriff gleichwohl und zwar deshalb, weil er keine Limitationen und Exklusionen zulasse: "Der Sachverhalt, den er bezeichnet, veträgt jedoch keine Exklusion. Auch die Wissenschaft findet in der Lebenswelt statt. Alles, was ist, findet in der Lebenswelt statt" (ebd.). Auch Erziehung - die damit als theoriefähig ausgeschlossen wird. Daher ist noch eine weitere Schwierigkeit der systemtheoretisch gewendeten Pädagogik aufzunehmen - ihre Ablehnung des Begriffs der Sozialisation im herkömmlichen Verstande. Aus grundsätzlichen Erwägungen heraus müssen einer Erziehungswissenschaft, die auf die Begriffe "Selbstorganisation, Autopoiesis und Emergenz" umstellt, die Begriffe von "Sozialisation" und "Erziehung" suspekt werden, da sie eine - wenn auch mittelbare - Beeinflussung dessen unterstellt, was nach Maßgabe einer Theorie autopoietischer nicht beeinflusst werden kann, nämlich des in sich geschlossenen autopoietischen psychischen Systems. Daher kann diese Weiterentwicklung nur noch so etwas wie Selbstsozialisation bzw. "Bildung" als "Selbstbildung" anerkennen. Das scheint auf den ersten Blick neueren Einsichten der vorgehenden Sozialisationstheorie, etwa dem der Piaget/ Kohlbergschule entstammenden Modell eines seinen Lebenslauf aktiv strukturierenden Individuums zu entsprechen (vgl. Geulen 1977). Gleichwohl: im Sinne der Limitationalität von Wissenschaft scheint das Ergebnis wünschenswert - schließt es doch tatsächlich eine Reihe von bisher für selbstverständlich gehaltenen Phänomenen aus. Nach Auskunft der Systemtheorie sind Begriffe wie "Sozialisation" oder "Erziehung" entweder wissenschaftlich untauglich - die schwächere Behauptung - oder - die stärkere Behauptung - auch ontologisch sinnlos: das, was sie vorgeben, existiert in Wahrheit gar nicht. Die familiale oder schulische Lebenswelt, die glaubt, dass in ihren Institutionen erzogen oder sozialisiert werde, irrt sich schlicht und ergreifend. Der Befund könnte deutlicher nicht sein: nur eine naive, an die Existenz von Menschen als wissenschaftsfähigem Begriff glaubende Theorie, kann glauben, dass es "Erziehung" und "Sozialisation" gibt, ist diese Täuschung einmal behoben, dann ergibt sich sofort, dass "Sozialisation" oder "Erziehung" gleichermaßen keine wissenschaftsfähigen Begriffe sind, es sei denn man betrachte sie als ein Reservoir zu analysierender, historisch geronnener Semantiken. Damit scheint man an einem vorläufigen Endpunkt angelangt zu sein: Da Menschen nicht mit ihrem Bewusstseinssystem, mit ihrem psychischen System identisch sind, da sie keine autopoietischen Systeme sind, ist auch keine Erziehungswissenschaft möglich, die die wechselseitige - gewollte oder nicht gewollte - Beeinflussung von Menschen untereinander zu ihrem Thema macht. Das scheint - und damit ist unser Problem genau bezeichnet - im Falle von "Bildung" nicht der Fall zu sein: ihr Begriff scheint der systemtheoretischen Transformation noch am ehesten assimilierbar.

Ausblick - Zu einer künftigen Humanwissenschaft

Folgt man freilich Hannah Arendts Intuition, die bekanntlich Heideggers Theorie der Mortalität eine Theorie der Natalität entgegenstellte (vgl. Arendt 1981: 14f.), gewinnt man - auch und zumal bei der Thematisierung des Lebenslaufs - eine andere Perspektive, eine Perspektive, die die Menschlichkeit des Menschen in seiner Abhängigkeit - nämlich von seiner Mutter, seinen Eltern - und seiner Fähigkeit, je und je einen neuen Anfang zu setzen, sieht. Damit, es wird deutlich geworden sein, ist die Perspektive einer zu erneuernden pädagogischen Anthropologie gewonnen, die sich - wenn sie überhaupt eine theologische Inspiration reklamiert - eher auf die Schöpfung denn die Kreuzigung, eher auf die Geburt von Menschen denn den Tod des Gottes am Kreuz beziehen wird. Ob von derart ausgewechselten begrifflichen Grundentscheidungen noch einmal ein Weg in eine wissenschaftliche Bildungstheorie zurückführt, ist mehr als ungewiss; und wer nun glauben sollte, dass über eine mit Begriffen wie Geburtlichkeit, Erziehung und Bildsamkeit operierende pädagogische Anthropologie - wie sie schließlich schon Heinrich Roth entworfen hat - den massiven Einwänden der Systemtheorie schon etwas entgegenzusetzen ist, dürfte sich gründlich getäuscht haben.

Mit derart ausgewechselten Grundbegriffen hören die Schwierigkeiten nicht etwa auf, vielmehr beginnen sie jetzt erst richtig. Derzeit lässt sich nur soviel sagen, dass eine humanwissenschaftlich verfahrende Pädagogik sich jetzt - nachdem Gott aus der Bildungstheorie vertrieben wurde - der überaus schwierigen Aufgabe stellen muss, den verbliebenen Begriff des Menschen zu einem theoriefähigen Grundbegriff auszubauen.

Literatur

Arendt, Hannah 1981: Vita activa. München

Gross, Peter 1983: Die Verheissungen der Dienstleistungsgesellschaft. Soziale Befreiung oder Sozialherrschaft? Opladen

Kamlah, Wilhelm 1973: Philosophische Anthropologie. Mannheim

Lenzen, Dieter 1997a: Lebenslauf als Humanontogenese. In: Lenzen, Dieter/ Luhmann, Niklas (Hrsg.): Bildung und Weiterbildung im Erziehungssystem. Lebenslauf und Humanontogenese als Medium und Form. Frankfurt a.M.

Lenzen, Dieter 1997b: Lösen die Begriffe Selbstorganisation, Autopoiesis und Emergenz den Bildungsbegriff ab? In: Zeitschrift für Pädagogik 43/ 1997/ 6: 949-968

Luhmann, Niklas 1984: Soziale Systeme. Frankfurt a.M.

Luhmann, Niklas 1990: Die Wissenschaft der Gesellschaft. Frankfurt a.M.

Luhmann, Niklas 1994: Die Tücke des Subjekts und die Frage nach dem Menschen. In: Fuchs, Peter/ Göbel, Andreas (Hrsg.): Der Mensch - das Medium der Gesellschaft. Frankfurt a.M.

Luhmann, Niklas 1995a: Die Soziologie und der Mensch. In: Luhmann, Niklas: Soziologische Aufklärung 6. Opladen

Luhmann, Niklas 1995b: Intersubjektivität oder Kommunikation - Unterschiedliche Ausgangspunkte soziologischer Theoriebildung. In: Luhmann, Niklas: Soziologische Aufklärung 6. Opladen

Luhmann, Niklas 1996: Jenseits von Barbarei. In: Miller, Max/ Soeffner, Hans G. (Hrsg.): Modernität und Barbarei. Soziologische Zeitdiagnose am Ende des 20. Jahrhundert. Frankfurt a.M.

Menze, Clemens 1986: Bildung. In: Lenzen, Dieter (Hrsg.): Enzyklopädie Erziehungswissenschaft. Band 1: Theorien und Grundbegriffe der Erziehung und Bildung. Stuttgart (1. Auflage)

Oevermann, Ulrich 1997: Theoretische Skizze einer revidierten Theorie professionalisierten Handelns. In: Combe, Arno/ Helsper, Werner: Pädagogische Professionalität. Untersuchungen zum Typus pädagogischen Handelns. Frankfurt a.M. (2. Auflage): 70-182

Sozialpädagogik und Erziehungswissenschaft

Hans Thiersch

Die Situation ist absurd. Pädagogik - so schlägt es die Strukturkommission zur Universitätsreform dieses Landes vor - soll herausfallen aus dem universitären Regelangebot, also nicht mehr an allen Plätzen Fach- und Hauptfachstudien anbieten und damit ohne Nachwuchs- und Forschungsrekrutierung bleiben. Pädagogik soll geschmälert werden in einer Zeit, in der Lernen und Umlernen, Lernen im Umgang mit Informationen und Wissen, Lernen vor allem auch im Umgang mit sich selbst, also leben lernen, Thema sind und in der die dazu bestimmten Institutionen gerade in der letzten Zeit ungeheuer gewachsen sind.

Eine derart absurde Situation muss Anlass sein, nach Notwendigkeit und Leistungen der Erziehungswissenschaft zu fragen, - ebenso aber natürlich nach Schwierigkeiten in der Repräsentation ihrer Aufgaben.

Nun soll diese Diskussion hier von der Sozialpädagogik, von der Sozialen Arbeit aus geführt und von da aus auf die Erziehungswissenschaft verallgemeinert werden. Ist dies aber klug und erfolgversprechend? Gewiss ist innerhalb der Erziehungswissenschaft die Sozialpädagogik eine boomende Branche, - in den Studentenzahlen, in Qualifikationsarbeiten, in den Forschungsprojekten. Gewiss hat das Gründe in einer gesellschaftlichen Situation, in der die Soziale Arbeit seit den 60er Jahren ungewöhnlich expandiert ist und sich differenziert hat in immer neue Aufgaben, in der sie - (das wird man so konstatieren können) - mit ihren Angeboten von Kindergarten und Tagesmüttern bis zu Altenarbeitsprojekten, von der Jugendkulturarbeit zur Straßensozialarbeit und Drogenarbeit, von der Beratung bis zu Stadtteilprojekten und Regionalplanungen weithin selbstverständlicher Bestandteil der kommunalen und regionalen, sozialen und pädagogischen Infrastruktur ist. (Ein Blick in die Lokalteile unserer Zeitung macht das immer wieder überaus deutlich: Sie lesen sich oft wie Tätigkeitsberichte aus der Sozialen Arbeit). - Diese Entwicklung zu neuen, weiter gefassten Aufgaben aber wird nicht von allen positiv gesehen. Die Erziehungswissenschaft tut sich noch immer nicht leicht mit ihrem groß geratenen Kind; (ist es nicht doch aus der Art geschlagen?) und fragt, ob Sozialpädagogik, so expandiert und auf neue Aufgaben hin orientiert, noch zu ihr gehöre. Die Öffentlichkeit fragt immer wieder, ob soziale Aufgaben nicht besser von Laien, also in der Familie und Nachbarschaft, in Verbänden und von Ehrenamtlichen wahrgenommen werden, ob, anders formuliert, Ausbau und Professionalisierung der Sozialen Arbeit zu einem so weiten Spektrum nicht überflüssig, ja irrig und nur Indiz einer Versorgungsgesellschaft sei, in der eine neue Zunft sich neue Aufgaben für sich selbst schafft. Schließlich kompliziert sich die Situation, indem Bildungsrat und

Fachhochschulen gemeinsam dafür plädieren, dass, soweit für Soziale Arbeit ausgebildet werden muss, dies die Fachhochschulen unter Praxis- und Professionsaspekten übernehmen sollen. - Soziale Arbeit also ist in der Erziehungswissenschaft und in der Gesellschaft ein strittiges, heikles Projekt. Trägt sie die Beweislast in der Frage nach der Notwendigkeit der Erziehungswissenschaft?

Ich will, um zu Antworten zu kommen, aus der Geschichte heraus nach der Sozialpädagogik fragen und dabei vor allem die Erweiterung zu neuen Aufgaben - im Kontext ihrer Verbindung zur Sozialarbeit und, vor allem, im Kontext gesellschaftlicher Verwerfungen skizzieren, also Aufstieg und Erweiterung der Sozialen Arbeit innerhalb der Erziehungswissenschaft verfolgen. Ich will diskutieren, was sich aus sozialpädagogischen Erfahrungen für die Erziehungswissenschaft ergibt, wie sich - pointiert formuliert - Erziehungswissenschaft in der Sozialpädagogik oder Erziehungswissenschaft als Sozialpädagogik darstellt.

Zunächst aber: Ich rede von der Sozialen Arbeit aus - so ist das Thema mir gestellt, dies ist meine Zuständigkeit. Zu dem, was ich entwickeln werde, gibt es natürlich Parallelen in anderen Pädagogiken, in der nicht-schulischen und der schulischen und natürlich in der allgemeinen pädagogischen Diskussion. Wenn ich also im Folgenden von der Sozialpädagogik aus rede, darf das nicht dahingehend missverstanden werden, als meinte ich Fragen zu verhandeln, die exklusiv für die Sozialpädagogik gelten.

I.

Kant erinnert an ein Gleichnis Pico de la Mirandolas. Die Tiere seien zu Gott, dem Herrn gekommen, um ihn um eine besondere Ausstattung zu bitten, um beispielsweise das Fell, um die Klauen, um die Flügel; es sei dann auch der Mensch gekommen, um sich etwas Besonderes zu erbitten, Gott aber habe es ihm verweigert: "Gehe in die Welt" - so etwa könnte der Schöpfer den Mensch anreden - "ich habe dich ausgerüstet mit allen Anlagen zum Guten. Dir kommt es zu, sie zu entwickeln...". - Dies ist - so scheint mir - die Intention des spezifischen Selbstverständnisses der Moderne als einer Bildungs- und Lerngesellschaft. (Natürlich gab es Lern- und Bildungsaufgaben auch in anderen Gesellschaften, aber in anderen Konstellationen). Der Mensch erkennt die Notwendigkeit und Chance eines besonderen Aufwands für Erziehung und Bildung. Nochmals Kant: "Der Mensch kann nur Mensch werden durch Erziehung. Er ist nichts, als was Erziehung aus ihm macht." - Das klingt rigoros und für heutige Ohren anmaßlich und ungedeckt, es müsste natürlich erörtert und differenziert werden. Hier aber muss es genügen, die Entdeckung einer neuen Relevanz von Wissen, Bildung und Lernen zu markieren. Sie werden notwendig, um sich in den gewachsenen Anforderungen der Gesellschaft behaupten zu können; sie werden notwendig, um in den sich komplizierenden sozialen Verhältnissen, in der zunehmenden Trennung von Sozial- und Systemintegration die neuen Lebensgestaltungsaufgaben zu bewältigen. Die neue Notwendigkeit von Bildung, Wissen und Lernen wird aber ebenso begründet - (und dies klang im Kant-Zitat an) - in der Hoffnung, Menschen aus der Unmündigkeit zur Mündigkeit (also der Idee der Menschheit und ihrer ganzen Bestimmung angemessen) zu helfen und darin zu gerechteren, menschenwürdigeren, auf Gleichheit und Anerkennung gegründeten Verhältnissen zu kommen.

Diese Intentionen realisierten sich (so Ariès) ebenso im privaten wie im institutionellen Raum, in der Familie und in den pädagogisch-professionellen Aufgaben. - Unter diesen steht zunächst die Schule im Mittelpunkt; die Schulpflicht setzt sich durch, die Schulzeit verlängert sich, die schulische Ausbildung differenziert sich, die entsprechende Lehrerbildung etabliert sich; das schulische - allgemeinbildende und berufliche - Bildungswesen entwikkelte sich im Laufe des vorigen Jahrhunderts und kommt im Laufe unseres Jahrhunderts jedenfalls strukturell gesehen zum Abschluss. - Neben diesen zunächst den Haupttrend bildenden Anstrengungen werden seit dem Ausgang des vorigen Jahrhunderts vielfältige neue Aufgaben deutlich. Zögernd, randständig hebt sich der Kontinent der außerschulischen Erziehung und Bildung aus dem Wasser ans Licht als neuer, zweiter Kontinent der Erziehung, - die Wasser fließen erst ab, die Konturen werden erst allmählich deutlich.

Der Ansatz der Sozialpädagogik - die Verbindung von Elend, Not und Problemen der Hilfe zur Lebensbewältigung mit Bildung und Lernen - geht in die Klassik und ihr Verständnis von Pädagogik zurück. Bei Pestalozzi kommt sie auf den Begriff. Sozialpädagogik wird gesellschafts- und ideologiekritisch begründet z.B. in "Gesetzgebung und Kindermord" in der Rehabilitation der Frauen, die von der Gesellschaft und ihrer patriarchalisch selbstgefälligen Arroganz zum Kindsmord verführt worden sind. In den "Nachforschungen" verallgemeinert im Konzept einer Bildung, die allen hilft, sich als Werk ihrer selbst zu erfahren, gegen die macht- und ausbeutungsbedingten Lebensformen der Entwürdigung, Verängstigung, Rohheit und zynischen Gleichgültigkeit. Sozialpädagogik wird ebenso ausgelegt in Konzepten der Volks- und Familienerziehung wie der Kriminal- und Heimerziehungspädagogik. Im Laufe des vorigen Jahrhunderts - in der Rettungshausbewegung, aber auch in anderen ideologisch verengten Konzepten - blieb ein Verständnis von Lern- und Bildungsaufgaben in sozialen Problemen eher randständig. In den Brüchen und sozialen Kämpfen aber, die letztendlich zur Etablierung des modernen Sozialstaats führten, institutionalisiert sich in der Differenzierung unterschiedlicher gesellschaftlicher Zuständigkeiten für Lebenslagen der Ausbeutung und Randständigkeit auch die Sozialpädagogik, neben der Sozialpolitik und der Sozialarbeit. In den Konzepten Natorps, Nohls, ebenso aber auch Bernfelds, wird ihr Ansatz für die gewandelten Bedingungen unseres Jahrhunderts neu formuliert. Sozialpädagogik findet ihren institutionellen Ort, provoziert zunächst durch die Aufmerksamkeit, die man zu Beginn unseres Jahrhunderts -

im Kontext der Entdeckung des Kindes, im Jahrhundert des Kindes und in der Jugendbewegung - den Lebensproblemen und Lebensnöten von Kindern und Jugendlichen gewidmet hat.

Erziehungsaufgaben neben Familie und Schule werden als eigene Aufgaben deutlich und bestimmen in der Praxis die sich zunehmend erweiternde sozialpädagogische Szene vom Kindergarten bis zur Jugendarbeit, von der Mütterberatung bis zur allgemeinen Beratung, vom Jugendamt - der Institution Jugendamt als Pendant zur Schule - bis zur Gemeinwesenarbeit. Die Negativdefinition - alles, was nicht Familie und Schule ist - wird dann positiv gewendet und realisiert in einem breiten, differenzierten und seiner Eigenheit bewussten Verbundsystem von Institutionen und Interventionen.

Sozialpädagogik aber, so als Lern- und Bildungsaufgabe vor allem für Kinder, Heranwachsende und ihre Familien verstanden, verbindet sich mit Aufgaben der Sozialarbeit, also der Unterstützung, Versorgung und Hilfe von Menschen in Elend und sozialer Randständigkeit.

Sozialarbeit ist herausgewachsen aus den Traditionen des mittelalterlichen und früh-neuzeitlichen Armenwesens. Armenhilfe (so Simmel) als Hilfe für Menschen am Rande, die auf Mildtätigkeit und Unterstützung verwiesen sind und darin immer auch in Abhängigkeit, Dankbarkeit und Demütigung leben müssen, wandelt sich - parallel zu der Sozialpolitik, die sich in den sozialen Verwerfungen und Kämpfen des vorigen Jahrhunderts ausbildet - zu Programmen, in denen der Staat die Erfüllung von Rechtsansprüchen im Zeichen sozialer Gerechtigkeit übernimmt. In dieser neuen Sozialpolitik, die (so Heimann) der Kapitalismus als wesenswidrige Konzession aufbauen muss, werden vielfältige Ansätze und Initiativen aus der sozialen Szene des vorigen Jahrhunderts institutionalisiert; als Hilfe zur "Kunst des Lebens" (Alice Salomon) geht es darum, ebenso Menschen im Medium der Hilfe zur Selbsthilfe, der Unterstützung und Beratung zu fördern wie auch tragfähige, soziale Strukturen im Gemeinwesen aufzubauen. Sozialarbeit konkretisiert sich dann vor allem in einer breit entfalteten Methodendiskussion bis zur heutigen Zusammenfassung solcher Ansätze im Konzept einer Ressourcenarbeit.

Beide Traditionen - die der Sozialpädagogik und die der Sozialarbeit - bewegen sich in den 20er Jahren aufeinander zu (Konrad). Sozialpädagogik öffnet sich jenen gesellschaftlichen Bedingungen, die für gedeihliche Erziehung und Bildung vorausgesetzt werden müssen, und öffnet sich über Erziehung und Bildung hinaus allgemeinen Fragen der Hilfe, der Unterstützung, der Beratung und Förderung. Sozialarbeit ihrerseits als Hilfe zur Kunst des Lebens verweist auf Probleme der Lebensgestaltung und Lebensbewältigung, wie sie auch unter den Titeln von Erziehung und Bildung verhandelt werden und in bestimmten Problemfeldern - z.B. im Pflegekinderwesen - nur pädagogisch angegangen werden können. In den 50er Jahren verbinden sich beide Ansätze endgültig und definitiv. Das Stichwort der Querschnittspolitik, das die Jugendhilfe in den 50er Jahren geprägt hat, kann man auch verstehen als Leitkonzept der Integration von Aufgaben, die aus den unterschiedlichen Traditionen der Sozialpädagogik und der Sozialarbeit stammen. Der sich einbürgernde Doppelname Sozialpädagogik/ Sozialarbeit oder besser - und neuerdings sich durchsetzend - der Sozialen Arbeit bestätigt das Ergebnis dieser Entwicklung.

Dieses integrierte Konzept der Sozialen Arbeit gewinnt in den letzten 30 Jahren noch einmal eine neue Bedeutung. Die Vergesellschaftung unserer Lebensstrukturen nämlich und der sich intensivierende Trend zur Individualisierung der Lebensführung und Pluralisierung von Lebenslagen führen dazu, dass die Normalität unseres Lebens schwieriger wird; traditionelle Muster erodieren, neue Risiken werden deutlich, neue Optionen tun sich auf. Aufgaben der Lebensbewältigung erweisen sich zunehmend als anspruchsvoll; Lebensbewältigung wird ein eigenes, Energien, Zeit, Kompetenzen okkupierendes Thema. Die in der Tradition im Mittelpunkt stehenden sozialen Aufgaben an den Rändern der Gesellschaft - Aufgaben also in Zonen der besonderen Belastung, der Armut, der Verwahrlosung, der Verelendung und Ausgrenzung - verbinden sich mit Angeboten einer Unterstützung und Beratung in normalen Schwierigkeiten heutiger Lebensgestaltung. Soziale Arbeit rückt in den Mittelpunkt der Gesellschaft. - Z.B.: Erziehung wird - in den sich umstrukturierenden Verwandtschafts- und Nachbarschaftsverhältnissen, im Verblassen von zuverlässigen Traditionen, im Überangebot medial vermittelter vielfältiger Optionen schwierig; Erziehungskonzepte im familialen Leben müssen zwischen der sich neu aktivierenden Rolle von Frau, Mann und Kindern neu ausgehandelt werden. Um hier zu helfen, entstehen Beratungen - von der Mütterberatung über die Beratung für junge Familien, von der Erziehungsberatung bis zu den vielfältigen Aufgaben von Elternarbeit im Kontext von Kindergärten und Schulen. - Z.B.: Für Jugendliche wird einerseits die Bewältigung ihres besonderen Status im Widerspruch der zunehmenden Verschulung der Jugendzeit und der Verlängerung der verschulten Jugendzeit und, andererseits, den Freiheiten im Kontext der Jugendkultur und den Erwartungen, sich in dieser Kultur im sozialen Geflecht und im Konsum zu orientieren, zunehmend schwierig, aber auch - als Orientierung an der Nähe der Gleichaltrigen in unüberschaubaren Verhältnissen - zunehmend wichtig. Es braucht Orte und Gelegenheiten, in denen Jugendliche Möglichkeiten haben, sich in ihren Problemen zu erfahren, zu erproben und eigene Lebensmuster auszubilden. - Z.B.: Die Verunsicherung in den traditionellen Geschlechterrollen - wie sie ein Ergebnis ebenso der sich endlich durchsetzenden Emanzipation auch für Frauen und der Offenheit heutiger Lebensverhältnisse ist - stellt Aufgaben an geschlechtsbezogene Arbeit in den unterschiedlichen Bereichen der Sozialen Arbeit, Aufgaben sowohl der Mädchenerziehung wie der Jungenerziehung und neuer, von neuem Selbstbewusstsein in der Geschlechtsidentität getragener Projekte. - Die Verwandlung der Städte, die Segregation von Wohngegenden, einhergehend mit Veränderungen in Bezug auf Nachbarschaft und Verwandtschaft, führen zu Verarmung und Neustrukturierung von Lebensfeldern; Soziale Arbeit agiert - alte Konzepte der Gemeinwesenarbeit aufnehmend und erweiternd - im Zeichen von Infrastrukturpolitik als neue Inszenierungen von Sozialräumen.

Diese Erweiterung der Aufgaben der Sozialen Arbeit - im Kontext der zunehmend schwieriger und anspruchsvoller werdenden Lebensverhältnisse - wird auch noch in einem anderen Aspekt deutlich, in Aufgaben nämlich der Ergänzung und Unterstützung von Lern- und Bewältigungsaufgaben in tradierten Institutionen. Die Schule braucht Schulsozialarbeit, Schularbeitshilfen, Schullaufbahnberatung; das Medizinwesen ist verwiesen auf die Klärung der Lebensführung und Lebensgestaltung und der dazu nötigen Kompetenzen; vor allem psychiatrisch belastete Menschen sind zunehmend verwiesen auf ganzheitliche Hilfen, die ihnen im Alltag Unterstützung, Struktur und soziale Erfahrungen ermöglichen.

Vor dem Hintergrund dieser Entwicklungen lässt sich bilanzieren: Sozialpädagogik wird ein eigenes, anspruchsvolles Thema in den Differenzierungen und Komplikationen des modernen gesellschaftlichen Lebens. Ihre neuen Aufgaben ergeben sich zum einen als Doppelgestalt von Aufgaben, wie sie aus den Traditionen der Sozialarbeit und der Sozialpädagogik zusammenwachsen, zum andern aber in der Doppelgestalt der traditionellen Aufgaben in Bezug auf Randständigkeit und der neuen, in den Brüchen und Schwierigkeiten heutiger Normalität erwachsenden Bewältigungsaufgaben.

Zu dieser Bestimmung aber scheint mir eine Zusatzbemerkung notwendig: Sie könnte nämlich dazu verführen, Soziale Arbeit als gleichsam zentrale, allgegenwärtige und allzuständige Institution in den Aufgaben der Gestaltung des Sozialen zu verstehen. Dies wäre fatal. Soziale Arbeit agiert natürlich im Kontext auch anderer, auf die Bewältigung heutiger Lebensprobleme bezogene Leistungen, im Kontext also ebenso der mit der Sozialen Arbeit expandierenden Gesundheits- und Medizinkultur, der therapeutischen Kultur (im "therapeutischen Zeitalter", wie man formuliert hat), der Bildungs- und Lernkultur. Die spezifischen Aufgaben, die in diesem Zusammenhang der Sozialen Arbeit zuwachsen, müssen spezifisch ausgehandelt werden im Kontext dieser unterschiedlichen Zuständigkeiten. Wichtig scheint es mir hier nur darauf zu verweisen, dass die Argumente zur Erweiterung des Aufgabenspektrums der Sozialen Arbeit nicht als Erneuerung des alten, so fatalen und deshalb zu Recht zurückgewiesenen Omnipotenzanspruchs Sozialer Arbeit führen dürfen. Die Aufgaben der Sozialen Arbeit gehen gleichsam in die Breite; dies aber muss einhergehen mit einer in diesem breiten Spektrum spezifisch ausgehandelten Zuständigkeit. Nur so wird Arbeitszuverlässigkeit und verantwortbare Zuständigkeit möglich.

II.

Was ergibt sich nun aus diesen Überlegungen zur Sozialen Arbeit für das Profil allgemeiner pädagogischer Aufgabenstellungen? Wie repräsentieren sich in der Sozialen Arbeit pädagogische Aufgabenstellungen? Welche Gestalt der Erziehungswissenschaft erscheint in diesen Aufgaben?

Zunächst: Die neuen Aufgaben lassen sich - so scheint mir - eintragen in das Grundmuster von spezifischen Fragestellungen, in den Grundgedankengang, wie er sich für pädagogische Aufgaben herausgestellt hat.

Pädagogik lässt sich generell bestimmen durch einen auf die Probleme von Bildung und Erziehung bezogenen Grundgedankengang, also - sehr abgekürzt geredet (und mit Heinrich Roth formuliert) - durch den Zusammenhang von Bildsamkeit und Bestimmung im anthropologisch-gesellschaftlichen Kontext und dem Gefüge von Institutionen und sozialen Mustern, von Orten und Personen (Winkler), in denen sie die ihr zuwachsenden Funktionen realisiert. Bildsamkeit meint die Frage nach den in anthropologischen und gesellschaftlichen Konstellationen definierten Entwicklungs- und Lernmöglichkeiten des Menschen, Bestimmung meint die Frage nach den wiederum historisch-gesellschaftlich-sozial definierten Zielen, auf die hin Entwicklungs- und Lernmöglichkeiten gesehen, genutzt und gefördert werden. Um dies zu können, braucht es Arbeit in pädagogisch inszenierten Orten, in Gelegenheitsstrukturen, Institutionen oder sozial-räumlichen Arrangements, es braucht ebenso spezifische Interaktions- und Kommunikationsmuster. Pädagogik versteht sich als Hilfe zur Selbständigkeit; ihr Ziel ist es, sich mit ihrer bildenden und erziehenden Unterstützung überflüssig zu machen. - Dieser Grundgedankengang lässt sich erweitern und ergibt dann eine Grundstruktur auch für die erweiterten und neuen Aufgaben, wie sie sich der Sozialen Arbeit stellen. Bildsamkeit ist dann die Frage nach den im historischen, gesellschaftlichen und sozialen Kontext gegebenen Möglichkeiten von Lernen und Wachstum, die Frage nach Ressourcen, über die Menschen verfügen, die verschüttet sind und geweckt werden können. Bestimmung ist die Frage nach den historisch, sozial und gesellschaftlich definierten Zielen eines gelingenderen Lebens im Zeichen der sozialen Gerechtigkeit und der Selbstzuständigkeit als Subjekt in den Verhältnissen. Dieses Grundmuster präsentiert sich im Kontext der Sozialen Arbeit über die traditionelle Fokussierung auf Kinder und Heranwachsende hinaus auf Menschen aller Lebensalter in den Konstellationen, in denen sie auf Hilfe und Unterstützung angewiesen sind. Es präsentiert sich - komplementär dazu - in einem Handlungsrepertoire, in dem Lernen als Hilfe zur Selbständigkeit sich differenziert zwischen Hilfen zur Erziehung, zwischen Beratung, Unterstützung, Pflege und Begleitung, in der Organisation von Ressourcen. Es erweitert sich damit das Repertoire der pädagogischen Orte hin zur Gestaltung des Gemeinwesens und der Organisation belastbarer sozialer Infrastrukturen. Alle diese neuen Figurationen lassen sich lesen als Auslegung in jener Schleiermacherschen Grundfigur, nach der Pädagogik das Verhältnis der Generationen zueinander zu verhandeln habe, also - auch dies Muster noch einmal ansprechend - das Verhältnis von denen, die Unterstützung, Hilfe und Ermutigung geben können zu denen, die darauf angewiesen sind. Und: Sozialpädagogisches Handeln versteht sich als Handeln, das sich selbst überflüssig machen will.

Dies Muster im Grund der neuen Konstellationen zu betonen ist das eine; das andere ist die Darstellung der Neuheit, die der traditionellen Konstellationen weiterführenden und sprengenden Aufgaben und Lösungen, wie sie die Soziale Arbeit bestimmen. - Ich muss hier auf systematisierende Vollständigkeit verzichten; ich beschränke mich beispielhaft auf vier Konstellationen zum "neuen" pädagogischen Handeln; Fragen der Sozialpolitik und der Institutionalisierung als "Dienstleistung" - die zu verhandeln ebenso ergiebig waren - bleiben außen vor; man kann nicht alles zugleich erörtern.

1. Bildsamkeit und Bestimmung verweisen auf Normen, auf Aufgaben im Spiel von Voraussetzung und Ziel, auf normorientierte Prozesse. Soziale Arbeit steht in ihrer normativen Orientierung in einer pädagogischen Tradition, - oben klang dies im Zusammenhang mit Kant und Pestalozzi schon an - die postuliert, dass die Menschen fähig werden müssen, in die gegebenen Verhältnisse und zugleich in ihre Verbesserung einzutreten (Schleiermacher), die (so Natorp) engagiert ist zugleich an den sozialen Bedingungen der Bildung und den Bildungsbedingungen des Sozialen, die - noch einmal anders pointiert - engagiert ist an den Lebens-, Lern- und Bildungsinteressen der Heranwachsenden um ihrer selbst willen (Nohl), also an einer Vermittlung subjektiver und objektiver Ansprüche im Primat des Subjektiven.

Diese Zielorientierungen haben sich in der Sozialpädagogik seit je in besonders dramatischer Konstellation gezeigt. Sozialpädagogik agiert traditionellerweise im Schatten der Gesellschaft, also in den Verwerfungen von Armut, Verelendung und Ausgrenzung und - heute - in den Belastungen und Krisen des normalen gesellschaftlichen Lebens. Ungerechtigkeiten, vorenthaltene Partizipationsmöglichkeiten, Erschwerungen und Verhinderungen von Entwicklungs- und Bildungsmöglichkeiten werden so besonders deutlich. Deutlich aber wird in der Sozialpädagogik auch besonders drastisch, wie sehr sie selbst im Zeichen von Ordnungspolitik, minimalen und darin stigmatisierenden Hilfsleistungen, von Sozialdisziplinierung, die die Arbeit an den eigenen Zielen verhindert, ja, als Agent jener disziplinierenden Interessen erweist, die sich gerade an den in der Gesellschaft nicht zu Rande kommenden Menschen mit besonderer Härte bestätigen will. Die Frage nach der politischen Funktionalisierung der Sozialen Arbeit konkretisierte sich vor allem in den Diskursen der 60er, 70er Jahre und führt zur Selbstkritik in Bezug auf Stigmatisierungsprozesse, Pathologisierung und die Strategien einer fürsorglichen Belagerung.

Mit solcher Selbstkritik aber ist das Mandat der Sozialen Arbeit nicht aufgehoben. Sie muss Selbstansprüche und Möglichkeiten ihrer AdressatInnen im Hinblick auf ein Leben in Anerkennung und sozialer Gerechtigkeit vertreten, kann dies aber realistisch nur einlösen, wenn sie bestimmt ist von der Angst vor den historisch so evidenten, eigenen, gegenläufigen Interessen in der Sozialen Arbeit und wenn sie in den Rahmenbedingungen der heutigen, so offen-brüchigen gesellschaftlichen Situation agiert. Die normativen Orientierungen der Sozialen Arbeit werden neu verhandlungsbedürftig.

In der gegebenen - individualisierten, pluralisierten, offenen - Situation werden einheitliche, für alle gleichermaßen verbindliche normative Vorgaben zum Problem. Traditionelle Vorgaben, z.b. im Kontext des Geschlechterverhältnisses gelesen, erweisen sich als Ausdruck dominanter (hegemonialer) Traditionen, Konstellationen z.b. in der Ausländerarbeit machen in den vielfältigen Facettierungen der Lebensbewältigung zwischen familialen, schulischen und beruflichen, öffentlichen Aufgaben die so verschlungene Problematik normativer Orientierungen deutlich. Randbereiche der Sozialen Arbeit - z.b. die Straßensozialarbeit oder die Suchtarbeit - nötigen zu neuen Antworten in Bezug auf Lebenssinn weit außerhalb traditioneller normativer Orientierungen, auch außerhalb heute herrschender politischer und sozialer Konventionen. Der Hinweis Nohls auf die Priorität der Probleme, die ein Mensch mit sich selbst hat, lässt sich in der heutigen Sozialen Arbeit - analog zu Ansätzen z.b. der sozialen Psychiatrie - auslegen in den mühsamen Fragen nach Normen des Straßenlebens und Normen individuellen Überlebens. Wie weit gibt es ein Recht auf Sucht, in welchen Situationen reichen elementare, gesundheitliche und hygienische Hilfen, die sich auch einer nicht akzeptierten Lebenssituation als elementare Nothilfe anschmiegen?

Das für die Tradition der Pädagogik konstitutive Insistieren auf der Eigensinnigkeit und Eigenwilligkeit der Lern- und Lebensinteressen der Heranwachsenden (der Zusammenhang also von Selbstbildung und Lernen), gewinnt in den heutigen widersprüchlichen und offenen Verhältnissen neuen Sukkurs und damit eine neue Bedeutung. - Es führt als Konsequenz auf die Bestimmung von Hilfen und Lernarrangements im Modus der Verhandlung, in dem mögliche Ziele gemeinsam - d.h. in wechselseitiger Anerkennung und im Aushandeln gegenseitiger Sichtweisen und Interessen ausgehandelt werden. Solche Verhandlung wird praktiziert als moralisch inspirierte Kasuistik, als eine Kasuistik, die fall- und situationsbezogen ist und zugleich inspiriert im Hinblick auf die moralischen Orientierungen von Gerechtigkeit und Anerkennung. Dieser Modus des Verhandelns ist konstitutiv, er bleibt aber ineffektiv, wenn er nicht gegen die in ihm angelegte, verkürzte Missverständnisse ausgelegt und differenziert wird. Soziale Arbeit im Medium der Verhandlung ist zunächst bestimmt durch die im Arbeitsauftrag der Sozialen Arbeit liegende Struktur der stellvertretenden Verantwortung. Wie die damit strukturell bestimmte Position des Sozialarbeiters/ der Sozialarbeiterin transparent werden kann, wird in Konzepten eines vertraglich bestimmten Handelns - z.B. in Beratungssettings, oder in dem zwischen allen Beteiligten auszuhandelnden Hilfeplan deutlich. Kritische Analysen aber machen deutlich, wie mühsam es ist, Verhandlungsfähigkeit zuerst herzustellen, Vertrauen zu gewinnen und damit den Willen zu Veränderungen zu wecken, wie notwendig es auch ist, den Vertragsmodus dagegen abzusichern, dass er nicht nur den SozialarbeiterInnen gleichsam zur Beruhigung dient, indem sie dem anderen eine Entscheidungsfähigkeit zuschreiben, die real nicht gegeben ist. Die heute so inflationär benützte Redefigur, nach der SozialarbeiterInnen - ebenso wie TherapeutInnen -, die Angebote machen, auf die der andere eingehen darf, kann diese Tendenz zur euphemistischen Unterstellung einer souverän unabhängigen Position illustrieren. Verhandlung muss ebenso ausgewiesen werden gegen Formen einer elaboriert rationalen Rigidität, die die Artikulationsschwierigkeiten des anderen - die Verweigerungen, ebenso wie die Signale der Körpersprache - übergeht. Schließlich: Konzepte und Erfahrungen in der Arbeit mit den die Hilfe verweigernden Familien und Heranwachsenden, in der Arbeit mit gewalt- und vergewaltigungsbelasteten Familien, in der Suchtarbeit oder in der Straßensozialarbeit zeigen, dass Verhandlung immer auch - im Namen unterdrückter, besserer Möglichkeiten und Ansprüche - Komponenten der Auseinandersetzung, des Streits, des u.U. verzweiflungsvollen Kampfs beinhalten. Es geht hier auch um den immer heiklen Versuch eines Ausgleichs zwischen Verständnis, Unterstützung und grenzsetzend entschiedenen Eingriffen, - wie sie - in der Sprache der allgemeinen Pädagogik (Flitner) geredet - zwischen den Intentionen des Behütens, des Gegenwirkens und des Förderns ausgehandelt werden müssen.

Und schließlich: Normen sind in der Pädagogik traditionell zukunftsorientiert; Soziale Arbeit aber agiert im Zeichen von Aufgaben der Lebensbewältigung auch gegenwartsorientiert. - Dies ist ihr immer wieder vorgeworfen und als Verlust einer konstitutiven elementaren pädagogischen Selbstverständlichkeit ausgelegt worden. - Zunächst: Die Geschichte der Pädagogik ist (von Rousseau bis Korczak) auch die Geschichte der Angst, im Verhältnis zwischen Erwachsenen und Heranwachsenden, Helfern und Hilfsbedürftigen die Gegenwart der Heranwachsenden und Hilfsbedürftigen mit ihren Aufgaben und Rechten im Augenblick im Zeichen einer weiteren Zukunft zu unterschlagen und zu verkennen; es wäre nicht schwer zu generalisieren und breiten Strömungen in der Pädagogik zu unterstellen, dass sie für die Zukunft Ziele entwerfen und auf sie hin agieren, die der gegebenen Situation fremd sind und aus ihr heraus auch nicht unvermittelt erwidert werden können. - Diese Angst vor der disziplinierenden und entfremdenden Kraft von Zukunftszielen gewinnt neues Gewicht in der gegenwärtigen Situation, in den heutigen offenen und in vielfältigen Aspekten nicht planbaren - also zu riskierenden und deshalb riskanten - Konstellationen. Dies konkretisiert sich ebenso z.B. im Status von Heranwachsenden mit ihren spezifischen Bewältigungsaufgaben wie in den Bewältigungsaufgaben in den so ungesichert offenen beruflichen und privaten Verhältnissen. - Die Verschiebung hin zur Gegenwartsorientierung ergibt sich aber in der Sozialen Arbeit auch aus den Problemen bestimmter Arbeitsfelder: In der Altenarbeit z.B., ebenso aber im Umgang mit dauerhaft und progressiv kranken Menschen stellt sich die Frage, wie eine Gegenwart ohne Perspektive von positiver Veränderung doch immerhin begleitet und aus den in ihr liegenden Ressourcen menschenwürdig bewältigt werden kann.

2. Die Frage nach dem Zusammenhang von Gesellschaft und Pädagogik war seit je konstitutiv für die allgemeine erziehungswissenschaftliche Diskussion. Sie wurde in den späten 60er Jahren eher allgemein und abstrakt verhandelt; es gilt aber die politischen Konstellationen im Konkreten zu sehen und darin Veränderungen voranzutreiben. Das Prinzip der Einmischung meint das offensive Agieren der Sozialen Arbeit in den allgemeinen Politikbereichen, also in der Arbeits-, Gesundheits- und Städtebaupolitik z.b., um in ihnen, aus den Erfahrungen der Sozialen Arbeit heraus, an Voraussetzungen für glücklichere Lebensarrangements mitzuarbeiten. Dieses Prinzip der Einmischung gilt aber vor allem auch im regionalen, lokalen Kontext, um die Gestaltung konkreter Lebensverhältnisse, des sozialen Milieus, des Sozialraums zu ermöglichen in Auseinandersetzung und Kooperation mit einer sozialpolitisch praktizierten kommunalen Sozialen Arbeit. Solche Einmischung ist orientiert an Maximen der Prävention, der Partizipation und der Integration, also der Herstellung belastbarer Lebensverhältnisse, in denen Lebens- und Gestaltungschancen genutzt werden können und Menschen - und Gruppen - nicht ausgegrenzt und ausgeschlossen werden. - Das Prinzip der Gestaltung von Lebensverhältnissen bedeutet auch Politisierung des Alltags, Pädagogik als life politics, wie Giddens es formuliert. Dies aber meint auch die Bildung von Gegenmacht, praktiziert z.b. in Projekten in geschlechtsspezifischen Perspektiven und in Strategien zur Aufsprengung gegebener, fataler Anpassungstraditionen im Zeichen von Verdrängung und Verdeckung von Bedürfnissen.

3. Soziale Arbeit zielt auf Lernhilfen, auf Hilfen, dass Menschen sich in gerechten Verhältnissen als Subjekt ihrer Praxis erfahren können, auf Hilfen zur Lebensbewältigung in den heutigen komplexen, verschlungenen Verhältnissen, auf Hilfe zur Selbsthilfe, zum Empowerment. - Eine solche Arbeit im Zeichen von Hilfen in der Lebenswelt und in den heutigen so individuellen Lebensentwürfen verlangt zunächst Konzepte und Praxen von Diagnose, besser vielleicht: von Fallverstehen, also Konzepte und Praxen einer Rekonstruktion von individuellen und biographischen Momenten, aber ebenso von sozialen und gesellschaftlichen Konstellationen, von Fallverstehen, das, ausgehend von der Eigensinnigkeit der Problemwahrnehmung und eigener Bewältigungsstrategien, weitergeführt wird in eine Hilfeplanung, die im gemeinsamen Aushandeln versucht, Veränderungsaufgaben zu bestimmen und diese - im Prozess von Entwurf, Realisierung, Revision und Neuentwurf in immer neuen Verhandlungen fortschreibt. Soziale Arbeit in den heutigen Verhältnissen verlangt - zum zweiten - Dienstleistungen, die sich den gegebenen Problemstrukturen anpassen können. Im Zeichen dieser Forderung haben sich gegebene Angebote verändert; Beratungen z.b. öffnen sich in ihr Umfeld und machen niedrigschwellige Angebote, Heimerziehung - als Erziehung an anderen Orten - diversifiziert sich in sehr unterschiedlichen Formen zwischen traditioneller Gruppenerziehung und intensiver Einzelbetreuung oder Tagesangeboten, Kindertagesstätten verstehen sich im Gemeinwesenbezug. Wichtig aber sind vor allem auch neue Formen, in denen Soziale Arbeit über

das klassische Angebotsrepertoire hinausgeht. Im Konzept der Familienhilfe
z.b. agiert eine Sozialarbeiterin in der Familie, um dort - beteiligt an und ver-
quickt in den Alltagsgeschäften des Essens, der Finanzstrategien, der Zeitor-
ganisation, des Aufräumens und der Auseinandersetzungen um Berufs-
Aufgaben, um Schulaufgaben, um Beziehungen und gemeinsame Aktivitäten
- verlässliche Strukturen zu etablieren und zugleich hilfreiche, über den gegebenen Stand einer so oft in Problemen untergehenden und sich verengenden
Struktur die Perspektiven zu einem freieren, in weitere soziale Gestaltungs-
möglichkeiten hinein geöffneten Lebens zu ermöglichen. In der Straßensozialarbeit z.b. agiert die Sozialarbeiterin mit und in der Clique auf der Straße,
dort also, wohin heimat- und obdachlose Heranwachsende sich versammeln,
weil ihnen andere Orte und oft auch die Angebote der Sozialen Arbeit nicht
aushaltbar erscheinen, um unter ihnen präsent zu sein und im heiklen Balan-
ceakt zwischen Dasein, Begleitung, Unterstützung, Korrektur und - in dem so
gewachsenen Vertrauen wird es vielleicht möglich - neuen Optionen,
Hilfsperspektiven zu eröffnen. Im sozialpsychiatrischen Dienst z.b. - wie er
weithin von SozialarbeiterInnen wahrgenommen wird - agieren die SozialarbeiterInnen in der Vermittlung zwischen Alltagsversorgung - also den Hilfen
in der Strukturierung und Ordnung von Raum, Zeit und Kontakten - zwischen
Unterstützung in der Wahrnehmung des eigenen, oft labilen und darin gefähr-
deten Gesundheitszustands und medizinischen Versorgungsmöglichkeiten und
zwischen clubförmig organisierten, gemeinschaftlichen Angeboten, in denen
Menschen aus ihrer Isolation herausfinden können. In den neuerdings disku-
tierten Konzepten integrierter und flexibler Hilfen z.b. versuchen SozialarbeiterInnen in individuellen, situationsbezogenen Konstellationen Hilfen so
zu geben, dass sie unterschiedliche Angebote miteinander kombinieren, Hilfe
in der Familie, in der Begleitung von Schulverpflichtung, in der Jugendclique,
Hilfen, die notwendig auch über das gegebene Repertoire der derzeitigen Jugendhilfe hinausgreifen.

In diesem so weit gefächerten Handlungsrepertoire profilieren sich Probleme,
wie sie weit in traditionelle pädagogische Diskurse zurückreichen, aber in den
neuen Aufgaben dramatisch akzentuiert sind. Die Frage z.B. nach dem Anfang pädagogischen Handelns, also nach den Voraussetzungen dazu, dass
Veränderungen überhaupt erst möglich werden, (dass Menschen sich auf jenes, das, wie schon der Prediger wusste, immer auch Leiden bedeutet, einlassen) gewinnt neues Gewicht (Hörster, Müller). Die im methodischen Handeln
immer schon traktierte Frage, wie die allgemeinen Maximen und die mit ihnen einhergehenden methodologischen Vorgaben mit den konkreten Bedingungen von Aufgaben und Situationen, wie das Allgemeine und das Konkrete
im Fall vermittelt werden können, und die dazu in der klassischen Pädagogik
entwickelte Figur des Handelns im Takt, gewinnt in offenen, durch keine institutionell sichernden Vorgaben und Rollenmuster gefestigten Verhältnissen
neue Dramatik. Institutionen - das Jugendamt z.B. oder die Beratungsstelle -
sichern und prägen natürlich auch die Umgangs- und Reaktionsformen der

AdressatInnen. Auf der Straße, in der Familie agiert der Sozialarbeiter gleichsam ohne Netz, verwiesen auf die Vermittlung seines professionellen Handelns mit persönlicher Glaubwürdigkeit und Überzeugungskraft. Das alte Problem von Professionalität und Person, von Distanz und Nähe wird entscheidendes Kriterium; die in allen pädagogischen Vollzügen sinnvolle, kritische Selbstreflexivität in Form von Praxisberatung oder Supervision wird elementare Voraussetzung, sich in solchen Situationen zu behaupten.

Soziale Arbeit - so praktiziert als Politik der Lebensverhältnisse, als Vermittlung zwischen situativen Bewältigungsaufgaben und Optionen, als Agieren in der Lebenswelt in ihren situationsbezogenen Konstellationen - kann nur in reflexiver Professionalität praktiziert werden. Mir scheint, dass die Soziale Arbeit z.B. der Schule gegenüber in der so ausgeprägten Kultur von individuellen Hilfeplanungen, Praxisbesprechungen und Supervision, das Profil einer Pädagogik besonders deutlich macht, die sich in den heutigen Konstellationen in allen ihren Aufgabenfeldern - in der Schule, in der Berufsbildung, in der Erwachsenenbildung, in der Sonderpädagogik - in offenen, konkreten, widersprüchlichen und riskanten Lebensverhältnissen realisieren muss.

III.

Solche Hinweise ließen sich weiterführen; ich breche aber ab und bilanziere: In den Fragen der normativen Orientierung, einer neuen Bestimmung von Gegenwart und Zukunft, einer Politik im Alltag und eines Arbeitens im offenen, institutionell wenig entlasteten Feld, im Konzept einer reflexiven Sozialpädagogik werden in Antworten auf extreme und offene Gesellschaftsstrukturen beispielhaft Aufgaben und Lösungsentwürfe deutlich, die für Erziehung und Bildung in unserer modernen Gesellschaft überhaupt gelten.

Diese Aufgaben werden sich - im Zug der gesellschaftlichen Entwicklung - weiter komplizieren und dramatisieren.

Die Entwicklung zielt auf eine neue Frage nach der Bedeutung des Sozialstaatsprinzips, nach der Selbstverpflichtung der Gesellschaft zu sozialen und sozialpädagogischen Hilfen. Erziehung und Sozialarbeit sind - so hieß es oben - Moment im neuzeitlichen Projekt der sozialen Gerechtigkeit. Der Sozialstaat aber ist - so Eduard Heimann - eine Intention, die immer nur im Kampf gegen andere gesellschaftliche Interessen durchgesetzt und behauptet werden kann, ist die dem Kapitalismus abgetrotzte wesenswidrige Konzession an die sozialen Bewegungen. Im Zeichen des wieder erstarkenden Manchester-Liberalismus - und der ihn begleitenden Ideologien von Konkurrenzzielen und Selbstzuständigkeit und - sie kompensierend - der Dethematisierung und Demoralisierung sozialer Probleme müssen sich Sozialpädagogik und Erziehungswissenschaft behaupten und soziale Gerechtigkeit im Zeichen der gesellschaftlichen Verschiebungen einfordern.

Und: Ausweitung und Differenzierung der Sozialpädagogik so wie sie sich im historischen Zusammenhang ergeben, sind eine Stufe in der neuzeitlichen Vergesellschaftung von Erziehung, eine Stufe - wie Erich Weniger es analysiert hat - in der Entwicklung der Erziehung hin zu Aufgaben in unmittelbaren Lebensverhältnissen. Damit wurden Aufgaben, die bis weit noch in unser Jahrhundert hinein primär privat oder im intermediären Raum von Verbänden, Nachbarschaften und Kirchen geleistet wurden, verberuflicht, - vor allem auch Frauentätigkeiten. Damit einhergehend - Offe hat insistierend darauf verwiesen - entleert sich generell ein Alltag, in dem Menschen sich für sich und ihre Probleme zuständig erfahren. - Die Entleerung des Alltags aber im Zeichen der Verberuflichung sozialer Aufgaben provoziert den Protest neuer Aktivitäten, repräsentiert z.b. im neuen Ehrenamt, im bürgerschaftlichen Engagement, in vielfältigen sporadischen Aktivitäten eingeklagter Partizipation an sozialen Aufgaben. Diese Entwicklungen führen auf die Frage nach einer starken Demokratie, einer Demokratie also, die primär auf Aktivitäten von Bürgern setzt, führt auf die Frage der Zivilgesellschaft. - Diese Fragen aber werden noch einmal brisanter werden in der Zukunft: Berufsarbeit, Lebensarbeitszeiten, die Gewichtung von Arbeit im Kontext von anderen Beschäftigungen werden sich verschieben; die gewachsenen noch weithin bestimmenden Aufgabenverteilungen zwischen den Geschlechtern werden sich ändern, neue Muster von Lebensentwürfen werden sich ausbilden. Dies wird Konsequenzen haben für die soziale Kultur und die Verteilung der Aufgaben zwischen Professionellen und Bürgern und für die Praxis professioneller Sozialer Arbeit.

Was aber ergeben diese Überlegungen im Hinblick auf die Themen nach der so heiklen und angefochtenen Position der Sozialpädagogik und der Erziehungswissenschaft? In ihren Aufgaben stehen Sozialpädagogik und Erziehungswissenschaft gegen einen Zeitgeist, der die neue und ungesicherte Position gern zur Bestätigung seiner gegenläufigen Position nutzt. Und: Die Aufgaben, die ihnen zugemutet werden, sind schwierig und neu; man muss sich an sie gewöhnen; sie sind - anderen, älteren, etablierteren Aufgaben gegenüber - ungesichert und verführen dazu, zur Disposition gestellt zu werden.

Aber ist es nicht allzu einfach, so nur einen Zusammenhang von gesellschaftlichen Problemen und erziehungswissenschaftlichen Aufgaben zu verfolgen? Ist das Faktum von Aufgaben schon ein hinreichender Beweis dafür, dass sie erledigt werden? Leistet Erziehungswissenschaft was sie soll? - Gewiss gibt es die Analysen, dass Erziehungswissenschaft im Kontext der Wissenschaften als normalisiert zu gelten habe (Tenorth, Lüders/ Winkler). Dies aber erledigt nicht detailliertere Fragen nach Stand und Dignität der Theoriediskussion, nach der Leistung von Forschungen, nach der Plausibilität in der Vermittlung von Theorie, Ausbildung und Praxis, von Theorie-, Professions- und Praxiswissen. Dies ist aber ein anderes, weites Gelände.

Literatur

Ariès, Philippe 1975: Geschichte der Kindheit. München/ Wien

Bernfeld, Siegfried Antiautoritäre Erziehung und Psychoanalyse. Ausgewählte Schriften. Bd. I - III, hrsg. v. Werder, Lutz v./ Wolff, Reinhart Frankfurt a.M. 1969-1970

Brumlik, Micha 1992: Advokatorische Ethik. Zur Legitimation pädagogischer Eingriffe. Bielefeld

Flitner, Andreas 1982: Konrad, sprach die Frau Mama ... Über Erziehung und Nichterziehung. Berlin (2. Auflage)

Giddens, Anthony 1997: Jenseits von Links und Rechts. Frankfurt a. M.

Heimann, Eduard 1921: Soziale Theorie des Kapitalismus. Theorie der Sozialpolitik. Tübingen

Hörster, Reinhard/ Müller, Burkhard 1996: Zur Struktur sozialpädagogischer Kompetenz. Oder: Wo bleibt das Pädagogische in der Sozialpädagogik? In: Combe, Arno/ Helsper, Werner (Hrsg.): Pädagogische Professionalität. Untersuchungen zum Typus pädagogischen Handelns. Frankfurt a. M.: 614-648

Kant, Immanuel 1964: Über Pädagogik. In: Schriften zur Antropologie, Geschichtsphilosophie, Politik und Pädagogik. Darmstadt

Konrad, Franz-Michael 1993: Sozialarbeit und Pädagogik. Der Versuch einer historischen Klärung. In: Soziale Arbeit, 42. Jg., Heft 6/ 93: 182-189

Korczak, Janusz 1979: Wie man ein Kind lieben soll. Göttingen

Lüders, Christian/ Winkler, Michael 1992: Sozialpädagogik - auf den Weg zu ihrer Normalität. In: Zeitschrift für Pädagogik, 38. Jg. 1992, Nr. 3: 359-370

Natorp, Paul 1909: Sozialpädagogik. Theorie der Willensbildung auf der Grundlage der Gemeinschaft. Stuttgart

Nohl, Hermann 1949: Pädagogik aus dreißig Jahren. Frankfurt a.M.

Offe, Claus: Moderne "Barbarei": Der Naturzustand im Kleinformat? In: Miller, Max/ Soeffner, Hans-Georg (Hrsg.) 1996: Modernität und Barbarei. Soziologische Zeitdiagnose am Ende des 20. Jahrhunderts. Frankfurt a. M.

Pestalozzi, Johann-Heinrich 1946: Gesammelte Werke. Zürich

Roth, Heinrich: Pädagogische Anthropologie. Hannover/ Dortmund/ Darmstadt/ Berlin 1966 und 1971

Rousseau, Jean-Jacques 1963: Emile oder über die Erziehung. Hrsg. v. M. Rang, Stuttgart

Salomon, Alice 1927: Soziale Diagnose. o. O. (2. Auflage)

Schleiermacher, Friedrich 1957: Pädagogische Schriften. Unter Mitwirkung von Theodor Schulze. Hrsg. v. Erich Weniger. Düsseldorf

Simmel, Georg: Der Arme. In: Simmel, Georg: Soziologie. Untersuchungen über die Formen der Vergesellschaftung. Berlin (4. Auflage)

Tenorth, Heinz-Elmar 1992: Laute Klage, stiller Sieg. Über die Unaufhalt-
samkeit der Pädagogik in der Moderne. In: Zeitschrift für Pädagogik, 29.
Beiheft. Weinheim, Basel 1992: 129-139

Thiersch, Hans 1986: Die Erfahrung der Wirklichkeit. Perspektiven einer
alltagsorientierten Sozialpädagogik. Weinheim

Thiersch, Hans 1995: Lebenswelt und Moral. Beiträge zur moralischen Orientierung Sozialer Arbeit. Weinheim

Thiersch, Hans 1994: Sozialpädagogik und Erziehungswissenschaft. Reminis-
zenzen zu einer hoffentlich bald überflüssigen Diskussion. In: Krüger,
Heinz-Hermann/ Rauschenbach, Thomas (Hrsg.): Erziehungswissenschaft
am Beginn einer neuen Epoche. Weinheim: 131-146

Thiersch, Hans 1998: Wissenschaft von der Sozialen Arbeit oder Sozialar-
beitswissenschaft. In: Kreft, Dieter/ Wendt Wolf Rainer (Hrsg.): Wissenschaft von der sozialen Arbeit (i.E.)

Weniger, Erich 1975: Zur Geistesgeschichte und Soziologie der pädagogischen Fragestellung. In: Weniger, Erich: Ausgewählte Schriften zur geisteswissenschaftlichen Pädagogik. Weinheim: 107 - 123

Winkler, Michael 1988: Eine Theorie der Sozialpädagogik. Stuttgart

Erziehungswissenschaftliche Geschlechterforschung: Innovation gegen die Reproduktion geschlechtlicher Ungleichheiten

Elke Kleinau

1. Einleitung

Innerhalb der Erziehungswissenschaft stellt die Geschlechterforschung einen Forschungsansatz dar, der in den 70er Jahren im Kontext der Neuen Frauenbewegung entstanden ist. Initiiert und getragen wurde er von Studentinnen und Wissenschaftlerinnen, die sich der Bewegung zugehörig fühlten. Ausgangspunkt der Frauenforschung - so wurde der Ansatz zunächst genannt - war die Erkenntnis, dass in unserer Gesellschaft, in der das Geschlecht ein Hauptmerkmal sozialer Ungleichheit bildet, Wissenschaft eine fast reine Männerdomäne darstellt. Dieser Sachverhalt hat weitreichende Konsequenzen auf die Auswahl des Forschungsgegenstandes sowie für den Betrieb von Forschung und Lehre. Was ist Frauen- bzw. Geschlechterforschung? Von vielen Wissenschaftler/innen wurde Frauenforschung gleichgesetzt mit Forschung von Frauen über Frauen. Wenn es auch zunächst darum ging, Frauen als Subjekte/ Objekte der Wissenschaft sichtbar zu machen, so wird Frauenforschung durch diese Definition auf die eng umzäunte Spielwiese angeblich frauenspezifischer Fragestellungen verwiesen. Eine allgemein konsensfähige Definition gibt es nicht, aber die folgende Begriffserklärung stößt z.Zt. auf breite Zustimmung: Pädagogische Frauen- und Geschlechterforschung ist kein umgrenztes wissenschaftliches Spezialgebiet, sondern ein Forschungsansatz, der quer zur traditionellen Systematik des Faches verläuft. Sie behandelt Problemfelder, die sich durch alle Teildisziplinen der Erziehungswissenschaft ziehen, und fragt nach der Bedeutung der Geschlechtszugehörigkeit für Erziehungs- und Bildungsprozesse. Die Kategorie Geschlecht rückt in den Mittelpunkt der Analyse pädagogischer Geschichtsschreibung, Theoriebildung und Bildungspraxis. Geschlechtsspezifische Unterschiede zwischen Kindern und Jugendlichen geraten ins Blickfeld und machen deutlich, dass unter geschlechtsneutralen Bezeichnungen oft nur das männliche Subjekt der Erziehung verstanden wird. Darüber hinaus ist die andere Seite des Erziehungsverhältnisses von Interesse, die Situation der Erziehenden, speziell die der Mütter, aber auch die Professionalisierung von Frauen in pädagogischen Berufen.

2. Geschichte erziehungswissenschaftlicher Geschlechterforschung

Dass Frauenforschung aufgrund des Postulats der Betroffenheit nur von Frauen betrieben werden könne, war bis in die 80er Jahre hinein unhintergehbarer Konsens unter Frauenforscherinnen, seitdem jedoch die Geschlechterverhältnisse - und nicht mehr nur die Frauen - im Mittelpunkt des Forschungsinteresses stehen, verliert diese Position an Gewicht. Teilweise werden die Begriffe Frauen- und Geschlechterforschung synonym, häufig auch in Kombination miteinander verwendet. Von männlichen Wissenschaftlern wird der Terminus Geschlechterforschung gern dann aufgegriffen, wenn man ihn gegen den 'veralteten' Ansatz der Frauenforschung ins Feld führen kann. Geschlechterforschung gilt dann als längst überfällige Überwindung einer 'einseitig' auf Frauen ausgerichteten Forschung. Einige Wissenschaftler/innen - auch ich - bevorzugen den Begriff Geschlechterforschung, weil er dem Forschungsgegenstand besser gerecht wird. Dagegen argumentieren andere Wissenschaftlerinnen, dass bereits in den Anfängen der Frauenforschung zu Geschlechterverhältnissen geforscht worden sei und der ältere Begriff aus Gründen der Traditionsbildung beibehalten werden solle. Unbestritten ist, dass Geschlechterforschung von Frauen und Männern betrieben werden kann.

Der Anspruch, dass Geschlechterforschung interdisziplinär ausgerichtet sein muss, ist in letzter Zeit relativiert worden. Angesichts der allgemeinen wissenschaftlichen Arbeitsteilung und der zunehmenden Ausdifferenzierung der Geschlechterforschung lässt sich dieser normative Anspruch nur schwer einlösen. Der Anspruch auf Interdisziplinarität wird zwar nicht grundsätzlich aufgegeben, sondern nur in seinem Absolutheitsgrad eingeschränkt. Geschlechterforschung gewinnt ihr Profil durch interdisziplinär angelegte Studien *und* durch die disziplinäre Vertiefung und Differenzierung einzelner Forschungsgegenstände.

In der Auseinandersetzung mit dem male mainstream entwickelte sich Geschlechterforschung als wissenschaftskritische Forschung, die zur Verwerfung, Erweiterung oder Differenzierung bisheriger wissenschaftlicher Denkmodelle sowie zur Aufhebung der Geschlechterhierarchie beitragen will. Innerhalb der pädagogischen Zunft stößt dieser Anspruch auf deutlich formulierte Vorbehalte. Die Existenzberechtigung von Frauen- und Geschlechterforschung wird zwar aus Gründen der political correctness selten in Frage gestellt, aber sie gilt bestenfalls als randständige, von Frauen betriebene Forschung, die in eigenen Publikationen für ein spezielles Publikum - wiederum Frauen - abgehandelt wird. Öffentlich haben sich etablierte Erziehungswissenschaftler nur selten mit Frauen- und Geschlechterforschung auseinandergesetzt, und dass sich fast ausschließlich Frauen und kaum Männer in der Geschlechterforschung qualifizieren, wirft die Frage auf, ob dieser Ansatz überhaupt qualifikationstauglich ist. Eingang in den 'allgemeinen' fachlichen Diskurs hat die Geschlechterforschung bislang kaum gefunden, was u.a. mit der mangelnden institutionellen Verankerung im Fach zusammenhängt.

2.1. Institutionelle Verankerung

Innerhalb der Erziehungswissenschaft ist die Geschlechterforschung mit einem Dilemma konfrontiert, mit dem fast alle neueren Ansätze in der Disziplin zu kämpfen haben. Pädagogik ist ein weit ausdifferenziertes Fach mit offenen Rändern zu den Nachbardisziplinen. Neue Fragestellungen und Forschungsthemen werden relativ schnell aufgegriffen, das heißt aber nicht, dass sie langfristig auch zu grundlegenden Umorientierungen innerhalb der Forschung führen. Geschlechterforschung wird mittlerweile zwar an vielen Hochschulen gelehrt, die meisten Lehrveranstaltungen werden aber von befristet eingestellten Assistentinnen oder externen Lehrbeauftragten durchgeführt. Kontinuierlich aufeinander aufbauende Lehrveranstaltungen und die Möglichkeit, in diesem Bereich eine Abschlussprüfung ablegen zu können, sind damit nicht unbedingt gewährleistet.

Langfristig abgesichert ist pädagogische Frauen- und Geschlechterforschung bislang an 15 Hochschulen in Form von Frauenforschungsprofessuren. So gibt es in Frankfurt eine Professur für historisch-pädagogische Frauenforschung, in Marburg eine für Weibliche Sozialisation, in Essen eine mit dem Schwerpunkt Geschlechtsspezifische Sozialisation ausländischer Frauen und Mädchen. Diese Auflistung betrifft nicht zufällig nur die alten Bundesländer. Der Anteil der Frauenforschungsprofessuren in den neuen Bundesländern ist verschwindend gering, in der Erziehungswissenschaft gibt es keine einzige. Die Diskussion um die Einrichtung von Frauenforschungsprofessuren gestaltet sich bis heute höchst kontrovers. Zum einen wird zwar durch die Institutionalisierung die wissenschaftliche Relevanz feministischer Fragestellungen für das jeweilige Fach anerkannt, zum anderen werden aber die entsprechenden Problemstellungen aus dem fachlichen Selbstverständnis ausgelagert und in den Zuständigkeitsbereich der jeweiligen Professur delegiert. Damit wird Frauenforschung als 'Spezialisierung' fernab von den 'eigentlichen' Problemen eines Faches angesehen und in Berufungsverfahren "als erhebliche und tendenziell illegitime Einengung" herkömmlicher Forschungsinteressen gewertet (Bock/ Landweer 1994: 101). Dabei wird übersehen, dass auch die 'allgemeine' Forschung einen hohen Spezialisierungsgrad voraussetzt und Frauenforschung die Kenntnis des 'allgemeinen' Forschungsstandes in dem jeweiligen Fach selbstverständlich voraussetzt, was umgekehrt jedoch nicht gilt. Erste Recherchen haben ergeben, dass Frauen fast nur noch über Frauenforschungsprofessuren dauerhaft Eingang in die Hochschule finden und dass sie von 'allgemeinen' Stellen stärker als bisher ausgeschlossen sind (Wobbe 1988). Für die Einrichtung von Frauenforschungsprofessuren sprechen letztlich die damit verbundenen Möglichkeiten, die Frauenforschungsstruktur im jeweiligen Fach zu stärken, wissenschaftlichen Nachwuchs zu fördern sowie die Kontinuität von Frauenforschung in der Lehre sicherzustellen. Einer möglichen Ghettobildung gilt es durch verstärktes Engagement in der traditionellen Teildisziplin vorzubeugen. Geschlechterforscherinnen dürfen sich nicht aus dem 'allgemeinen' Diskurs ihrer Zunft ausklinken, auch wenn das dem anstrengenden Tanzen auf zwei Hochzeiten gleichkommt.

2.2. Forschungsstand

Die Vielfalt der bisher erschienenen Arbeiten dokumentiert die Bibliographie "Frauen im pädagogischen Diskurs" (Schulz u.a. 1989, Langmaak u.a. 1994). Die Anzahl der Titel, der erste Band verzeichnet 3898, der zweite 6236 Aufnahmen, weist auf breit angelegte und zunehmende Forschungsaktivitäten hin. Deutlich wird, dass der Ausdifferenzierungsprozess der Geschlechterforschung verschiedene Teildisziplinen der Erziehungswissenschaft tangiert. Die Forschungsaktivitäten beziehen sich hauptsächlich auf drei Bereiche: Schulpädagogik, Historische Pädagogik und Sozialpädagogik.

Schulpädagogische Geschlechterforschung konzentrierte sich zunächst auf die Diskriminierung von Mädchen sowie auf Fragen ihrer Förderung und Gleichstellung im schulischen Handlungsfeld. Die Frage, ob Koedukation die Geschlechtergleichheit befördere oder verhindere, bezog sich erst nur auf Mädchen. In den letzten Jahren hat sich jedoch die Blickrichtung auf Jungen hin erweitert. Weitere Forschungsaktivitäten lassen sich den didaktisch-unterrichtlichen Bereichen zuordnen. Als neues schulpädagogisches Forschungsfeld etablierte sich vor einigen Jahren der Bereich Mädchen in Naturwissenschaft und Technik.

Innerhalb der pädagogischen Geschlechterforschung bilden die historisch arbeitenden Wissenschaftlerinnen eine starke Fraktion. Die Facetten ihrer Forschungsgebiete reichen von der Geschichte normativer Weiblichkeitsentwürfe (die Normativität von Männlichkeit beginnt jetzt Thema zu werden) über die Geschichte des allgemein- und berufsbildenden Mädchenschulwesens zur Entwicklung des Frauenstudiums und der pädagogischen Berufe. Weitere Forschungsfelder sind die Geschichte von Kindheit und Jugend. Als neueste Entwicklung zeichnet sich ein Trend zur Wissenschaftsgeschichte ab.

Der Sozialpädagogik ist das neu entstandene Handlungsfeld der Mädchenarbeit zuzuordnen. Die Forschungsaktivitäten beziehen sich zum einen auf die Entwicklung der Sozialarbeit als Frauenberuf und das Spannungsverhältnis von beruflicher und ehrenamtlicher Arbeit, zum anderen auf die einzelnen Schwerpunkte sozialpädagogischer Arbeit, z.b. Suchtprobleme, Gewalt gegen Mädchen und Frauen.

Obschon die pädagogische Geschlechterforschung in den letzten Jahren eine enorme Ausdifferenzierung erfahren hat, so sind noch erhebliche Defizite in der Theoriebildung zu verzeichnen. Forschungsdesiderate bestehen vor allem in der Allgemeinen Pädagogik, im Bereich 'allgemeiner' Bildungs- und Erziehungstheorien. In einer problemgeschichtlichen Skizze sollen kurz die geschlechtsblinden Flecken der Allgemeinen Pädagogik verdeutlicht werden. Im

Anschluss daran stelle ich einige Überlegungen an, wie eine geschlechtertheoretische Allgemeine Pädagogik aussehen könnte.

2.3. Forschungsdesiderate in der Allgemeinen Pädagogik

Als Amalia Holst 1802 ihre Schrift über die "Bestimmung des Weibes zur höhern Geistesbildung" veröffentlichte, tat sie das, obwohl für sie eine besondere Form der Frauenbildung *nicht* existierte. Frauenbildung war für sie in erster Linie allgemeine Menschenbildung. Sie widmete ihr Buch nur deshalb Fragen der Frauenbildung, weil einflussreiche Pädagogen die Bildung von Frauen auf den 'Beruf des Weibes' als 'Hausfrau, Gattin und Mutter' beschränkt wissen wollten und Frauen das Recht auf höhere Bildung bestritten. Für Holst, die in einem vom Aufklärungsdenken geprägten Milieu aufgewachsen war, das der Bildung von Frauen aufgeschlossen gegenüberstand, war der Anspruch auf Bildung ein universales, nicht nur auf Männer bezogenes Recht. Wie sehr jedoch ihre Forderungen den zeitgenössischen Vorstellungen von der 'weiblichen Bestimmung' entgegenstanden, zeigt sich an der vehementen Kritik, die ihrer Schrift entgegengebracht wurde. Ein ungenannter Rezensent ließ sich süffisant darüber aus, "dass die Verfasserin durch ihre häuslichen Verrichtungen abgehalten wurde, sich über die Gegenstände, von denen sie redet, die nöthigen Belehrungen zu verschaffen." Die Autorin solle doch in "dem rühmlichen Geschäfte, ihren Geist zu bilden, so fortfahre[n], dass ihre eigentliche weibliche Bestimmung nicht darunter leide" (Kaiserl.-privil. Hbg. Neue Zeitung 1802). Eine inhaltliche Auseinandersetzung schien sich zu erübrigen, lakonisch verwies der Rezensent Holst auf den ihr zustehenden Platz als 'Hausfrau, Gattin und Mutter'.

Ein kurzer Gang durch die Bildungsgeschichte verdeutlicht, dass sich Holsts Anspruch auf zweckfreie Bildung nicht realisierte. Mädchenerziehung blieb an die 'natürliche Bestimmung' der Frauen gebunden. Unter dieser Leitformel wurden die Aufgaben und Pflichten, die den Frauen in der bürgerlichen Gesellschaft zugedacht waren, zum pädagogischen Bezugspunkt der Mädchenerziehung.

Die geschlechtsdifferenten Bildungsvorstellungen, wie sie sich innerhalb der modernen Pädagogik an der Wende vom 18. zum 19. Jahrhundert herauskristallisiert haben, lassen sich am bildungstheoretischen Ansatz Schleiermachers verdeutlichen, der an den gegebenen gesellschaftlichen Verhältnissen und den unterschiedlichen Lebenskonzepten der Geschlechter anknüpft. Im Zentrum der Überlegungen Schleiermachers stand die Erziehung und Bildung des zukünftigen Staatsbürgers als Träger staatlicher Leitungsfunktionen und als Partizipant am öffentlichen, geselligen und politischen Leben. Bei der Erziehung und Bildung der Frauen war der Bezugspunkt aber nicht die Teilnahme am öffentlichen Leben, sondern die Einbindung in eine häusliche Lebensgemeinschaft. Während Schleiermacher für die Bildung der männlichen

Jugend öffentliche Schulen vorsah, verwies er - mit Blick auf den 'besonderen Beruf' der Frau - deren Erziehung und Bildung in den Zuständigkeitsbereich der Familie (vgl. Mayer 1999). Dass sich durch diesen Verweis auf den Bildungsort Familie für Frauen Bildungs- und Erkenntniseinschränkungen ergaben, war Schleiermacher wohl bewusst. Durch die 'natürliche Bestimmung' der Frauen und die gesellschaftlichen Bedingungen sah er sie jedoch hinreichend legitimiert. Sein Ansatz dokumentiert, dass der Allgemeinheitsanspruch klassischer Bildungstheorien nicht eingelöst wird. Die Konzipierung von allgemeiner Bildung als Männerbildung wird sichtbar. Sichtbar wird auch, dass das 'Allgemeine', aus dem im folgenden die Frauen als das 'Besondere' herausfielen, eine Kategorie war, mit deren Hilfe Männern und Frauen ihr Platz in einer geschlechterhierarchischen Gesellschaft zugewiesen wurde.

Das sich entwickelnde höhere Schulwesen trug dieser Konzeption von allgemeiner Bildung, die nur für Männer galt, Rechnung. Während für Jungen - vor allem in den Gymnasien - allgemeine Bildung als Programm institutionalisiert wurde, blieb die Bildung der Mädchen an den 'besonderen Beruf' der Frau gebunden. Während die Jungenbildung mit gesellschaftlich anerkannten Zertifikaten ausgestattet wurde, die die Grundlage für Berufs- und Karriereverläufe in der bürgerlichen Gesellschaft abgaben, blieb die Mädchenbildung von solchen Berechtigungen bis ins 20. Jahrhundert hinein ausgeschlossen.

Im bildungstheoretischen Diskurs der Erziehungswissenschaft lassen sich - vereinfacht zusammengefasst - zwei verschiedene Formen des Umgangs mit dem Geschlechteraspekt erkennen. Die erste Umgangsweise findet in der Formel von der 'besonderen Bestimmung' der Frau ihren Niederschlag. Diese Formel durchzog seit dem Ende des 18. Jahrhunderts das Bildungsdenken fast aller pädagogischen Kräfte. Auch die bürgerliche Frauenbewegung ging bei ihrem Kampf um die Normierung des höheren Mädchenschulwesens von den 'besonderen Bedürfnissen' der Mädchen aus. Obgleich die Frauenbewegung bemüht war, diese Formulierungen positiv zu besetzen, betonen sie aber "den offenbar nur für ein Geschlecht bestehenden Zwiespalt von Allgemeinem und Besonderem" (Knab 1970: 76). Im Verlauf des 20. Jahrhunderts wurde das höhere Mädchenschulwesen immer mehr dem höheren Jungenschulwesen angeglichen, die Konzeption von den 'besonderen Bedürfnissen' der Mädchen überdauerte aber die Existenz eines eigenständigen Mädchenschulwesen und 'bereichert' heute in Form des Defizitansatzes die aktuelle Koedukationsdebatte. Entlang der Gleichung 'besonders = defizitär' werden, vor allem in der Wissenschaftspolitik, die Sozialisationsprozesse der Mädchen für defizitär erklärt, die der Jungen hingegen zum Ideal einer erstrebenswerten Normalität erhoben. Als Reformmaßnahme wird dann empfohlen, die Sozialisationsdefizite der Mädchen, z.B. ihre 'Technikdistanz', mit Hilfe diverser Fördermaßnahmen auszugleichen. Durch die Brille des Defizitansatzes betrachtet geraten die Stärken weiblicher und die Schwächen männlicher Sozialisation gar nicht erst ins Blickfeld. Bei der angeblichen Technikdistanz der Mädchen wird z.b. nicht berücksichtigt, "daß Mädchen und Frauen oft eigene Zugangsweisen zu Technik entwickeln, die sie, wenn man ihnen nur den Raum dazu gibt, sehr effizient anwenden können" (Beinzger 1999: 217). Die - in kritischer Auseinandersetzung mit dem Defizitansatz entstandene - Forderung nach einer Neubewertung sog. weiblicher Eigenschaften kann allerdings leicht in eine unreflektierte Idealisierung von Weiblichkeit umschlagen. Bei der zweiten Vorgehensweise erscheint der Geschlechteraspekt als nicht existent. In den Anfängen der Pädagogik als Wissenschaftsdisziplin war man sich "noch über das Problem der Ausgrenzung von Differenzen, auch der Geschlechterdifferenz, im klaren" (Jacobi 1991: 202), was sich am Humboldtschen Bildungsdenken verdeutlichen lässt. Obwohl sich Humboldt auf die Bildung des Menschen an sich bezieht und sein Bildungsbegriff damit universeller Natur zu sein scheint, so geht doch aus seinen geschlechteranthropologischen und -philosophischen Schriften unmissverständlich hervor, dass mit seiner neuhumanistischen Idee von Menschenbildung vordringlich die Ausformung des modernen bürgerlich-männlichen Subjekts antizipiert war. Humboldt, dessen Wertschätzung des Besonderen und seine Verbindung mit dem Allgemeinen in der pädagogischen Anthropologie gerade wiederentdeckt wird, demonstrierte seine Methodologie einer vergleichenden Anthropologie nicht zufällig am Beispiel der Geschlechter (Humboldt 1960: 364). Bei der Konstitution der modernen Erziehungswissenschaft bildete demnach die Geschlechterdifferenz eine wichtige Rolle. Im Verlauf der Entwicklung ist der Disziplin dieses Bewusstsein über die Bedeutung des Geschlechtsunterschieds offensichtlich abhanden gekommen. Das ursprünglich bürgerlich-männlich konnotierte Subjekt der klassischen Bildungstheorien hat eine Umdeutung hin zu einer geschlechtsneutralen Kategorie erfahren.

2.4. Wissenschaftshistorische und -theoretische Voraussetzungen

Aufgabe einer geschlechtertheoretischen Allgemeinen Pädagogik ist es, die Bedeutung der Geschlechterverhältnisse in Geschichte, Theorien und Methoden der eigenen Disziplin zu klären. Die Originalität der Geschlechterforschung liegt *nicht* in ihren Methoden, sondern in ihren Fragestellungen und Perspektiven begründet, die die soziale Kategorie Geschlecht zum Ausgangspunkt nehmen. Ulla Müller hat ausgeführt, dass die Frauenforschung keine neuen Methoden, wohl aber eine neue Methodologie entwickelt hat, worunter sie die Reflexionsebene wissenschaftlichen Vorgehens versteht, "auf der die Grundentscheidungen darüber fallen, wie Sozialforschung mit ihrer Reflexivität umgeht; d.h. mit dem Umstand, daß ihre gesellschaftliche Bedingtheit mit zu ihrem Forschungsbereich gehört, und die Forschung selbst immer beeinflußt" (Müller 1984: 36). Gearbeitet wird mit unterschiedlichen wissenschaftlichen Bezugstheorien, wobei 'postmoderne' Ansätze bislang wenig Berücksichtigung finden.[1]

In den Anfängen der Frauenforschung ging es darum, Differenzen *zwischen* den Geschlechtern festzuhalten, d.h. nachzuweisen, dass Frauen *andere* Erziehungs- und Bildungserfahrungen hatten als Männer. Empirisch ließ sich das an vielen Beispielen belegen. Neben anderen Lebens- und Arbeitsformen partizipierten Frauen weniger an institutionalisierter Bildung. Um Aussagen über den *anderen* Verlauf weiblicher Erziehungs- und Bildungsprozesse treffen zu können, mussten bekannte Quellen gegen den Strich gelesen, aber auch neue Quellen gefunden werden. In der traditionellen Geschichtsschreibung und Theoriebildung sind Frauen vor allem aus zwei Gründen unsichtbar geblieben. Erstens schienen ihre Vorstellungen, Erfahrungen und Tätigkeiten, die um das Gebären und die Erziehung von Kindern kreisten, eher Naturkonstanten zu sein, die für eine wissenschaftliche Theoriebildung und Geschichtschreibung nicht von Interesse waren. Zweitens beruhte fast alles, was wir über vergangene Erfahrungen von Frauen als Kinder, Jugendliche, Mütter oder Lehrerinnen wussten, auf männlicher Reflexion und war von einem Wertsystem geprägt, das Männer definiert hatten. Damit Frauen sichtbar wurden, musste die Hierarchie zwischen theoretisch und historisch Wichtigem und Unwichtigem umgekrempelt werden und neu gesehen und gewertet werden, was Frauen dachten, empfanden, was sie getan und geschrieben haben.

In den Anfängen ging es dabei um die Betonung theoretischer und geschichtlicher Kontinuitäten. Analog zu den 'großen' Männern der Geschichte wurden jetzt 'große' Frauen gesucht, deren Leben und Werk vornehmlich im Interesse eigener Identitätsfindung studiert wurden. Um "Traditionskonstruktionen" abzubauen und "unliebsame Aspekte der Vergangenheit" mit der "Möglichkeit zu kritischem Lernen" behandeln zu können (Böhme/ Tenorth 1990: 20), muss die Geschlechterforschung jedoch nachhaltiges Gewicht auf das Aufzeigen von Diskontinuitäten, Unterschieden, Widersprüchen und Gegensätzen legen.

Nun verfügen nicht alle Frauen qua Geschlecht über die *gleichen* Erfahrungen. Neuere Untersuchungen haben unterschiedliche Erfahrungen von Frauenleben zutage gefördert, je nachdem welchem Familienstand, welcher Altersgruppe, Schicht, Konfession oder Ethnie die Frauen angehörten. Neben den *Geschlechterdifferenzen* rückten die *Differenzen innerhalb einer Geschlechtsgruppe* ins Blickfeld. Auch dafür lassen sich empirische Belege finden. Arbeitertöchtern war im 19. Jahrhundert der Zugang zu institutionalisierter höherer Bildung versperrt. Die Vielfalt von Frauenexistenzen lässt sich nicht auf einen gemeinsamen Nenner universaler Weiblichkeit bringen.

---

[1] Das, was z.Zt. unter dem Label 'postmodern' zusammengefasst wird, ist ein äußerst fragiles und heterogenes Gebilde. Darunter lassen sich sowohl konstruktivistische, dekonstruktivistische, poststrukturalistische als auch diskurstheoretische Ansätze fassen.

Dass die soziale Lage und das erkenntnisleitende Interesse der Forschenden Auswirkungen auf den Forschungsprozess und auf Forschungsergebnisse hat, ist *keine* grundlegend neue Erkenntnis. Bereits 1742 hielt Johann M. Chladenius fest, dass das, was in der Welt geschieht, von verschiedenen Leuten auf verschiedene Weise gesehen wird, je nach "den Umständen ihres Leibes, ihrer Seele und ihrer gantzen Person". Dementsprechend gebe es unterschiedliche Sichtweisen von derselben Sache und daraus folge, "dass Personen, die eine Sache von verschiedenen Sehe-Punckten ansehen, auch verschiedene Vorstellungen von der Sache haben müssen" (Chladenius 1969 [1742]: 185 ff.). Wie Wissenschaft betrieben wird, hängt demnach vom Standort des männlich gedachten Wissenschaftssubjekts ab, denn dass das Geschlecht ein wichtiges Kriterium im Prozess der Geschichtsschreibung bzw. Theoriebildung darstellt, war Chladenius noch entgangen. Erst Amalia Holst stellte dem männlichen einen weiblichen 'Sehe-Punckt' zur Seite. Dass sie sich in den von Männern geführten aufklärerischen Diskurs einmischte und dabei mit pädagogischen Autoritäten ihrer Zeit anlegte, begründete sie damit, dass Männer immer Partei für ihr eigenes Geschlecht ergriffen und Frauen selten die "gehörige Gerechtigkeit" widerfahren ließen (Holst 1984 [1802]: 15). Sie redete damit - wie schon Chladenius - einer Pluralität von 'Sehe-Punckten' das Wort, und ihre Schrift wäre somit eine Vorläuferin der sog. Standpunkttheorien, wie sie maßgeblich von Theoretikerinnen wie Sandra Harding entwickelt wurden. Standpunkttheorien gehen von zwei Prämissen aus, "erstens, daß die Identität des Erkenntnissubjektes und der Erkenntnisprozeß nicht getrennt voneinander gesehen werden können und zweitens, daß Erkenntnis auf theoretisierter Erfahrung beruht. Dementsprechend muß in hierarchisch gegliederten Gesellschaften diese Erkenntnis bei verschiedenen Erkenntnissubjekten notwendigerweise verschieden ausfallen" (Seifert 1992: 258). Damit wird die Idee eines universalen Begriffes der Wahrheit ebenso in Zweifel gezogen wie die Werte der Objektivität, der Beobachterneutralität und der Kontextunabhängigkeit. Letztendlich beruhen diese Vorstellungen "auf der Idee eines universalen Erkenntnissubjektes, das unabhängig von seiner sozialen und gesellschaftlichen Identität über Zeit und Raum hinweg zu den gleichen Erkenntnissen kommt" (ebd.: 263).

Standpunkttheorien haben dazu beigetragen, dass Frauen mittlerweile einen - wenn auch hart umkämpften - Aussageplatz errungen haben. Langfristig betrachtet führt aber das bloße Nebeneinanderstellen verschiedener Standpunkte in eine theoretische Sackgasse, denn woher wissen wir, dass das sog. andere, das weibliche Wissen nicht wie das als einseitig erkannte männliche Standpunktwissen nur einer bestimmten Subjektivität Vorrang einräumt? Standpunkttheorien begründen eine Artikulationsbeziehung zwischen Erfahrungen und Theorie. Wenn andere Erfahrungen zugrunde gelegt werden, lassen sich neue Fragestellungen, neue theoretische Ansätze und Methodologien entwickeln. Empirisch lassen sich diese anderen Erfahrungen von Frauen zwar belegen, theoretisch sind sie aber schwer zu fassen, da die Geschlechterdifferenz nicht erklärt, sondern implizit vorausgesetzt wird. Unberücksichtigt bleibt, dass sich die Zweigeschlechtlichkeit, nicht aus einem anthropologischen Grundtatbestand ergibt, sondern dass diese Differenz die Konstruktion einer Realität ist, die theoretisch auch von ganz anderen Unterscheidungen ausgehend konstruiert werden könnte.

Dass unser heutiges Verständnis von der Geschlechterpolarität kulturell geprägt und - historisch gesehen - relativ neu ist, lässt sich an einer wissenschaftshistorischen Studie aufzeigen. Thomas Laquer zufolge hat sich das 'Zwei-Geschlechter-Modell', die Auffassung, dass es zwei feststehende, nicht vergleichbare, gegensätzliche Geschlechter gibt, erst in der Aufklärung als vorherrschende Wissenschaftsmeinung durchgesetzt. In früheren Epochen wurde das 'Ein-Geschlecht-Modell' favorisiert, das die "geschlechtsspezifische Differenz als eine Sache gradueller Abweichungen und Abstufungen von einem männlichen Grundtypus" verstand (Laquer 1992: 18). Sex und gender waren so miteinander verflochten, dass die Zuflucht zu einem biologisch vorgestellten Substrat unmöglich war. Laquer betont ausdrücklich, dass sich der Wandel zum 'Zwei-Geschlechter-Modell' nicht mit dem Hinweis auf den wissenschaftlichen Fortschritt erklären lässt, da die Abhängigkeit von vorgängigen und sich verschiebenden erkenntnistheoretischen Grundlagen zu den Voraussetzungen naturwissenschaftlicher Forschungsarbeit gehört. Dazu ein Beispiel: Am Klassifikationssystem Carl von Linnés hat Londa Schiebinger aufgezeigt, wie und auf welchem Weg geschlechtliche Kategorien in die Zoologie eingeschleust wurden. Linnés Bezeichnung 'Mammalia' (Säugetiere) deutet Schiebinger als einen geschlechterpolitischen Akt, denn schließlich "bilden bei den Säugetieren die milchproduzierenden Brüste nur ein Merkmal unter anderen, was den europäischen Naturforschern des 18. Jahrhunderts auch allgemein bekannt war. Außerdem sind die Brüste nur bei der Hälfte dieser Tierklasse (nämlich den Weibchen) 'funktionstüchtig' und selbst dort nur für eine relativ kurze Zeit (während des Säugens) oder überhaupt nicht" (Schiebinger 1995: 68). Linné hätte einen geschlechtsneutraleren Terminus wählen können, wie erklärt sich demnach dieser Focus auf die milchgebenden Brüste? Die Einteilung entstand im Einklang mit wichtigen gesellschaftlichen Entwicklungen des 18. Jahrhunderts: mit der Erfindung der Mutterliebe und neuen Ideen über Kindererziehung. Große Bedeutung wurde dem Stillen zugemessen. Ärzte und Politiker engagierten sich im Kampf gegen die Ammentätigkeit. Linné, praktizierender Arzt und Vater von sieben Kindern, bezog 1752 mit einer Streitschrift gegen das 'Ammenunwesen' öffentlich Stellung.

Standpunkttheorien vermitteln demnach keine Erklärung der Kategorie Geschlecht selbst. Klarer werden lediglich "die Mechanismen, die in den Individuen wirken, um ihre Identität im Sinne dieser Kategorie zu formen" (Seifert 1992: 269) und damit Auswirkungen auf Erkenntnisinteressen, -perspektiven und -gewinn haben. Diese theoretische Leerstelle lässt sich durch (de)konstruktivistische Ansätze schließen. Begreift man Subjektivität als Produkt eines konstruktiven oder diskursiven Prozesses, erübrigt es sich nach der 'Natur' der Frau zu suchen, da jedes Verständnis von Natur gesellschaftlich hervorgebracht wird. Natur als eigenständige Realität, die der Kultur vorausgeht, gibt es nicht. Beide Kategorien bedingen einander wechselseitig, und Natur wird gleichzeitig mit Kultur in derselben diskursiven Bewegung erzeugt. Historisch gesehen gingen soziale Geschlechterdifferenzierungen den biologischen voraus. In der Deutung Laquers wird nicht nur das soziale, sondern auch das biologische Geschlecht inszeniert, da keine verbale oder visuelle Vorstellung von den 'Fakten' sexueller Differenz "unabhängig von vorgängigen Festlegungen hinsichtlich der Bedeutung derartiger Unterscheidungen" existiert (Laquer 1992: 83). Unser wissenschaftliches Interesse muss daher den Entstehungskontexten und den Produktionsbedingungen einer historisch wandelbaren Subjektivität gelten, so dass die Forschungsfragen für eine geschlechtertheoretische Allgemeine Pädagogik lauten: Wie konstruiert sich Geschlecht? Welche Konstruktionen von Weiblichkeiten und Männlichkeiten sind auffindbar? Wie sind diese Konstruktionen beschaffen und welche Funktionen erfüllen sie? Wie sind sie bildungstheoretisch gefasst, und wie werden sie bildungspolitisch, institutionell und curricular umgesetzt?

3. Schlussfolgerungen

Welchen Erkenntnisgewinn produziert die Geschlechterforschung für die Allgemeine Pädagogik? Traditionelle Bildungstheorien orientieren sich stillschweigend an dualen Geschlechterkonzeptionen und signalisieren damit einen wissenschaftlichen und gesellschaftlichen Ordnungsbedarf, dem gegenüber die Komplexität der Wirklichkeit als Unordnung, als Störung erscheint. Geschlechterstereotypen finden wir in allen pädagogischen Handlungsfeldern. Selbst Pädagoginnen, die explizit mit dem Anspruch auftreten, Mädchenförderung zu betreiben, sind vor der Verwendung derartiger Ordnungsstifter nicht gefeit. Zu häufig gehen sie davon aus, dass sie bereits wissen, was Mädchen und Jungen *sind* und sitzen damit Geschlechterzuschreibungen auf. In der pädagogischen Aus- und Weiterbildung gilt es ein Bewusstsein für das stillschweigende Verwenden dieser Ordnungsstifter zu wecken. An die Stelle des gesicherten gesellschaftlichen Wissens von der biologischen Eindeutigkeit und Unveränderlichkeit des Geschlechts und seiner sozialen Entsprechung muss die Überzeugung treten, dass Geschlecht keine statische Kategorie ist, sondern eine Variable, die zwischen historisch-gesellschaftlichen Zuweisungen und subjektiven Aneignungen Gestalt annimmt. Die zukünftige Aufgabe einer geschlechtertheoretischen Allgemeinen Pädagogik sehe ich vor allem darin, wissenschaftliche Grundannahmen zu hinterfragen und sich diesen Ordnungsbemühungen zu verweigern, da die theoretischen Konstrukte, mit denen versucht wird, das Geschlechterverhältnis zu fassen, die gleichen Prinzipien in Gang setzen, die Gudrun-Axeli Knapp "Auslöschung von Bedeutung" nennt. "Wir streben", so schreibt sie, "nach ,ungetrübter Klarheit", indem wir Prinzipien, Mechanismen, Modi, Funktionen, Strukturen, Gesetzmäßigkeiten aufsuchen und im Moment, da wir sie benennen, haben wir an Komplexität verloren.

Wir schaffen uns durch (hoffentlich) 'verständige Abstraktionen' (Marx) eine erklärende Ordnung, einen 'Ansatz' und implizit wissen wir, dass unsere Erklärung sich - auch wenn wir sie vorsichtig als Arbeitshypothese verwenden - dann immer schon zwischen uns und die Wahrnehmung von Komplexität stellt. Begriffliches Denken hebt ab von der Mannigfaltigkeit der Verhältnisse und subsumiert sie unter allgemeinere Bestimmungen." In der Begriffsbildung liegt "unweigerlich ein Moment der Zuspitzung, der Vereindeutigung, der Abstraktion" (Knapp 1987: 268f.), in der die Wirklichkeit von Männern und Frauen nicht aufgeht.

Das Absehen von der "Mannigfaltigkeit der Verhältnisse" ist nicht zu umgehen, wenn man nicht grundsätzlich auf Theorie als Erkenntnismittel verzichten will. Wie ist aber zu gewährleisten, dass die der Theorie zugrundeliegenden Analysekategorien realitätsgesättigt sind? Es gilt Differenzen auszuhalten, ohne sie zugleich polar und hierarchisch zu gewichten. Differenzen erzeugen Theoriedissonanz, ermöglichen aber auch theoretische Innovation. Entscheidend für den Umgang der Menschen miteinander sollten die individuellen Eigenschaften sein, die eine Person in sich vereinigt und die als solche weder männlich noch weiblich sind.

Literatur:

Beinzger, Dagmar 1999: Medienpädagogik: Pädagogische Reflexionen zum System der Zweigeschlechtlichkeit in den Medien. In: Rendtorff, Barbara/ Moser, Vera (Hrsg.): Geschlecht und Geschlechterverhältnisse in der Erziehungswissenschaft. Eine Einführung. Opladen: 201-222

Bock, Ulla/ Landweer, Hilge: Frauenforschungsprofessuren. Marginalisierung, Integration oder Transformation im Kanon der Wissenschaften. In: Feministische Studien, Jg. 12, Heft 1 (1994): 99-109

Böhme, Günther/ Tenorth, Heinz-Elmar 1990: Geschichte und Theorie Historischer Pädagogik. In: Böhme, Günther/ Tenorth, Heinz-Elmar: Einführung in die Historische Pädagogik. Darmstadt: 1-46

Chladenius, Johann Martin 1969 (1742): Einleitung zur richtigen Auslegung vernünftiger Reden und Schriften. Leipzig Neudruck Düsseldorf

Holst, Amalia 1984: Die Bestimmung des Weibes zur höheren Geistesbildung. Vorwort und Nachwort von Rahm, Bertha. Neudruck der Auflage von 1802, Zürich

Humboldt, Wilhelm von 1960: Plan einer vergleichenden Anthropologie. In: Humboldt, Wilhelm von: Schriften zur Anthropologie und Geschichte. Werke in fünf Bänden, Bd. 1. Darmstadt: 337-375

Jakobi, J. 1991: Wie allgemein ist die Allgemeine Pädagogik? Zum Geschlechterverhältnis in der wissenschaftlichen Pädagogik. In: Herzog, Walter/ Violi, Enrico (Hrsg.): Beschreiblich weiblich. Aspekte feministischer Wissenschaft und Wissenschaftskritik. Zürich: 193-206

Kaiserlich privilegierte Hamburgische Neue Zeitung, 34. Stück, 27. Februar 1802

Knab, Doris 1970: Mädchenbildung. In: Speck, Joseph/ Wehle, Gerhard: Handbuch pädagogischer Grundbegriffe, Bd. 2. München: 57 - 92

Knapp, Gudrun-Axeli 1987: Arbeitsteilung und Sozialisation. Konstellation von Arbeitsvermögen und Arbeitskraft im Lebenszusammenhang von Frauen. In: Beer, Ursula (Hrsg.): Klasse Geschlecht. Feministische Gesellschaftsanalyse und Wissenschaftskritik. Bielefeld: 236-273.

Langmaak, Kirsten/ Emmert, Sabine/ Hübner, Margret/ Klose, Christina/ Schmid,Pia/ Schulz, Brigitte/ Torra, Claudia 1994 (Hrsg.): Frauen im pädagogischen Diskurs. Eine interdisziplinäre Bibliographie 1988-1993. Frankfurt a. M.

Laquer, Thomas 1992: Auf den Leib geschrieben. Die Inszenierung der Geschlechter von der Antike bis Freud. Frankfurt a.M./ New York

Mayer Christine 1999: Bildungsentwürfe und die Konstruktion der Geschlechterverhältnisse zu Beginn der Moderne. In: Behm, Britta L./ Heinrichs, Gesa/ Thiedemann, Holger (Hrsg.): Das Geschlecht der Bildung - die Bildung der Geschlechter. Opladen (i. D.)

Müller, Ulla 1984: Gibt es eine "spezielle" Methode in der Frauenforschung? In: Methoden in der Frauenforschung. Hrsg. von der Zentraleinrichtung zur Förderung von Frauenstudien und Frauenforschung an der Freien Universität Berlin. Frankfurt a.M. 1984: 29-50

Schiebinger, Londa 1995: Am Busen der Natur. Erkenntnis und Geschlecht in den Anfängen der Wissenschaft. Stuttgart

Schulz, Brigitte u. a. 1989 (Hrsg.): Frauen im pädagogischen Diskurs. Eine interdisziplinäre Bibliographie 1984-1988. Frankfurt a. M.

Seifert, Ruth 1992: Entwicklungslinien und Probleme der feministischen Theoriebildung. Warum an der Rationalität kein Weg vorbeiführt. In: Knapp, Gudrun-Axeli/ Wetterer, Angelika (Hrsg.): Traditionen - Brüche. Entwicklungen feministischer Theorie. Freiburg: 255-287

Wobbe, Theresa 1988: Zwischen Verlautbarung und Verwaltung - Überlegungen zum institutionellen Kontext von Frauenforschung. In: Feministische Studien, Jg. 6, Heft 1 (1988): 124-128

Kulturelles Kapital und europäischer Integrationsprozess: die Diskussion um die kognitive Gesellschaft

Franz Hamburger

1. Einleitung

Die erst 35 Jahre dauernde Integration Europas stellt eine Erfolgsgeschichte dar. Die Beseitigung von Zollschranken und Kooperationshindernissen sowie der Aufbau europäischer politischer Institutionen haben Europa 50 Jahre nach dem letzten Weltkrieg tiefgreifend verändert. Dies bezieht sich vor allem auf Ökonomie und den gemeinsamen Markt. Die ökonomische Verflechtung bildete so lange das treibende Moment der Integration wie die politische ihre Entfaltung nicht behinderte. Für die Ökonomie wäre ein Staat Europa mit einem hohen Regulierungsgrad jedoch uninteressant gewesen. Deshalb musste in der Mitte der 80er Jahre umgesteuert werden: nur ein deregulierter europäischer Markt, auf dem die Staaten im Hinblick auf die Investitionsbedingungen miteinander konkurrieren, hat dem Kapital freie Hand gegeben (vgl. Ziltener 1999). Die Fesseln der nationalstaatlichen Ordnung sind im Binnenmarkt gesprengt, die Wirtschafts- und Währungsunion schafft günstige Bedingungen für die Entfaltung auf dem Weltmarkt, eine gemeinsame Außen- und Sicherheitspolitik soll den Ausdehnungsprozess absichern - bis hin zur autonomen EU-Militärintervention. Diese Logik setzt sich bis in die Personalplanung hinein durch: der Wechsel des Politikers Solana vom NATO-Generalsekretär zum Verantwortlichen für die EU-Aussenpolitik bringt dies sinnfällig zum Ausdruck.

Auch die Sozial- und Kulturpolitik haben im integrierten Europa eine neue Basis erhalten. Sie sind politisch-institutionell die Politikbereiche, die - nachdem sich auch die Innenpolitik durch das Schengener Abkommen in einem Transformationsprozess befindet - noch am stärksten vom Nationalstaat gesteuert werden, dessen Identität und Legitimation in hohem Maße auch von diesen Politikbereichen genährt werden. Denn noch kann Europa weder soziale Sicherheit noch Bildung für alle sichern. Es kann bisher nur die Chancen erweitern für diejenigen, die kulturelles Kapital erworben haben und das entstehende soziale Beziehungsnetz auf europäischer Ebene nutzen können. Weil im Hinblick auf den europäischen Verwertungs- und Entfaltungsraum aber die nationalstaatliche Steuerung der Hervorbringung von "Humanressourcen" nicht über eine angemessene Reichweite verfügt, wird Europa, also die EU, sozial- und bildungspolitisch aktiver als in der Vergangenheit. Die Verschränkung von Forschungs-, Technologieentwicklungs- und Bildungspolitik hat dabei strategische Bedeutung.

2. Sozial- und Bildungspolitik im Mehrebenensystem Europa

Im Bereich der Sozialpolitik hat diese Entwicklung zu einer neuen Struktur geführt. Im "Mehrebenenmodell" Europa ist Sozialpolitik auf der Ebene der Nationalstaaten verblieben, deren Handlungsbedingungen die europäische Politik und Ökonomie allerdings durch eingrenzende Imperative verschlechtert hat. Gleichzeitig hat auf europäischer Ebene eine erhebliche Machtverschiebung stattgefunden, insofern die ökonomischen Akteure die Anforderungen an die Politik formulieren, nicht demokratisch gewählte Parlamente. Die Organisationen der Arbeitnehmer und Verbraucher spielen dagegen eine untergeordnete Rolle. Auf der unterhalb des Nationalstaats liegenden Ebene verstärken sich gleichzeitig die regional definierten Interessen und Identifikationen, die sich gegen einen Ausgleich zwischen armen und reichen Regionen innerhalb der Staaten sowie Europas richten. Das Zusammenspiel von Prozessen auf drei Ebenen (die nach "oben" durch die Weltmarktebene, nach "unten" durch die lokale Dimension erweitert werden könnten) schafft also eine "Drucksituation" für Sozialpolitik und soziale Dienste, deren Ressourcen vermindert werden. Diese Entwicklung wird freilich auch auf europäischer Ebene erkannt und es werden Strategien der Gegensteuerung entwickelt. Insbesondere Strukturfondsmittel werden eingesetzt, um die sozialen Defizite der europäischen Integration zu kompensieren. Für die Sozialpädagogik bedeutsam ist in diesem Zusammenhang, dass die bisher von ihr bearbeiteten "Übergangsproblematiken" (Familie-Schule, Schule-Ausbildung, Ausbildung-Beruf, Beruf-Alter) sich in breite Problemzonen ausweiten. Diese Ausweitung kann man in biographischer Hinsicht oder in sozialräumlicher Perspektive betrachten. Für größere Gruppen von Individuen transformiert sich ein Übergang zu einer andauernden Leerstelle der Arbeitslosigkeit und Marginalisierung. Gleichzeitig prägen sich solche Prozesse in den Regionen Europas in unterschiedlicher Massenhaftigkeit aus. Es ist evident, dass sie auch sozialstrukturell und nach ethnischen Zuordnungskriterien differenziert sind. Ob zwischen Bildungssystem und Beschäftigungssystem ein europäisches Sozialsystem mit Qualifizierungs- und Beschäftigungsfunktionen sowie Aufbewahrungs- und Motivierungsaufgaben aufgebaut werden kann, ist die europäische Frage der Zukunft.

Im Mai 1998 hat die Europäische Kommission drei Vorschläge von Parlament und Rat angenommen, die für die weitere europäische Entwicklung und die Art der Integration bedeutungsvoll sind. Es geht um die mittelfristige Verlängerung und Profilierung der Programme: Sokrates, Leonardo da Vinci und ein neu akzentuiertes Jugendprogramm. Diese drei Programme dienen einem gemeinsamen Ziel, der Schaffung eines europäischen Bildungsraumes. Dieser Bildungsraum wird programmatisch als "Europa des Wissens" bezeichnet. Im Weißbuch zur "kognitiven Gesellschaft", auf das ich noch zu sprechen komme, hat dieses Europa des Wissens eine erste Grundlage erhalten. Das "Europa des Wissens" beruht also auf einer weitreichenden Annahme, dass wir uns im Übergang von einer Arbeits- zu einer Wissensgesellschaft befinden. Die europäische Politik, die zunehmend versucht, die praktischen Konsequenzen aus dieser Annahme zu formulieren und umzusetzen, wird dabei auch die Mechanismen der sozialen Zugehörigkeit und Ausgliederung modifizieren. Auch werden die Legitimationsgrundlagen, also die Argumente zur Rechtfertigung von Teilhabe und Nicht-Teilhabe, verändert werden. Dabei ist nicht nur eine einfache Entwicklungstendenz zu erwarten, dass nämlich alle höher Gebildeten ihre Chancen auch auf europäischer Ebene verbessern können; es gibt auch Versuche und wird es weiter geben, die sozialen Ausgrenzungen, die durch unterschiedliche Teilhabe an Bildung hervorgerufen werden, abzumildern oder ihnen entgegenzusteuern. Die Grundstruktur wird vermutlich die Folgende sein: Der Übergang von der Arbeits- zur Wissensgesellschaft entwertet alle Qualifikationen, die nicht Ergebnis von Bildungsprozessen sind. Die durch Bildung vermittelten Unterschiede werden verstärkt. Kulturelles Kapital wird noch wichtiger als im Nationalstaat, beispielsweise als Mehrsprachigkeit. Um dieser Dynamik nicht freie Bahn zu geben - in der Realität und in der Legitimation der Gesellschaft - werden Gegenprojekte organisiert. Diese können den Mainstream aber nur begleiten, jedoch nicht aufhalten.

3. Europäische Politik des Wissens

Zunächst aber zu den Programmen einer "integrierten Politik des Wissens". Sie reduzieren die Vielfalt der bisherigen Förderpolitik auf bewährte Prinzipien:
- Reale und virtuelle Mobilität von Lehrenden und Lernenden.
- Entwicklung der Netzwerke zur internationalen Kooperation und die Verknüpfung aller Informationssysteme mit der europäischen Ebene.
- Förderung von Innovation durch Pilotprojekte.
- Förderung der kulturellen und sprachlichen Kompetenzen.
- Vernetzung aller Anstrengungen in "europäischen Wissenszentren" auf lokalem oder regionalem Niveau.

Das Programm Leonardo da Vinci wird sich weiterhin auf die Berufsbildung beziehen und drei Ziele verfolgen:
- Soziale und berufliche Ausbildung der Jugendlichen durch alternierende Ausbildung und Lehre,
- lebenslange Weiterbildung und
- berufliche Eingliederung für Bevölkerungsgruppen in prekären Verhältnissen.

Das Sokrates-Programm wurde schon in der Phase I, von der Hochschulbildung ausgehend, auf die gesamte Schul- und Erwachsenenbildung, auf offenen und Fern-Unterricht ausgedehnt. Jetzt werden vier Ziele gesetzt:
- Verstärkung der europäischen Dimension der Bildung auf allen Ebenen,

- Förderung der europäischen Kooperation auf allen Sektoren,
- Ausbau des Informations- und Erfahrungsaustausches und
- Ermutigung von Innovationen.

Gerade in diesem Programm soll die Absicht der praktischen Regionalisierung des Europabezugs, also direkt zwischen der lokalen und europäischen Ebene die Wirkungsrelation herzustellen, zum Zuge kommen. Dies wird sich möglicherweise als kluger, aber auch umstrittener Schachzug herausstellen, die nationale Steuerung des Bildungswesens auszuhebeln, zumindest zu relativieren. Diese Strategie wird insbesondere dann erfolgreich sein, wenn sich ein partikulares Interesse, das sich allein auf der Ebene des Nationalstaats nicht durchsetzen kann, der Strategien der EU-Ebene bedient. Ein vergleichbarer Vorgang liegt in der Hochschulpolitik vor: Die Einführung von Kurzzeitstudiengängen ist in Deutschland politisch nicht durchsetzbar gewesen. Mit dem Verweis auf internationale Konkurrenzfähigkeit - dem alles erschlagenden Argumentationshammer - wurden im Hochschulrahmengesetz B.A.-Studiengänge eingeführt, obwohl sich Konkurrenzfähigkeit gerade nicht durch die Absolventen von Kurzzeitstudiengängen einstellt.

Das neue Programm "Jugend" transformiert die bisherige "Gemeinschaftsinitiative" "Jugend für Europa" in ein ordentliches europäisches Programm. Die bisherigen Schwerpunkte

- Europäischer Freiwilligendienst,
- Jugendaustausch und
- Förderung von Initiativen der Jugendlichen selbst

sollen fortgesetzt, durch begleitende Maßnahmen weiterentwickelt und vertieft werden. Auch sollen sie mit den Programmen des formellen Bildungs- und Berufsbildungssystems vernetzt werden. Diese drei Programme setzen einerseits schon länger bestehende Aktivitäten fort. Andererseits sind sie durch das Weißbuch "Lehren und Lernen: auf dem Weg zur kognitiven Gesellschaft" neu systematisiert und in einen größeren Zusammenhang gestellt worden.

4. Weißbuch zur "kognitiven Gesellschaft"

In Fragen der allgemeinen und beruflichen Bildung ist nach dem Maastricht-Vertrag die Bedeutung der EU auf Unterstützung und Ergänzung der Maßnahmen der Mitgliedstaaten ausdrücklich begrenzt. Die Kommission nutzt dennoch den verbliebenen Handlungsspielraum und entwickelt konzeptionelle Überlegungen, die sich im Überschneidungsbereich von Arbeitsmarkt-, Bildungs- und Jugendpolitik bewegen. Im Weißbuch "Lehren und Lernen" geht die Kommission von folgendem Zusammenhang aus: "Die derzeit stattfindenden Wandlungsprozesse verbessern die Möglichkeiten des einzelnen, Zugang zur Information und zum Wissen zu erlangen. Gleichzeitig aber bringen diese

Erscheinungen eine Veränderung der erforderlichen Kenntnisse und Fertigkeiten und der Arbeitssysteme mit sich, die eine umfassende Anpassung erforderlich machen. Für alle erhöht diese Entwicklung das Gefühl der Unsicherheit. Für manche hat sie zu unannehmbaren Ausgrenzungssituationen geführt. Die Stellung des einzelnen innerhalb der gesellschaftlichen Beziehungen wird zunehmend von angeeignetem Wissen bestimmt" (Europäische Kommission 1996: 5). Diese Prozesse moderner Gesellschaften werden durch drei "große Umwälzungen" beschleunigt: die Globalisierung des Wirtschaftsaustausches, die Informationsgesellschaft und die wissenschaftlich-technische Revolution. Die damit verbundenen Herausforderungen sollen durch eine Stärkung der Allgemeinbildung und zugleich der "Eignung zur Beschäftigung und zur Erwerbstätigkeit" bewältigt werden. In der "Agenda 2000" werden diese Analysen weiter verdichtet, um Notwendigkeit und Umfang der Strukturfonds für die Weiterentwicklung der Humanressourcen zu begründen. Gleichzeitig werden die regionalpolitischen Zielsetzungen reduziert, und die Schwerpunkte der Strukturpolitik verlagern sich vom alten "Sozial"-fonds hin auf allgemeine Qualifikationspolitik (vgl. Europäische Kommission 1997a). Der Vergleich der Bildungsausgaben in Europa mit denen Japans und der USA rückt stärker in den Vordergrund; tendenziell wird aus dem Sozialfonds ein Qualifikationsfonds. Die regionalpolitischen Zielsetzungen werden ganz strategisch der Kohäsionspolitik untergeordnet und der Wettbewerbsfähigkeit auf dem Weltmarkt. Mit der teilweisen Neuordnung durch die "Agenda 2000" profitieren dann vor allem die europäischen Zentralstaaten, weil sie im Hinblick auf Ressourcenmobilisierung ebenfalls Förderbedarf haben. Für den Aufbau der "kognitiven Gesellschaft", einer Gesellschaft, in der das Wissen zur wichtigsten Produktivkraft wird, werden fünf Ziele formuliert:

1. In "Zentren für Wissensressourcen" sollen neue Kenntnisse erworben werden, wobei neue und wichtige Wissensbereiche definiert, validiert und europaweit anerkannt werden; dabei sollen neue Formen der Anerkennung von Kompetenzen entwickelt werden.

2. Schulen und Unternehmen sollen aneinander angenähert werden.

3. Die Ausgrenzung muss bekämpft werden, wobei die Einrichtungen einer "zweiten Chance" und die freiwilligen Dienste in Europa als Konkretisierung genannt werden.

4. Jeder Europäer soll drei Gemeinschaftssprachen beherrschen - Einrichtung von "Europäischen Klassen".

5. Materielle und berufsbildungsspezifische Investitionen sollen gleich behandelt werden - Investitionen in Humankapital sollen steuerlich ebenso entlastet werden wie Investitionen in Produktionskapital.

Das dritte Ziel kann als ein spezifisch sozialpädagogisches im Sinne einer institutionellen Zuordnung verstanden werden. Es wird im Weißbuch in den Zusammenhang der beruflichen Integration und vor allem Reintegration gestellt, die durch Programme der EU, beispielsweise Strukturfonds und Gemeinschaftsinitiativen, schon gefördert werden. Die Vermeidung von Marginalisierung wird als gesellschaftliches und die Stärkung eines "Zugehörigkeitsgefühls" wird als psychologisches Ziel gesetzt. Zu deren Erreichen werden zwei ganz unterschiedliche Maßnahmen vorgeschlagen. Die erste bezieht sich auf die Einrichtung von Schulen "der zweiten Chance": "Die Idee ist simpel: Den Jugendlichen, die vom Bildungssystem ausgeschlossen wurden oder zu werden drohen, wird optimale Ausbildung und Betreuung angeboten, um ihr Selbstvertrauen zu stärken" (Europäische Kommission 1996: 67). Als "Schulen der zweiten Chance" werden Einrichtungen verstanden, die in sozialen Problemgebieten die lokal/ regional vorhandenen Ressourcen aktivieren und bündeln, besonders gut ausgestattet werden zur Kompensation der jeweiligen Umfeldbedingungen und in einer zeitlichen Verdichtung nachholendes Lernen ermöglichen. Als Vorbild werden die amerikanischen "Intensivschulen" (accelerated schools) und die israelischen Jugendgemeinschaften von "Algat Hanoar" genannt. Der weitreichende Anspruch des Modells der "zweiten Chance" wird unübersehbar herausgearbeitet: Durch die Neuausrichtung der Schulen in den großstädtischen Problemgebieten mit einem hohen Migrantenanteil oder die Schaffung neuer Bildungsstätten soll die (Wieder-)Eingliederung der besonders Benachteiligten erreicht werden, wobei die am besten qualifizierten und bezahlten (!) Lehrer herangezogen werden und kleine Klassen bzw. Gruppen gebildet werden sollen.

Während der zweite Schwerpunkt - Förderung der freiwilligen Dienste in Europa - schon in Programmen wie "Jugend für Europa" oder "Youth Start" in bescheidenem Umfang gefördert und wegen der allgemein als wünschenswert geltenden Unterstützung altruistischer Motivationen als unproblematisch angesehen wird, wurde die "zweite Chance" intensiver diskutiert (vgl. Europäische Kommission o. J.). Dabei zeigte sich, dass ein europäisches Programm sowohl an nationalstaatliche Traditionen anschließen kann, präventive Konzepte wichtiger wären als rehabilitative und der finanzielle Rahmen einer relevanten Umsetzung unüberschaubar wird. Bei genauerer Betrachtung zeigt sich beispielsweise in Deutschland, dass sowohl die bildungspolitische Umstellung auf ein Gesamtschulsystem, der Einbau präventiver Fördermaßnahmen in großstädtischen Hauptschulen, die Kooperation von Jugendhilfe und Schule und der Aufbau eines eigenständigen und intermediären Sektors zwischen Bildungssystem, Berufsbildungs- und Ausbildungssystem sowie dem Arbeitsmarkt möglich und punktuell realisiert ist. Gerade die aus Initiativen hervorgegangenen, mischfinanzierten und kooperativ gesteuerten (Kammern, Wohlfahrtsverbände und Initiativen, Kommunalverwaltungen und Schulen) und häufig schon von der EU mitfinanzierten Projekte der Jugendberufshilfe stellen eine gelungene "zweite Chance" dar (vgl. Hamburger o.J.; Robert Bosch Stiftung 1995). Auch ist auf den Berufsbildungserfolg der Heimerziehung hinzuweisen (Bürger 1990).

Mit dem Ziel 3 hat das Weißbuch eine jugendhilfepolitische Diskussion auf europäischer Ebene fortgesetzt, die bisher begrenzt war auf Gemeinschaftsinitiativen. Diese Diskussion trägt dem Umstand Rechnung, dass der offene und zunehmend breiter werdende Sektor zwischen Bildungs- und Beschäftigungssystem auch europäisch gestaltend bearbeitet werden muss. In den Regionen mit hoher Jugendarbeitslosigkeit ist dieser Sektor schon zur "Systemfrage" geworden.

5. Bericht "Europa verwirklichen"

Da die Europäische Kommission weitsichtig und strategisch reflektiert vorgeht, hat sie gleichzeitig mit der Verabschiedung des Weißbuchs zur "kognitiven Gesellschaft" eine Studiengruppe gebildet, die an einer ersten Vertiefung des im Weißbuch skizzierten Programms gearbeitet hat. Sie eröffnet ihren Bericht mit dem Satz: "Wenn Europa seinen Weg in die Zukunft fortsetzen will, muss es weitere wirtschaftliche und politische Fortschritte erzielen und seiner Jugend einen 'europäischen Traum' anbieten. Auf dieses Ziel, das den Zusammenhalt fördert, müssen Bildung und Ausbildung ihre Kräfte ausrichten" (Europäische Kommission 1997b: 15). Im Unterschied zu den Dokumenten der Kommission selbst nimmt die Studiengruppe ihren Ausgangspunkt bei europäischen Bürgerrechten. Doch werden diese Rechte nicht als solche begründet, sondern als notwendig für das Erreichen ökonomischer und politischer Ziele legitimiert. Sozial- und Bildungspolitik stehen weiterhin in einem subsidiären Verhältnis zur europäischen Wettbewerbsfähigkeit. Auf den gerade bei der Realisierung des Binnenmarktes wachsenden Legitimationsverlust soll Europa durch Neuorientierung von Bildung und Ausbildung reagieren. Die teilweise desolate Lebenslage von Jugendlichen soll mit einer weitreichenden Perspektive überwunden werden, dem "europäischen Traum". So wie bei der Entstehung des Nationalstaats aus Kleinstaaten "die Nation" als Identifikationssymbol aufgebaut wurde und gerade die Energien der tatsächlich von Ausgrenzung und Marginalisierung Bedrohten sich auf dieses Symbol positiv richten sollten, wird die europäische Identität als "einzigartige Idee" stilisiert. Daneben gibt es aber profanere Vorstellungen, die sich insbesondere auf die ökonomische Konkurrenzfähigkeit konzentrieren: "Es wird heute weit unterschätzt, in welchem Maße die europäische Wettbewerbsfähigkeit bedroht ist" (Europäische Kommission 1997b: 20). Die Erschließung aller Humanressourcen, die bessere Nutzung der Informationstechnologien, die Einrichtung umfassender Evaluationssysteme im Bildungsbereich, die Verschränkung von allgemeiner und beruflicher Bildung und weitere Aufgaben stehen in diesem Zusammenhang. Den sozialpolitischen Begründungen und der Orientierung an der Gleichberechtigung der Geschlechter und demokratischer Chancengleichheit kommt vor allem die Aufgabe zu, den sozialen Zusammenhalt zu sichern. "Um voranzukommen, muß Europa sein ganzes menschliches Potential mobilisieren: sowohl die Jugendlichen als auch die Erwachsenen, die sich bilden wollen. Sie darf die Entwicklung der Talente und der Qualifikationen seiner gesamten Bevölkerung nicht kurzfristigen Interessen opfern. Das neue technologische und wirtschaftliche Modell, das sich heute verbreitet, wird langfristig keine Unterstützung finden, wenn es als sozial ungerecht erlebt wird" (Europäische Kommission 1997b: 24). Die Denkschrift der Studiengruppe geht rhetorisch durchaus über die seit dem Weißbuch 1994 dominante Wettbewerbsorientierung hinaus und hält an der Demokratisierung des Bildungswesens fest. Diese Orientierung wird aber wieder auf das europäische Zweigestirn von Wettbewerbsfähigkeit und "europäischem Traum" ausgerichtet.

6. Zusammenfassung

Ich habe meinen Beitrag dazu verwendet, die neuen europäischen Programme darzustellen, um damit die Logik der europäischen Entwicklung und die Schwerpunkte der europäischen Politik zu kennzeichnen. Die diesen Programmen zugrundeliegenden Annahmen möchte ich folgendermaßen charakterisieren:

1. Mehrebenenmodell: Die europäische Politik setzt den Nationalstaat voraus und sie stärkt die Ebene der Region. Gleichzeitig soll der Wettbewerb auch zwischen den politischen Akteuren forciert werden. Marktprinzipien gelten zunehmend auch für Politik, Kultur und Bildung.

2. Die europäische Ebene bleibt eine schmale Direktionsebene, die Prinzipien formuliert. Auf dieser Ebene können zwei Akteure optimal handeln: ein Ausschuss der Regierungen, also der Europäische Rat und die Europäische Kommission, und die Spitzen der europäischen Konzerne. Diese Akteure sind mobil und kaum an das Parlament, noch gar nicht an eine europäische Verfassung rückgebunden. Deshalb wird deren Ausarbeitung und Verabschiedung immer wichtiger.

3. Die europäische Ebene muss vor allem Identifikationen herstellen: positive mit dem "Traum" von Europa und negativ motivierte mit der Bedrohung durch die Welt. Diese Motivationsstruktur ist gut geeignet, Bildungsanstrengungen hervorzubringen. Andererseits verschärft sich die Tendenz, dass ganze Bevölkerungsgruppen von "Europa" abgekoppelt werden.

4. Regionalisierung ist für die europäische Politik die Chance, überschaubare Identitäten direkt mit Europa in Verbindung zu bringen und sich am Nationalstaat vorbei politische Loyalität zu sichern.

5. Sozialpolitik bleibt eine Zentralaufgabe der Nationalstaaten. Die europäische Ebene konzentriert sich auf Äquivalenzfragen im Falle von Mobilität der Arbeitskräfte und Dienstleistungen und auf Sicherung des Wettbewerbs.

6. Die kognitive Gesellschaft wertet das kulturelle Kapital auf und entwertet soziales und ökonomisches Kapital. Die an Bildung gebundenen Chancen

bestimmen noch stärker als in der Vergangenheit und Gegenwart die Teilhabe an den gesellschaftlichen Gütern.

7. Kognitive Gesellschaft braucht vor allem drei Qualifikationen: 1. Wissen und Flexibilität in seiner Organisation; 2. Fähigkeit zum Arbeiten mit objektivierten Wissensformationen (Datenbanken, Computer, Recherchesystemen); 3. Fähigkeit zur sozialen Organisation des Wissens zwischen Menschen und zwischen Menschen und Computern. Auf europäischer Ebene ist dies mit Mehrsprachigkeit verbunden.

8. Die europäische Politik forciert diese Form der Modernisierung durch Förderung der Forschung (Informationstechnologien), durch Internationalisierung des ökonomischen Systems, durch Europäisierung des Bildungssystems. Gleichzeitig bearbeitet sie kompensatorisch die sozialen Folgen dieser Politik durch exemplarische Projekte. Faktisch aber bildet sie eine neue europäische Herrschaftskaste heraus.

9. Die europäische Bildungspolitik entwickelt methodologisch eine eigene Logik, die man als sozialpädagogische bezeichnen kann. Sie forciert nämlich nicht eine Schulpolitik, in der Lernen als segregiertes konzipiert ist. Die Zentren des Wissenserwerbs sollen dagegen nicht nur informalisiert sein, sondern allgemeines und berufliches, technologiebezogenes und soziales motivationserzeugendes und kreatives Lernen verknüpfen. Die Emphase der Bildungsreformdiskussion entwickelt sich auch auf der europäischen Ebene: Lernen soll eng mit mobilisierenden Lebenszielen verbunden sein, dem "Traum von Europa".

10. Die strategischen Ansätze der Humanressourcenpolitik beziehen sich auf drei Strukturmerkmale: Einerseits zielt die Reform auf die Struktur des gesamten Bildungssystems; dem können die Ziele 1 (Aneignung neuer Kenntnisse) 2 (Schulen und Unternehmen sollen sich annähern) und 5 (Gleichstellung materieller und bildungsinfrastruktureller Investitionen) zugeordnet werden. Andererseits sollen die Kerne/ Zentren der europäischen Entwicklung gefördert werden, wo am Puls der technologischen Entwicklung europäisch vernetzt gelernt wird (Ziel 4: Jeder soll drei Gemeinschaftssprachen beherrschen). Diesem Schwerpunkt kann man den Modus der "aktiven Europäisierung" zuordnen. Schließlich gibt es den Sektor der sozialen Marginalisierung der Modernisierungsverlierer. Diesem Feld kann man den Modus der "passiven Europäisierung" zuordnen bzw. das Ziel 3 (Die Ausgrenzung muss begrenzt werden). Die Verteilung der staatlichen Ressourcen auf die verschiedenen Schwerpunkte einer europäischen "Politik des kulturellen Kapitals" wird zu einer der wichtigsten Fragen der europäischen Zukunft. Wie die Frage entschieden wird, entscheidet sich im europäischen Massenkampf.

7. Literatur

Bürger, Ulrich 1990: Heimerziehung und soziale Teilnahmechancen. Eine empirische Untersuchung zum Erfolg öffentlicher Erziehung. Pfaffenweiler

Europäische Kommission 1997a: Agenda 2000 - Band I: Eine stärkere und erweiterte Union. DOC/97/6. Brüssel

Europäische Kommission 1997b: Bericht der Studiengruppe Allgemeine und Berufliche Bildung - Europa verwirklichen durch die allgemeine und berufliche Bildung. Luxemburg

Europäische Kommission o. J.: Debatten über die kognitive Gesellschaft. Arbeitsdokument über die thematischen Konferenzen im Anschluß an das Weißbuch "Lehren und Lernen - auf dem Weg zur kognitiven Gesellschaft". Brüssel

Europäische Kommission 1996: Weißbuch zur allgemeinen und beruflichen Bildung. Lehren und Lernen. Auf dem Weg zur kognitiven Gesellschaft. Luxemburg

Hamburger, Franz: Integration trotz Differenzierung. In: Europäische Kommission o. J.: 66-71

Robert Bosch Stiftung (Hrsg.) 1995: Jugendhilfe und Arbeitsförderung, Bd. 2: Vom Beschäftigungsprojekt zum Berufshilfebetrieb. Gerlingen

Ziltener, Patrick 1999: Strukturwandel der europäischen Integration. Die Europäische Union und die Veränderung von Staatlichkeit. Münster

Erziehungswissenschaftliche Reflexionen über den Widerspruch von "monolingualem" Unterricht und "multilingualer" Realität

Ingrid Gogolin

Vorbemerkung

Dieser Beitrag wurde angeregt durch eine studentische Initiative, deren Anlass die Sorge um den Erhalt und die Pflege erziehungswissenschaftlicher Ausbildungsgänge ist. Dieser Initiative ist Anerkennung und Respekt auszusprechen; eine Möglichkeit, sie zu stützen, ist das Angebot von Argumenten, die Sinn und Bedeutung einer fundierten erziehungswissenschaftlichen Ausbildung untermauern. Dem soll dieser Beitrag dienen.

Im ersten Abschnitt des Textes wird ein Szenarium vorgestellt, das die Bildung und Erziehung in modernen, komplexen Gesellschaften unweigerlich rahmt - also nicht nur, aber auch in der Bundesrepublik Deutschland. Der zweite Abschnitt gilt einigen Überlegungen darüber, was - eingedenk dieses Szenariums - eine pädagogische Tätigkeit ausmacht. Einige abschließende Überlegungen gelten der These, dass die Erziehungswissenschaft als Disziplin prädestiniert ist, auf Ansprüche zu reagieren, die an pädagogische Tätigkeit in (unter anderem: ethnisch und sprachlich) pluralen Gesellschaften zu stellen sind.

1. Migrationsgesellschaft - ein Szenarium

Zur politischen Kultur der Bundesrepublik Deutschland gehören einige Grundwidersprüche zwischen offiziellen politischen Ideologien und diesen angepassten öffentlich geäußerten Doktrinen einerseits, der gesellschaftlichen Realität in diesem Land auf der anderen Seite. Zu den herausragenden Beispielen hierfür zählt die seit Jahrzehnten gepflegte Redeweise "Die Bundesrepublik ist kein Einwanderungsland." Diese Redeweise spielt auf ein Selbstverständnis an, das seinen Ausdruck in einer Rechtslage und praktischen Politik findet, durch die eine fundamentale Ungleichberechtigung in die Bevölkerung des deutschen Staates eingeführt wurde. Die Menschen, die hier leben, werden geschieden in "Inländer" und "Ausländer"; dies besitzt gravierende Konsequenzen in allen möglichen Dimensionen - für das Selbstgefühl ebenso wie für das alltägliche Leben. Durch den Gebrauch des "ist" - "die BRD *ist* kein Einwanderungsland" - mutiert der Sinn des Satzes: Er drückt nicht mehr staatliches Selbstverständnis aus, sondern er will suggerieren, dass ein Fak-

117

tum ausgesprochen werde. Somit ist der Grundwiderspruch eröffnet, denn dass die Bundesrepublik Deutschland de facto ein Einwanderungsland ist, weil Zuwanderung in großem Stile stattgefunden hat und jenseits aller denkbaren Restriktionen weiter stattfinden wird, kann niemandem verborgen bleiben.

Die Erziehungswissenschaft und die praktische Pädagogik gehören zu den gesellschaftlichen Feldern, in denen dieser Grundwiderspruch nicht nur auszuhalten ist, sondern aus denen heraus überdies Lösungen verlangt werden, die jeden Tag und ad hoc greifen. In der Praxis von Bildung und Erziehung heute kann man sich dem Anspruch, sich mit den Konsequenzen des Aufwachsens und Lebens in Migrationsgesellschaften zu befassen, nur noch mit Mühe entziehen - auf dem Lande vielleicht leichter als in städtischen Räumen. Die Frage, wie diese Konsequenzen beschaffen sind, lässt sich anhand der Betrachtung der Lebenslagen von Kindern und Jugendlichen gut illustrieren, die aus zugewanderten Familien stammen. In den alltäglichen lebenspraktischen Anforderungen, die sie zu erfüllen haben, machen sich Folgen der unterschiedlichen Staats-, Sprach- oder Kulturangehörigkeit der Menschen auf einem Territorium besonders deutlich bemerkbar.

In Beschreibungen solcher Lebenslagen findet sich häufig die Vorstellung von beständigen, kohärenten, stabilen Gemeinschaften, die von zugewanderten Menschen aus einem Herkunftsgebiet im Einwanderungsland gebildet würden; dies verschafft sich in Metaphern wie "Die Türken in Deutschland" Ausdruck. Die Konstruktion von Minoritäten nach diesem Verständnis besteht komplementär zur Konstruktion einer Majorität; beide werden aufgefasst als klar eingrenzbare und eindeutig voneinander abgrenzbare Menschengruppen in einer Staatsgesellschaft. Diese Vorstellung jedoch ist weder theoretisch schlüssig noch empirisch haltbar; das haben die Migrationsforschung allgemein und die erziehungswissenschaftliche Migrationsforschung speziell unzweifelhaft ergeben (vgl. einige Ergebnisse dieser Forschung in Gogolin/ Nauck 1999).

In dieser Vorstellung bricht sich vielmehr eine historisch überkommene Sichtweise Bahn, die nichts mit empirisch vorfindlichen Gegebenheiten zu tun hat. Sie ist auf der Basis einer holistischen, organizistischen Auffassung von "Kultur" und "Ethnizität" entstanden, die aus der Tradition des Nationverständnisses stammt, welches für den deutschen Sprachraum besonders in der zweiten Hälfte des 19. Jahrhunderts entwickelt wurde. Nach diesem Verständnis wäre der einzelne Mensch nicht nur mit Haut und Haar, sondern auch mit allen seinen Empfindungs- und Ausdrucksmöglichkeiten mit "seiner" Ethnie - seinem Volk, seiner Kultur, seiner "Muttersprache" - verwachsen; er wäre in seiner individuellen Entwicklung untrennbar an die Ethnie gebunden: in Lebensart und Geschmack, in kollektivem Gedächtnis, in Anschauungen und Werthaltungen, in seinen Auffassungen und Ausdrucksweisen (vgl. z.B. Assmann 1993; zum sprachlichen Aspekt: Gogolin 1998 und dort angegebene Literatur). Dieses Konzept, in dessen Tradition wir alle stehen, findet seinen höchsten Ausdruck darin, dass das Empfinden der Zugehörigkeit zu einer ethnisch begründeten Nation zum Repertoire des natürlichen, dem Menschen quasi angeborenen Gefühlshaushalts gerechnet wird. Konsequenterweise wird es heutzutage gelegentlich der Unterdrückung dieser Gefühle angelastet, wenn sich der Hass auf Andere - "Ausländer" - in gewaltsamen Aktionen Bahn bricht. Dies jedenfalls ist eine der geläufigen Argumentationsfiguren, die, auch von Seiten Wohlmeinender, bei Versuchen der Erklärung von rassistisch motivierten Gewalttaten in der Bundesrepublik Deutschland bemüht werden.

Das so angedeutete Verständnis ist zwar sowohl in wissenschaftlichen Zusammenhängen als auch in Alltagstheorien weit verbreitet und unterliegt mancher politischen Praktik - aber es ist dennoch unangemessen. Geht man nicht von historisch überkommenen Mythen, sondern von Beobachtung und Analyse konkreter Lebenspraxis in den Industriegesellschaften aus, so wird ein anderes Verständnis gewonnen. Es geht dann um den Versuch, die Vielschichtigkeit und Dynamik von Sachverhalten, Praxisformen und Empfindungen zu erfassen, die in den - unter anderem in ethnisch-kultureller Hinsicht - pluralen Gesellschaften existieren. Einen solchen Ansatz vertritt die Interkulturelle Erziehungswissenschaft.

Um die Vorgehensweisen der Interkulturellen Erziehungswissenschaft zu illustrieren, beziehe ich mich auf Studien zur Sozialisations- und Bildungsforschung, die den Anspruch haben, ein tiefes Verständnis von der komplexen Lebenslage von Jugendlichen in ethnisch pluralen Großstädten zu gewinnen (vgl. z.B. Hewitt, 1986, 1998; Rampton 1995; Auer/ Dirim 1999; Dannenbeck/ Eßer/ Lösch 1999). Als Ausgangspunkt des Interesses gilt in diesen Studien die Schwierigkeit, theoretische Erklärungen für im Alltag ebenso wie in der Feldforschung wiederkehrende Beobachtungen wie die folgende zu finden: dass es zwischen "schwarzen" und "weißen" Jugendlichen langjährige, enge Freundschaften, beste Nachbarschaftsbeziehungen geben kann, aber zur gleichen Zeit auch rassistische Feindseligkeit - die manchmal durchaus an demselben Ort, unter denselben Menschen zum Ausbruch kommt.

Was hieran widersprüchlich, wenn nicht paradox anmuten mag, kann nach dem oben angedeuteten nicht akzeptablen Verständnis nur als Ausdruck von Pathologien verstanden werden; ein "Rassist" ist man demnach, oder man ist es nicht. Das scheinbar Widersprüchliche wird jedoch als "Normalität" zugänglich, wenn das Feld ethnisch-kultureller Erfahrung nicht als prinzipiell homogen und konsistent begriffen wird, sondern als komplexe Struktur vielfach nebeneinander bestehender, teilweise sich überlagernder, in steter Veränderung begriffener "bedeutungsvoller" Zeichen und Institutionen, die für den einzelnen Menschen wechselnde Relevanz besitzen. Um die Lebenssituation in ethnisch pluralen, besonders in städtischen Gesellschaften zu beschreiben, benutzte Roger Hewitt die Metapher, sie sei wie ein "flüssiges Chaos" gestaltet: Offensichtlich bestehen je für sich kohärente "kulturelle Szenen", die voneinander abgrenzbar sind, sich aber zugleich überlappen, überlagern -

119

und alle "irgendwie denselben Raum ausfüllen". Das Aufwachsen und Leben in solchem Kontext verlangt dem Individuum höchst komplexe Orientierungsleistungen ab, aber es verleiht auch die Möglichkeit von Wahl und Wechsel zwischen den "kulturellen Fragmenten" seiner Erfahrung, was einschließt, dass ganz neue Formen aus den vorherigen geschaffen werden. Als Zeichen für solche Modi von Wahrnehmung, Verarbeitung und Praxis lassen sich beispielsweise die dynamischen Jugend(sub)kulturen lesen, in deren Formensprache ohne weiteres sehr widersprüchlich anmutende Elemente auftauchen und miteinander im Einklang sein können - man denke an "Skins gegen Rechts".

Es ist demnach kein Antagonismus, wenn beobachtet wird, dass Jugendliche mit dem familiären Hintergrund der Migration in vieler Hinsicht von den Nichtgewanderten *nicht* unterscheidbar sind, in anderer Hinsicht aber spezielle Ausdrucksformen besitzen können und möglicherweise explizit und entschieden von solchen speziellen Formen Gebrauch machen. So wird beispielsweise in Bezug auf sprachliche Praxis zwar die Beobachtung zunehmender Anpassung der Einwanderer in den europäischen Staaten an die jeweilige(n) offizielle(n) Landessprache(n) gemacht, zugleich aber festgestellt, dass die Sprachen der Herkunft keineswegs an Bedeutung für sie verlieren. Hier bestätigen sich bei der jüngeren Migration nach Europa Ergebnisse, die schon in den sog. klassischen Einwanderungsländern und in Kolonisationskontexten gewonnen wurden: Es wandeln zwar sich Funktionen und Gebrauchskontext der minorisierten Sprachen, aber sie verlieren dennoch die Relevanz für ihre Benutzer nicht. Zudem ist von Wichtigkeit, dass die durch Migration eingeführten Sprachen nicht nur für die Migranten selbst bedeutsam sind. Vielmehr verschaffen sie sich allmählich Raum in der Einwanderungsgesellschaft überhaupt: Sie hinterlassen, wenn auch mit Maßen, ihre Spuren im öffentlichen Sprachgebrauch des Einwanderungslandes - man denke nur an den jedermann inzwischen geläufigen "Pizza-und-Döner"-Wortschatz. Darüberhinaus aber - und dies ist für Bildungs- und Erziehungszusammenhänge gewiss gravierender - zeigt sich, dass die Einwanderersprachen an Relevanz für die Interaktion in ethnisch heterogenen Konstellationen gewinnen. Es entstehen "gemischte codes" - Redeweisen, in denen Elemente aller möglichen lebenspraktisch vorhandenen Sprachen zusammenfließen und die von Kindern und Jugendlichen jedweder persönlichen sprachlichen Primärerfahrung gemeinsam benutzt werden, ohne dass die üblichen Instanzen der Sprachvermittlung, allen voran die Schule, hieran Anteil haben (in der Bundesrepublik Deutschland spielt das Türkische hierbei eine Vorreiterrolle; vgl. Auer/ Dirim 1999).

Mehrsprachigkeit in diesem Sinne und das Erleben ethnisch-kultureller Differenz kennzeichnen also das Aufwachsen in Einwanderungsgesellschaften generell. Jenseits aller unleugbaren Dominanz des Deutschen hierzulande kommt den minorisierten Sprachen beträchtlicher Raum in der Kommunikation zu. Persönlich mehrsprachige Kinder und Jugendliche machen von allen ihren sprachlichen Möglichkeiten Gebrauch, indem sie beispielsweise mühelos zwischen den Sprachen wechseln oder in den Redefluss Elemente aus mehreren Sprachen einfließen lassen.

Die persönlich Einsprachigen partizipieren hieran mindestens im Rezeptiven; viele von ihnen nehmen in ihren aktiven Sprachgebrauch Wörter und Wendungen aus den Sprachen ihrer mehrsprachigen Mitschüler, Nachbarn oder Freunde auf. Sprachliche Pluralität gehört demnach für alle Kinder und Jugendlichen in ethnisch pluralen Lebenssituationen zur alltäglichen sprachlichen Praxis; freilich fordert diese Lage die persönlich mehrsprachigen und die einsprachig Heranwachsenden in unterschiedlicher Weise. Die Institutionen der Bildung, Erziehung und Beratung - keineswegs nur die Schule - sind jedoch als nationalstaatlich verfasste Institution mit monokulturell-monolingualem Selbstverständnis konzipiert. Daher gehen sie bis heute oft kaum anders mit dem Problem um als ignorierend oder, im günstigen Fall, bemüht - und nicht selten hilflos.

2. Ethnisch-kulturelle Pluralität und pädagogische Tätigkeit

Festzuhalten ist, dass kein Anlass besteht zu hoffen, dass ethnisch-kulturelle Pluralität ein vorübergehendes Phänomen sei, das sich, entweder in Folge politischer Maßnahmen zur Abwehr von Migrationen oder als quasi unvermeidliche "Anpassungsleistung" der Einwanderer und ihrer Nachkommen, von selbst "erledigt". Das Problem ist viel komplexer; es ist nicht damit getan, den Menschen mit dem Hintergrund der Migration eine ethnisch-kulturelle "Andersartigkeit" als Besonderheit zuzurechnen und ihnen eine besonderheitenlose, als homogen angesehene "Majorität" gegenüberzustellen. Vielmehr besteht eine rasant sich wandelnde, polyvalente kulturelle Lage mit der Konsequenz, dass höchst vielschichtige, schwierige Anforderungen an die individuelle Orientierung und Praxis *aller* Mitglieder der Einwanderungsgesellschaft gestellt sind.

Die Institutionen der Bildung und Erziehung in Deutschland müssen sich stärker darauf einstellen, diese Lage zu berücksichtigen. Dazu gehört, dass sie sich ein anderes Selbstverständnis erarbeiten. Sie sind gehalten, die implizite Voraussetzung aufzugeben, es finde der Sozialisations-, Erziehungs- und Bildungsprozess üblicherweise in einer Gemeinschaft sesshafter, rechtlich prinzipiell gleichgestellter Angehöriger eines einzigen Nationalstaats statt. Erziehung und Bildung können nicht länger verstanden werden als Unterstützung der Aneignung von Grundhaltungen bzw. von Kenntnissen und Fähigkeiten, die gesellschaftliche Partizipation bei grundsätzlicher Loyalität zur "bestehenden Gesellschaftsordnung" erlauben, von der man sich die Illusion macht, dass sie prinzipiell über längere Zeit unverändert und überschaubar bliebe.

Ein Innovationsansatz, der die Frage nach den Konsequenzen ethnisch-kultureller und sprachlicher Diversität für Bildung und Erziehung in den Mittelpunkt stellt, ist die Interkulturelle Erziehungswissenschaft. Sie hat den

Anspruch, Beiträge zur Bewältigung der komplexen Anforderungen zu leisten, die an die individuelle Orientierung und Praxis der Mitglieder der ethnisch-kulturell und sprachlich pluralen Gesellschaften gestellt sind - seien sie selbst gewandert oder nicht. Nach den Vorstellungen der Interkulturellen Erziehungswissenschaft gehört es zu den essentiell notwendigen Ansprüchen an Erziehung, Bildung und Beratung, den Menschen in der Einwanderungsgesellschaft über die mythische Vorstellung hinwegzuhelfen, dass eigentlich Sesshaftigkeit und Homogenität in einer Gemeinschaft der Normalfall seien und dass daher das "Fremde" entweder eingepasst - domestiziert - oder ausgegrenzt werden müsse. Angesichts des rasanten Wandels der Verhältnisse, der zunehmenden Ausdifferenzierung der Lebenswelt ist die Annahme grotesk, der Mensch könne Handlungsfähigkeit erlangen, indem Pädagoginnen und Pädagogen komplexe Verhältnisse auf einfache Wahrheiten reduzieren - wie etwa die, es lasse sich eine Gegenwartsgesellschaft begreifen, indem man ihre Mitglieder in "eigene" und "fremde" sortiert und daraus Maximen des Handelns gewinnt.

Ich möchte diesen Befund beziehen auf Anforderungen an pädagogische Berufe, die sich generell stellen. Allgemein gesprochen, gehört zur pädagogischen Tätigkeit heute die "lebensbegleitende Sorge um das Individuum" (Lenzen 1997: 12). In der sprachlich und kulturell pluralen Lage bezieht sich diese Sorge unter anderem darauf, dass die Menschen die mit großer Geschwindigkeit vonstatten gehenden tiefgreifenden sozialen, politischen, technisch-kulturellen Umwälzungen vielfach als verunsichernd, wenn nicht gar bedrohlich erleben - und sich deshalb auf die Suche nach Sicherheiten begeben. Solche Sicherheiten werden nur zu leicht in Konstruktionen gesehen, die vordergründig helfen, die Komplexität der uns umgebenden Phänomene und Anforderungen zu reduzieren. Zu den Konstruktionen dieser Art gehört die Einteilung der Welt in paarweise Gegensätze, deren einer Teil die Negation des anderen darstellt - "Gut" und "Böse", "Selbst" und "Fremd", "Wir" und "Die Anderen". In dieser Strategie des Aufbaus einer Fiktion von Ordnung liegt für viele Menschen die Hoffnung, den "Kampf gegen das Unbestimmte" zu gewinnen (Baumann 1992: 77ff). Diese Hoffnung ist trügerisch, wie man auch aus historischer Erfahrung weiß. Aus ihr resultiert nicht selten hilflose, im üblen Falle gewaltförmige Praxis, da für die jederzeit möglichen Momente der Ungewissheit, Uneindeutigkeit kein Reflexions- und Handlungsrepertoire zur Verfügung steht.

Die pädagogische Tätigkeit einer "lebensbegleitenden Sorge um das Individuum" muss dabei Hilfe leisten, dass das Leben in der sprachlich-kulturell pluralen Gesellschaft von allen ihren Mitgliedern als eine Gesamtsituation begriffen werden kann, an deren Gestaltung sie Anteil haben und für die sie Verantwortung tragen. Es gehört zur Übernahme dieser Verantwortung, dass die Gewährung gleicher Rechte und Berechtigungen angestrebt wird; nur auf deren Basis können die unterschiedlichen Lebensformen und Lebensäußerungen legitim existieren, ohne dass Verschiedenheit und Vielschichtigkeit auf das Individuum bedrängend oder bedrohlich wirken. Pädagogische Tätigkeit in diesem Verständnis fördert die Fähigkeit zum Durchschauen gesellschaftlicher Verhältnisse, in denen Ungleichberechtigung angelegt ist und zum Freilegen der Gründe dafür. Dabei gilt die besondere Aufmerksamkeit aus interkultureller Sicht denjenigen Aspekten, in denen dies an ethnisch-kulturellen Linien entlang geschieht (vgl. auch Krüger-Potratz 1999). Die Pädagogin, der Pädagoge tragen dazu bei, dass die Nachwachsenden die nötigen Fähigkeiten zum Umgang mit Verschiedenheit entwickeln können, was auch heißen kann: zum Aushalten von Differenz.

Diese Zielvorstellung kann mit der Strategie, simplifizierende Ordnungsvorstellungen anbieten und mitleidsvolle Haltungen erzeugen zu wollen, keineswegs erreicht werden. Vielmehr muss in der pädagogischen Praxis selbst das Wagnis eingegangen werden, Spannungen und Widersprüche, die die Klientel der professionellen Pädagog(inn)en lebenspraktisch erfahren, zu thematisieren, freizulegen - inklusive der Erfahrung, dass es Interessengegensätze gibt, die mit pädagogischen Mitteln zwar demaskiert, nicht aber beseitigt werden können. Zu den wichtigen Gegenständen der Analyse, die pädagogisches Tun zu rahmen und zu begleiten hat, gehören Funktionsweise und Zweckrichtung all jener gesellschaftlichen Selbstverständlichkeiten, deren explizite oder mittlerweile "vernatürlichte", dem Vergessen anheimgefallene Legitimation auf die bloße Existenz und ein tradiertes Verständnis von der Nation als Staatsform zurückzuführen ist. - Nach allem schon Gesagten versteht sich von selbst, dass dieser Anspruch an pädagogisches Tun nicht als adressatenspezifisch aufgefasst werden kann: Nicht "pädagogische Arbeit mit Ausländern" oder ähnliches steht auf dem Programm "der Interkulturellen", sondern pädagogische Arbeit in einer Lage, in der ethnisch-kulturelle und sprachliche Diversität allgemein praxisrelevant ist - und zwar nicht allein aus dem Grund, dass das In- oder Ausländersein in entscheidender Weise die Rechte und Pflichten der Menschen auf einem Territorium bestimmt.

3. Erziehungswissenschaft als Handlungs- und Reflexionswissenschaft

Die Tätigkeit der Pädagogin, des Pädagogen in dieser Lage und in der absehbaren Zukunft wird sich darauf konzentrieren müssen, Lernmöglichkeiten und Lernumwelten zu gestalten oder beratend aufzuzeigen, die es dem einzelnen Menschen erlauben, soweit wie möglich informiert und reflektiert handeln zu können und seine unbedachten Routinen, der sich stetig ändernden Lage gemäß, weiterzuentwickeln.

Dies eröffnet zunächst einmal Ansprüche an die Erziehungswissenschaft selbst. Sie muss das Handlungswissen bereitstellen, das die Inhaberinnen und Inhaber pädagogischer Berufe instand setzt, ihre Arbeit auf einem Fundament empirisch gesättigter und theoretisch begründeter Orientierungen auszuüben.

Dieses ist zu ergänzen um Reflexionswissen - darauf hat unter anderem Dieter Lenzen hingewiesen -, verstanden als Erkenntnis und Erfahrung, die den Pädagoginnen und Pädagogen nicht zuletzt dazu verhelfen, die potentiellen Opfer der Empfehlungen von erziehungswissenschaftlicher Seite und der Aktivitäten von Berufsrollenträgern der Erziehungswissenschaft vor den Implikationen voreiliger, normativer und empirisch unhaltbarer Orientierungen zu schützen (vgl. Lenzen 1997: 17). Man könnte an dieser Stelle auf die "Ausländerpädagogik" als Beispiel aus den 1970er und beginnenden 1980er Jahren verweisen: eine erziehungswissenschaftliche Subdisziplin, die sich an ihrem Anfang weitgehend im empirie- und theoriefreien Raum bewegte und zunächst ihre Hauptarbeit im Formulieren normativer Sätze sah. Die Protagonisten dieser Subdisziplin sind recht rasch mit sich selbst reflexiv umgegangen. Die Konsequenz davon ist, dass inzwischen ein Set an gehaltvoller Empirie und Theorie bereitsteht, über das ich einige Andeutungen gemacht habe. Es wäre schön, wenn sich diese Entwicklung auch in der eigenen Mutterdisziplin - der Erziehungswissenschaft, die sich als allgemein versteht - weiter verbreitete, als das jetzt der Fall ist.

Die Erziehungswissenschaft als Handlungs- und Reflexionswissenschaft in diesem Verständnis ist kaum anders zu denken als interdisziplinär. Ihr Gegenstandsfeld bezieht sich auf den gesamten Lebenslauf des Menschen. Es richtet sich darüber hinaus nicht allein auf den einzelnen und sein Innenleben, sondern hat die Umstände und Bedingungen der individuellen Existenz einzubeziehen - seien dies kulturelle und soziale, seien es politisch-ökonomische, seien es solche der Technik oder der natürlichen Umwelt. Eine Erziehungswissenschaft, die sich auf ihr heutiges und ihr absehbar künftiges Aufgabenfeld angemessen einrichtet, kommt aus diesem Grund nicht damit aus, sich eines selbstbezogenen, selbstgenügsamen "einheimischen Verständnisses" - eines "pädagogischen Propriums" - zu bedienen. Sie hat vielmehr allen Anlass, ihre Bezugswissenschaften gründlich zu rezipieren und nach eigenem Sinn zu verarbeiten. Dies geht weit darüber hinaus, lose Verbindungen zu den traditionellen Nachbarwissenschaften - allen voran der Psychologie und der Soziologie - zu pflegen; nimmt man das Arbeitsfeld der Interkulturellen Erziehungswissenschaft erneut als Beispiel, so ist hier mindestens geboten, Geschichts- und Bevölkerungswissenschaft, Ethnologie und andere Kulturwissenschaften sowie das weite Feld der Sprachwissenschaften im Horizont zu behalten und für den eigenen Theorien- und Methodenbestand zu adaptieren.

Ihren Studierenden gegenüber muss eine so, also als "interdisziplinäres Integrationsfach" verstandene Erziehungswissenschaft dem Anspruch standhalten, die Erkenntnisse und Erfahrungen ihrer Bezugswissenschaften auf eine Weise durchzuarbeiten, dass daraus ein Gewinn erwirtschaftet wird für die lebenswelt- und berufsbezogenen Fragestellungen der pädagogischen Praxisfelder. Die Ausbildung hat nicht nur die eigenen Facherergebnisse und die der Nachbarwissenschaften zugänglich zu machen, sondern sie muss es darüber hinaus leisten, den Studierenden die Leitfäden anzubieten, an denen entlang sie ihre eigenen Fragen und Erkenntnisinteressen entwickeln können, wenn sie ihre Studien in den Nachbarfächern selbst absolvieren - seien es die genannten Bezugswissenschaften oder die sogenannten Unterrichtsfächer, die für das Lehramt zu studieren sind.

Es muss nach allem Ausgeführten kaum eigens erwähnt werden, dass die Kenntnisse, Fähigkeiten und Erfahrungen, die die professionelle pädagogische Praxis konstituieren, nicht in der Form der Meisterlehre vermittelt oder angeeignet werden können. Der Mensch, als dessen Lebenslaufbegleiter(in) die Pädagogin, der Pädagoge sich betätigt, ist nicht beschaffen wie ein Werkstück; ihn wie ein solches zu behandeln hat den Preis der Behinderung, wenn nicht Vernichtung dessen, worauf ein jeder, eine jede in diesem demokratischen Verfassungsstaat ein Anrecht hat: der Möglichkeiten der Entfaltung, der Chance auf Bildung. Die Erziehungswissenschaft als Fach und die Möglichkeiten, sie zu studieren, auf der schlichten Grundlage ökonomischer Erwägungen zu beschneiden bedeutet erstens, die Basis dafür zu schmälern, dass diese Wissenschaft sich selbst und die von ihr vertretene Ausbildung in einer Zeit verantwortlich weiterentwickeln kann, in der die allgemeine Lage dies vielleicht mehr denn je erfordert. Es bedeutet zweitens, Ausbildungsmöglichkeiten zu beschränken in einer Zeit, in der jede seriöse Prognose zu dem Fazit kommt, dass der Bedarf an professionellem Personal in den Erziehungs- und Sozialberufen nicht ab-, sondern zunehmen wird.

Literatur

Assmann, Aleida 1993: Arbeit am nationalen Gedächtnis. Eine kurze Geschichte der deutschen Bildungsidee. Frankfurt/ New York

Auer, Peter/ Dirim, Inci 1999: Das versteckte Prestige des Türkischen. Zur Verwendung des Türkischen in gemischtethnischen Jugendgruppen. In: Gogolin, Ingrid/ Nauck, Bernhard (Hrsg.): Migration, gesellschaftliche Differenzierung und Bildung. Opladen

Baumann, Zygmunt 1992: Moderne und Ambivalenz. Das Ende der Eindeutigkeit. Hamburg

Bronfen, Elisabeth/ Marius, Benjamin/ Steffen, Therese (Hrsg.) 1997: Hybride Kulturen. Beiträge zu anglo-amerikanischen Multikulturalismusdebatte. Tübingen

Dannenbeck, Clemes/ Eßer, Felicitas/ Lösch, Hans (Hrsg.) 1999: Herkunft (er)zählt. Münster/ New York

Gogolin, Ingrid 1994a: Der monolinguale Habitus der multilingualen Schule. Münster/ New York

Gogolin, Ingrid 1994b: Das Leitbild öffentlicher Einsprachigkeit: "common sense" in der bundesdeutschen Einwanderungsgesellschaft? In: Gogolin, Ingrid (Hrsg.): Das nationale Selbstverständnis der Bildung. Münster/ New York: 59-80

Gogolin, Ingrid 1998: Sprachen rein halten - eine Obsession. In: Gogolin, Ingrid/ Graap, Sabine/ List, Günther (Hrsg.): Über Mehrsprachigkeit. Tübingen: 71-96

Gogolin, Ingrid/ Krüger-Potratz, Marianne/ Meyer, Meinert A. (Hrsg.) 1998: Pluralität und Bildung. Opladen

Gogolin, Ingrid/ Nauck, Bernhard (Hrsg.) 1999: Migration, gesellschaftliche Differenzierung und Bildung. Opladen

Hewitt, Roger 1986: White talk black talk. Inter-racial Friendship and Communication amongst Adolescents. Cambridge

Hewitt, Roger 1998: Ethnizität in der Jugendkultur. In: Gogolin, Ingrid/ Krüger-Potratz, Marianne/ Meyer, Meinert A. (Hrsg.) 1998: 13-23

Krüger-Potratz, Marianne 1999: Stichwort: Erziehungswisseschaft und kulturelle Differenz. In: Zeitschrift für Erziehungswissenschaft (ZfE), 2. Jg., Heft 2: 149-165

Lenzen, Dieter 1997: Erziehungswissenschaft - Pädagogik. Geschichte - Konzepte - Fachrichtungen. In: Lenzen; Dieter (Hrsg.): Erziehungswissenschaft. Ein Grundkurs. Hamburg (3. Auflage): 11-41

Loycke, Almut (Hrsg.) 1992: Der Gast, der bleibt. Dimensionen von Georg Simmels Analyse des Fremdseins. Frankfurt

Nummer-Winkler, Gertrud 1994: Ethnozentrismus - Abwehr gegen das Fremde. Zur Tragweite nicht-pathologisierender Erklärungsstrategien. In: Cropley, Arthur J. u.a. (Hrsg.): Probleme der Zuwanderung, Band 2, Göttingen: 71-94

Rampton, Ben 1995: Crossing. Language and Ethnicity Among Adolescents. London/ New York

Sennet, Richard 1998: Der flexible Mensch. Die Kultur des neuen Kapitalismus. Berlin

Zinnecker, Jürgen, u.a. (Hrsg.) 1990: Kindheit und Jugend im internationalen Vergleich. Opladen

Gelungener Transfer: Anwendung von pädagogischem Wissen in der Organisationsentwicklung

Eckard König

Im Verständnis der Öffentlichkeit und damit auch im Verständnis vieler Politiker, sind Pädagogen nichts anderes als Lehrerinnen und Lehrer. Wer sich z.b. als Diplompädagogin/ Erziehungswissenschaftler (M.A.) vorstellt, muss immer noch mit der Antwort rechnen: "Also, dann sind Sie also Lehrerin". Dabei wird jedoch übersehen, dass sich seit Anfang der 70er Jahre mittlerweile ein breites Feld für professionelles pädagogisches Handeln im außerschulischen Bereich entwickelt hat: Pädagogen sind heute in sozialen Einrichtungen, in Kliniken, in Verbänden u.a. tätig. Eine der wichtigsten außerschulischen Arbeitsbereiche dürfte jedoch der betriebliche Bereich sein: In Aus- und Weiterbildung, Personalentwicklung und Organisationsentwicklung liegen zentrale Felder pädagogischen Handelns. Das soll im folgenden anhand eines konkreten Beispiels gezeigt werden.

1. Organisationsentwicklung im Unternehmen X: Die Ausgangssituation

Es handelt sich hier um ein Werk mit ca. 3000 Mitarbeitern, das Teil eines größeren Konzerns ist. In den letzten Jahren häufen sich jedoch Probleme:
- Zum einen steht das Werk in hohem Wettbewerbsdruck: Im Vergleich zu anderen Anbietern sind die hier hergestellten Produkte zu teuer, die Kosten sind zu hoch.
- Damit einhergeht steigende Verunsicherung bei den Mitarbeitern: Die Befürchtung, dass das Werk geschlossen wird. Insbesondere der Betriebsrat signalisierte der Werksleitung deutlich: Zur Sicherung der Arbeitsplätze muss etwas geschehen.

Wir müssen das Unternehmen umstrukturieren, war die daraus von der Werksleitung gezogene Konsequenz. Und dafür wurde Unterstützung benötigt. Eine Unternehmensberaterin wird angefragt: Entwickeln Sie eine neue und bessere Organisationsform, die es uns ermöglicht, effizienter zu arbeiten.

2. Theoretische Grundlagen: Systemische Organisationsberatung

Gleichsam das klassische Vorgehen von Unternehmensberatung besteht darin, dass Experten ein neues Organisationsmodell entwickeln. Die Unternehmensberaterin, eine promovierte Diplompädagogin/ Erziehungswissenschaftlerin, die in diesem Unternehmen bereits durch ein anderes erfolgreiches Projekt bekannt war, lehnt jedoch ab: "Die richtige Organisationsform lässt sich nicht von außen festlegen, sondern nur zusammen mit den Betroffenen entwickeln".

Dahinter steht ein bestimmtes theoretisches Modell, nämlich die Systemtheorie: Eine Organisation wird als komplexes System verstanden, bei dem verschiedene Faktoren aufeinander einwirken. Probleme (z.b. geringer Erfolg des Werkes) haben somit nie nur eine Ursache, sondern können aus unterschiedlichen Faktoren resultieren. Unternehmensveränderung bedeutet somit Veränderung eines sozialen Systems.

Systemtheoretische Ansätze werden in Organisationsentwicklung seit gut zwanzig Jahren herangezogen (vgl. Becker/ Langosch 1995: 49ff.). Ausgehend von der Erfahrung, dass komplexe Probleme grundsätzlich nicht eine Ursache haben, wurde in den 50er Jahren die Systemtheorie als Modell zur Erklärung von Steuerung komplexer Situationen entwickelt. Ein System, so die klassische Definition des Systembegriffs ist eine Menge von Elementen, die untereinander in Wechselbeziehungen stehen. Veränderung einer Organisation bedeutet somit die Veränderung der verschiedenen Elemente, wobei die Relationen zwischen den Elementen zu berücksichtigen sind.

Allerdings wird der Rückgriff auf systemtheoretische Überlegungen dadurch belastet, dass es unterschiedliche Systemmodelle gibt und darüber hinaus die Diskussion insbesondere in der Erziehungswissenschaft einseitig an der soziologischen Systemtheorie von Luhmann ausgerichtet ist (vgl. König/ Zedler 1998: 169ff.), die für konkrete Intervention im Rahmen von Organisationsentwicklung bestenfalls Anregungen bietet, aber kein methodisches Instrumentarium, auf das sich Organisationsentwicklerinnen und Organisationsentwickler stützen könnten.

Eine Alternative dazu stellt die Personale Systemtheorie in der Tradition von Bateson dar, die im Unterschied zu Luhmann die einzelnen Personen berücksichtigt. Batesons Systemtheorie wurde in der Kommunikationstheorie von Watzlawick systematisiert (Watzlawick u.a. 1969) und dann z.B. durch Virginia Satir und Jay Haley zunächst als Basis für die Entwicklung familientherapeutischer Konzepte genutzt. Für die Organisationsentwicklung wurde dieser Ansatz zu Beginn der 80er Jahre erstmals von Selvini Palazzoli u.a. (1984) herangezogen und zu Beginn der 90er Jahre in der Systemischen Organisationsberatung von König/ Volmer weiterentwickelt.

Soziale Systeme sind im Anschluss an Bateson durch folgende Merkmale definiert (König/ Volmer 1999: 35ff.):

- "Elemente" sind die in diesem System handelnden Personen, wobei es letztlich jeweils von den praktischen Fragestellungen abhängt, wie weit man das System fasst: ein Team, eine Abteilung, das gesamte Werk.

- Die einzelnen Personen handeln in dem jeweiligen sozialen System auf der Basis subjektiver Deutungen, d.h. der Gedanken und der Bilder, die sie sich über ihre Situation machen: Ein Vorgesetzter, der davon überzeugt ist, dass die Mitarbeiter unfähig zu selbständiger Arbeit sind, wird (gleichgültig, wie zutreffend oder falsch eine solche Annahme in Wirklichkeit ist) auf der Basis dieser Annahme handeln.

- Das Verhalten sozialer Systeme (z.B. eines Teams, eines Unternehmens) wird darüber hinaus durch soziale Regeln bestimmt, d.h. durch Vorschriften darüber, wie bestimmte Handlungen abzulaufen haben. Dazu gehören formalisierte Regeln einer Aufbau- und Ablauforganisation, die z.b. festlegen, was ein Bereichsleiter alles tun darf, was nicht, oder wie Entscheidungsprozesse zu verlaufen haben. Daneben gibt es aber (häufig noch wichtigere) "inoffizielle" Regeln. Die Regel "bei uns gibt es keine Konflikte" ist eine solche inoffizielle Regel, die möglicherweise in einem Team befolgt wird und festlegt, wie man mit Spannungen umzugehen hat.

- Aus subjektiven Deutungen und sozialen Regeln ergeben sich feste Abläufe und Regelkreise: Eine Besprechung wird immer wieder in den gleichen Schritten durchgeführt, Projekte werden immer wieder mit großem Engagement begonnen, aber sie versanden, immer wieder werden Schuldige gesucht.

- Beeinflusst wird das soziale System schließlich durch die Systemumwelt, die von außen auf das System einwirkt: Der Vorstand des Gesamtunternehmens, der Vorgaben an das Werk gibt, aber auch die Konkurrenten, die auf dem Markt die eigenen Produkte unterbieten.

- Schließlich ist jedes soziale System durch seine Geschichte, d.h. durch seine bisherige Entwicklung bestimmt: In diesem Fall war das Unternehmen lange Zeit wirtschaftlich sehr erfolgreich, so dass in den letzten zehn Jahren kaum Veränderungen durchgeführt wurden.

Auf der Basis dieses Systemmodells formuliert die Beraterin zwei Hypothesen als Grundlage für ihr Vorgehen:

- Die Wirkungen von Interventionen lassen sich nicht von außen vorhersagen, sondern werden durch das soziale System definiert.

- Die Kompetenz des sozialen Systems übersteigt grundsätzlich die Kompetenz einzelner Personen, und damit auch die einer einzelnen Expertin.

Diese Arbeitshypothesen begründen das Vorgehen der Beraterin: Es lässt sich nicht von außen ein "ideales Organisationsmodell" festlegen, weil die Umsetzung solcher Konzepte Wirkungen nach sich zieht, die sich erst aus dem System ergeben. Sondern es ist die Sicht der betreffenden Personen zu erheben, um die Erklärungen der betreffenden Personen und für das System passende Lösungsansätze zu entwickeln. Daraus ergibt sich ein Vorgehen in zwei Phasen:

- eine Diagnosephase
- eine Interventionsphase

3. Diagnosephase

Grundlage für eine Diagnosephase ist im Rahmen eines systemischen Ansatzes die These, dass die Kompetenz eines sozialen Systems die Kompetenz eines einzelnen und damit auch eines Experten grundsätzlich übersteigt: Jeder einzelne sieht immer nur bestimmte Faktoren und blendet andere aus. Daraus ergibt sich als Konsequenz für eine Diagnosephase, die unterschiedlichen Sichtweisen im Unternehmen selbst zu erfassen.

Zielsetzung der Diagnosephase ist somit,
- zu klären, wo aus Sicht der Angehörigen des Unternehmens die Hauptprobleme liegen
- Hinweise auf mögliche Verbesserungen zu erhalten.

Für solche Diagnosephasen sind "offene", also wenig strukturierte Erhebungsverfahren in der Regel effizienter als Fragebögen: Fragebögen setzen immer schon Hypothesen über mögliche relevante Faktoren bzw. mögliche Lösungen voraus. Hierbei geht es darum, solche Hypothesen zunächst zu generieren.

Gewählt wurde in diesem Beispiel eine Kombination von Leitfrageninterviews und Gruppendiskussionen. Befragt wurden in offenen Einzelinterviews die beiden obersten Führungsebenen, der Betriebsrat sowie aus jeder Ebene zwei Mitarbeiter. Leitfragen dafür waren:

---

1. Welche Stichworte fallen Ihnen spontan zu Ihrem Werk ein?
2. Für wie erfolgreich schätzen Sie das Werk ein?
3. Für wie effizient schätzen Sie die Organisation im Werk ein: Wo liegen Stärken, Schwachstellen, was wäre zu tun?
4. Stellen Sie sich das Werk in 10 Jahren vor: Wie sollte dann das Werk (bzw. Ihr Arbeitsbereich) organisiert sein?
5. Führung: Wie beurteilen Sie die Führung im Werk: Wo sind Stärken, Schwachstellen, was könnte getan werden?

Dieselben Leitfragen bildeten auch Basis für die Gruppendiskussionen, wobei die dann genannten Themen noch vertieft und im Blick auf Lösungen weiter diskutiert wurden.

Befragt wurden zwanzig Mitarbeiter in Einzelinterviews sowie achtzig in Gruppendiskussionen.

Die Ergebnisse wurden inhaltsanalytisch ausgewertet. Zur Verdeutlichung sei der Auszug aus der Projektpräsentation zu dem Teilbereich "Zusammenarbeit" angeführt:

Ergebnisse der Befragung
Abteilungsübergreifende Zusammenarbeit
(1) Einschätzung:
- auf der Ebene Werksleitung   ++/-
- auf übrigen Organisationsebenen   +/- -
(2) Schwachstellen:
- fehlende Information über Vorhaben in anderen Bereichen
- unklare Zuständigkeiten
- fehlende Koordination bei Arbeiten
- Abschottung
- wechselseitige Schuldzuweisung
- keine direkten Absprachen (Umweg-Kommunikation)
(3) Vorschläge:
- Delegation auf untere Ebenen
- Festlegung fester Ansprechpartner
- Intensivierung gemeinsamer Besprechungen
- ggf. Zusammenlegung von Bereichen
- stärkere Arbeit in Teams, gemeinsame Projekte

---

4. Die Interventionsphase

Ergebnisse von Befragungen in Organisationsentwicklungsprozessen können Hinweise geben, aber nicht betriebliche Entscheidungsverläufe außer Kraft setzen. D.h. an die Diagnosephase schloss sich ein längerer Entscheidungsprozess zwischen Unternehmensleitung, Betriebsrat, zusätzlichen Strategiekreisen usw. an, in dem dann letztlich folgende Ziele für eine Veränderung festgelegt wurden:

- Einführung einer flacheren Hierarchie (Streichung von 2 Ebenen)
- Bildung fester bereichsübergreifender Teams
- Verlagerung von Stabsaufgaben in die Linie
- Einführung von Projekt-Management
- Verbesserung der Ablauforganisation
- Beteiligung aller betroffenen Ebenen und Bereiche

Daraus ergaben sich dann folgende Schwerpunkte der Intervention:

---

(1) Einführung der neuen Aufgabenhierarchie
- Konkretisierung und Festlegung der Aufgabenbeschreibung
- Durchführung von Qualifizierungs- und Unterstützungsmaßnahmen
- gemeinsame Bearbeitung von Schnittstellenproblemen
(2) Bildung bereichsübergreifender Teams
- Klärung der Zusammensetzung der Teams durch die Betroffenen
- Schulung der Teams (Teamentwicklungsseminare u. dgl.)
- Schaffung organisatorischer Voraussetzungen (Räume, zeitliche Absprachen)
- Abgrenzung der Kompetenzen zwischen Teams und Linien-Vorgesetzten
(3) Verlagerung von Stabsaufgaben in die Linie
- gemeinsame Abklärung von Kompetenzen
- gemeinsame Bearbeitung von Schnittstellenproblemen
(4) Einführung von Projektmanagement
- Schulung von Projektleitern
- Durchführung von Pilotprojekten
- Unterstützung (Coaching) von Projektleitern
(5) Kontinuierliche Verbesserungen der Ablauforganisation
- Analyse von Schwachstellen aus Sicht der Betroffenen
- Verbesserung von Abläufen (Verkürzung von Abläufen, Verringerung von Schnittstellenproblemen usw.) gemeinsam mit den Betroffenen

---

5. Sozialwissenschaftliche Theorien und Methoden im Organisationsentwicklungsprozess

Was benötigt nun die Beraterin an Kompetenzen zur Durchführung eines solchen Organisationsentwicklungsprozesses? Eines macht die Schilderung des Beispiels deutlich: Der Erfolg hängt nur zu einem sehr geringen Teil von betriebswirtschaftlichen Kenntnissen ab. Sicher ist es hilfreich, verschiedene Organisationsmodelle zu kennen. Aber entscheidend für den Erfolg sind Kompetenzen zur Steuerung sozialer Prozesse. Entscheidend ist, dass es gelingt, die beteiligten Menschen einzubeziehen mit ihnen zu arbeiten und mit ihnen die Organisation zu verändern. Bezogen auf obiges Beispiel: Entscheidend für den Erfolg waren insbesondere folgende sozialwissenschaftliche Theorien und Modelle:

Als theoretische Basis dient die Systemtheorie, hier in Form des Konzeptes der Personalen Systemtheorie im Anschluss an Bateson. Die Systemtheorie liefert dabei den begrifflichen Rahmen und legt die Perspektive fest, unter der konkrete Situationen betrachtet werden. Auf der Basis dieses theoretischen Wissens konnte die entscheidende Intervention gesetzt werden, nicht von außen ein Organisationskonzept vorzuschlagen, sondern das Wissen des sozialen Systems zu nutzen. Gleichzeitig lenkt die Systemtheorie die Aufmerksamkeit auf Bereiche möglicher Probleme und möglicher Lösungen:

- die einzelnen Personen
- ihre subjektiven Deutungen
- soziale Regeln
- immer wiederkehrende Abläufe und Regelweisen
- die Abgrenzung zur Systemumwelt
- die Entwicklung

Damit liefert die Systemtheorie eine Checkliste, die bei der konkreten Arbeit z.b. bei der Bildung von Teams immer wieder herangezogen wurde: Welche Personen sollen in das Team kommen? Wie wird das Team von ihnen eingeschätzt? Welche Regeln der Teamarbeit sind sinnvoll? Wie sind die Abläufe? Wie ist die Systemgrenze zwischen Team und Vorgesetztem (wie weit greift er in die konkrete Arbeit des Teams ein)? Welche Bedeutungen haben frühere Versuche, Teamarbeit einzuführen?

Ein weiterer entscheidender Faktor für den Erfolg des Projektes lag darin, dass die Beraterin über Kompetenzen der Anwendung sozialwissenschaftlicher Methoden verfügte. Dabei handelt es sich sowohl um Diagnosemethoden, um die Situation des Unternehmens aus unterschiedlichen Perspektiven zu erfassen, zum anderen aber auch um Interventionsmethoden, die das konkrete Handeln leiten können. Im einzelnen sind hier zu nennen:

- Diagnosemethoden

Im Mittelpunkt der Diagnosephase des Projektes standen qualitative Interviews. Nun sind qualitative Interviews etwas anderes als ein Irgendwie-miteinander-Reden, sondern ein hochprofessionalisiertes Vorgehen: In bestimmten Schritten ein Interview vorzubereiten, die richtigen Leitfragen zu entwickeln. Man muss kompetent sein, um die Bereitschaft des Interviewpartners zu erreichen, etwas aus seiner Sicht zu erzählen. Man muss an den richtigen Stellen nachfragen, absichern, dass man nicht vorschnell interpretiert; man muss schließlich die Ergebnisse inhaltsanalytisch auswerten. Andere Diagnosemethoden, die weniger in diesem Projekt, aber in anderen Organisationsentwicklungsprojekten immer wieder zum Einsatz kommen, sind systematische und teilnehmende Beobachtung, Fragebogen, Gruppendiskussionen usw.

- Beratungskonzepte

Eines der wichtigsten Instrumente in solchen Organisationsentwicklungsprozessen ist Beratung oder, wie man häufig formuliert, Coaching. Hier geht es darum, z.B. die Werksleitung darin zu beraten, wie sie mit Problemen in einem Veränderungsprozess umgehen kann, wie sie sich gegenüber dem Vorstand präsentiert, wie sie die Abläufe effizienter gestalten kann. Oder es ist ein Team zu coachen, d.h. dabei zu unterstützen, erfolgreicher zu arbeiten: in einem Konflikt zwischen zwei Führungskräften ist Beratung angesagt usw. Beratungskompetenz ist wiederum hochprofessionelles Vorgehen: Es gibt bestimmte Konzepte und innerhalb dieser Konzepte bestimmte Verfahren. Und es erfordert Übung, Beratung anzuwenden.

- Didaktische Kompetenz im Bereich Erwachsenenbildung
Ein weiterer Schwerpunkt betrifft den Bereich Erwachsenenbildung. Es sind Workshops mit dem Leitungsteam zu planen und durchzuführen. Es ist ein Qualifizierungsprogramm für Projektleiter zu entwickeln und es sind ggf. entsprechende Trainingsmaßnahmen durchzuführen. Eine Bereichsleiterin benötigt für ihre Teambesprechung Training on the job.

Abgesehen von diesen klassischen sozialwissenschaftlichen bzw. pädagogischen Methoden erstreckt sich Methodenkompetenz noch auf weitere Bereiche, die üblicherweise weniger zum Inhalt sozialwissenschaftlicher Ausbildung zählen:

- Kompetenz im Bereich Projektmanagement: Wie baut man ein Projekt auf, was sind wichtige Schritte, wie wird eine Projektsitzung durchgeführt?

- Kompetenz für die Veränderung von Abläufen.
In der neueren Literatur gibt es hierfür eine Reihe von unterschiedlichen Verfahren (vgl. z.B. Franz/ Scholz 1996; Riekhoff 1997): Wenn sich z.B. herausstellt, dass das Bestellwesen viel zu aufwendig ist, muss eine Beraterin wissen, wie sie solche Prozesse steuern kann: Wie lassen sich Schwachstellen im Ablauf des Bestellwesens herausfinden? Wie entwickelt man Verbesserungen? Wie lassen sich diese dann durchsetzen?

6. Fazit

Organisationsentwicklung erfordert zunehmend Kompetenz weniger in technischen Feldern sondern im sozialen Bereich: Kompetenz bei der Veränderung sozialer Systeme, Kompetenz bei der Unterstützung von Vorgesetzten und Mitarbeitern im Zusammenhang mit Problemen, Kompetenz bei der Planung und Durchführung von Workshops, Seminaren, Trainingseinheiten usw. Die Vermittlung solcher Kompetenzen ist eine sinnvolle Aufgabe sozialwissenschaftlicher (z.B. pädagogischer) Studiengänge an Hochschulen. Zugleich macht das Beispiel aber deutlich, dass eine berufsorientierte pädagogische Ausbildung im Hochschulbereich zumindest in Teilen von herkömmlichen Universitätsstudiengängen unterschiedlich ist:

- Zum einen darf sie nicht auf Schule, sondern muss speziell auf außerschulische Bereiche ausgerichtet sein: Planung und Durchführung von Bildungsprozessen in der Erwachsenenbildung verläuft deutlich anders als in der Schule.

- Im Blick auf die praktische Anwendbarkeit pädagogischen Wissens verlagert sich das Schwergewicht von der Vermittlung von Theorien auf die Vermittlung von Methoden: Entscheidend für den Erfolg ist das Beherrschen von Methoden, weniger aber theoretisches Wissen z.b. über die Pädagogik der Aufklärung.

- Dass andererseits aber theoretisches Wissen unbedingt erforderlich ist, wenn eine solche Ausbildung nicht in einem praktizistischen Methodenwissen befangen sein soll, zeigt obiges Beispiel: Die von der Beraterin angewandten Verfahren setzen eine umfassende Kenntnis systemtheoretischer Ansätze voraus: Systemtheorie (entsprechendes gilt übrigens auch für andere systemtheoretische Konzepte) liefert den theoretischen Rahmen, auf dessen Basis überhaupt erst bestimmte Probleme in den Blick kommen, Forschungsmethoden und Interventionskonzepte generiert werden. D.h. letztlich ist es die theoretische Basis, die eine Orientierung im praktischen Vorgehen überhaupt erst ermöglicht.

- Schließlich erweitert sich der Kanon der Themen erziehungswissenschaftlicher Ausbildung: Prozessoptimierung, Projektmanagement usw. sind Themen, die in der Praxis zunehmend wichtiger werden, aber traditionell nicht zum Kanon an den Universitäten und deren Ausbildung im Bereich Erziehungswissenschaft zählen.

Ein Punkt sei abschließend angesprochen: Die Berufsqualifizierung einer universitären Ausbildung für außerschulische pädagogische Felder steht und fällt mit der Fähigkeit der Dozentinnen und Dozenten, selbst solche Prozesse zu steuern. Hochschullehrer im Bereich Erziehungswissenschaft können in einem solchen Verständnis nicht mehr reine Theoretiker sein, sondern werden, ähnlich wie in der Medizin, aber auch Ingenieur- oder Wirtschaftswissenschaften, notwendigerweise auch den Bezug zu praktischen Fragestellungen herstellen müssen.

Literatur

Becker, Horst/ Langosch, Ingo 1995: Produktivität und Menschlichkeit. Stuttgart (4. Aufl.)

Franz, Stefan/ Scholz, Rainer 1996: Prozeßmanagement leicht gemacht. Prozesse effektiv gestalten. Ein Leitfaden für die Praxis. München

König, Eckard/ Volmer, Gerda 1999: Systemische Organisationsberatung. Weinheim (6. Aufl.)

König, Eckard/ Zedler, Peter 1998: Theorien der Erziehungswissenschaft. Weinheim

Riekhoff, Hans-Christian 1997: Beschleunigung von Geschäftsprozessen. Stuttgart

Selvini Palazzoli, Mara 1984: Hinter den Kulissen der Organisation. Stuttgart

Watzlawick, Paul/ Beavin, Janet H./ Jackson, Don D. 1969: Menschliche Kommunikation. Formen, Störungen, Paradoxien. Bern

Wer erzieht die Erzieher?
Lehrerbildung und Schulentwicklung[1]

Dieter Wunder

1. Die Fragestellung

Die Fragestellung nach der Erziehung der Erzieher (gemeint sind Lehrerinnen und Lehrer) ist erstaunlich. Sollen tatsächlich erwachsene, mündige, "gebildete" Menschen erzogen werden, wenn sie den Lehrerberuf anstreben? Widerspricht dies nicht unseren Vorstellungen von der Selbstverantwortung angehender Lehrerinnen und Lehrer, ja allen Vorstellungen vom Bildungsprozess? Ist es nicht bezeichnend, dass es keine dafür geeigneten universitären Einrichtungen - spätestens seit dem Ende der (nichtwissenschaftlichen) Pädagogischen Ausbildungsstätten - gibt? Würde man die zweite Phase der Lehrerbildung, das Referendariat, als Ort der "Erziehung" kennzeichnen, würde einem der Widerspruch, vielleicht sogar Hohn fast aller Lehrkräfte entgegenschlagen, obwohl ein Kern Wahrheit darin enthalten ist. Was für die Gymnasiallehrer seit je Privileg war - eine fachwissenschaftliche Ausbildung, für die der Studierende selbst verantwortlich ist - gilt heute für alle Lehrer und Lehrerinnen. Geht man in die Geschichte zurück, so erinnert man sich der Weimarer Auseinandersetzung über die Ausbildung der Volksschullehrer. Mit der Unterstützung Eduard Sprangers setzte der preußische Kultusminister Karl Heinrich Becker gegen den Deutschen Lehrerverein - die Vorläuferorganisation der GEW - die Einrichtung Pädagogischer Akademien durch, um dort (Volksschul)Lehrer zu "erziehen", also zu eigenverantwortlichen "Führern" des Volkes zu bilden. Diese Absicht spiegelt sich in den von Adolf Reichwein erarbeiteten Positionen des Kreisauer Kreises zur Lehrerbildung. Von diesen Traditionen hat sich die Bundesrepublik in den 60er/ 70er Jahren endgültig verabschiedet. Die universitäre Ausbildung, deren Prinzipien auch für die Pädagogischen Hochschulen gelten, gilt weithin als widerspruchslos. Diese Entscheidung wird dadurch gestützt, dass unsere Gesellschaft wissenschaftsbestimmt ist, aber auch durch die Interessenlage der Lehrerschaft (Besoldung).

---

[1] Der Beitrag geht auf eine Podiumsdiskussion des AK "kleiner Bildungsgipfel" des Erziehungswissenschaftlichen Seminars Heidelberg am 1. 12. 1998 zurück: "Wer erzieht die Erzieher? Lehrerbildung und Schulentwicklung," ist aber wesentlich überarbeitet und neukonzipiert.

2. Unzufriedenheit

Dennoch ist die Unzufriedenheit mit der Lehrerausbildung, der ersten universitären wie der zweiten schulischen Phase, insgesamt groß. Nach wie vor gilt, dass Lehrkräfte ihre Ausbildung im allgemeinen geringschätzen. Woran liegt dies? Mir scheinen dafür zwei Ursachenbündel maßgebend zu sein. Es fehlt zum einen eine explizite Ausbildung für den Lehrerberuf. Es ist zum anderen unklar, welche Aufgaben Lehrkräfte haben sollen. Das Studium ist - anders als das von Medizinern oder Juristen - kaum vom späteren Beruf bestimmt, sondern von einer Vielzahl von Fächern, deren Zusammenfügung den Studierenden überlassen bleibt. Schon die länder- und laufbahnbezogenen unterschiedlichen Pflichtbestandteile der universitären Ausbildung von Lehrern deuten auf die Uneinigkeit darüber hin, welche Bedeutung neben den Fachwissenschaften die Fachdidaktiken und Erziehungswissenschaften haben. Wie sich darüberhinaus diese Anteile sinnvoll zu einer Berufsvorbereitung verbinden, ob mit oder ohne Lehrerzentren, ist unklar. In welcher Weise die Berufspraxis Teil der unversitären Ausbildung sein soll, ist ebenfalls umstritten. Resümierend ist jedenfalls festzustellen, dass es an den Universitäten keinen Konsens zur Lehrerbildung gibt und dass die Prüfungsordnungen ebenfalls kein klares Bild ergeben. Es gibt also keine explizite Ausbildung zum Lehrerberuf auf der Hochschule, erst die zweite Phase leistet dies, primär in praktischer Absicht.

Darüberhinaus ist allerdings zu bemerken, dass es derzeit kein eindeutiges Berufsbild gibt. Stichwortartig seien die Gegensätze charakterisiert. Die philologische Tradition fordert den Fachmenschen für Unterricht, neuerdings vom Erziehungswissenschaftler Giesecke gegen sozialpädagogische Überforderung wieder betont. Aus der Praxis wie aus der Volksschullehrertradition kommt der Ruf nach Betonung der erzieherischen Kompetenzen. Moderne Unterrichtsforschung spricht vielfach, besonders angesichts der Entwicklung der neuen Medien, vom Moderator von Unterrichtsprozessen. Weder bei den Berufsverbänden noch in den zuständigen Ministerien, von der Öffentlichkeit ganz zu schweigen, existiert eine deutliche Vorstellung der künftigen Anforderungen.

Die dargelegten Befunde sind nicht neu. Es verwundert vielmehr, dass sie nach Jahrzehnten einer reformierten Lehrerbildung nach wie vor gelten, ja verschärft als Vorwürfe erhoben werden.

3. Die GEW-Konzeption

Die GEW hat bisher ein relativ klares Konzept zur Lehrerbildung, das sich bereits seit den ersten Formen einer Lehrervertretung - 1848 - entwickelt hat. In ihm mischen sich pädagogisch-bildungspolitische wie berufspolitische Überlegungen (vgl. Dokumentation der Gewerkschaft Erziehung und Wissenschaft 1974). Der Beruf wird als Einheit gesehen (und daher auch die einheitliche Besoldung gefordert) - die Aufgaben des Lehrers, der Lehrerin bedürfen derselben wissenschaftlichen Fundierung, unabhängig davon, ob es sich um Kinder (Grundschule) oder junge Erwachsene (Gymnasiale Oberstufe) handelt. Jeder Lehrer, jede Lehrerin muss in der Lage sein, Sachzusammenhänge und Sacheinsichten selbständig und altersangemessen jungen Menschen zu vermitteln. Die in der Vergangenheit vorhandenen, in Rudimenten noch heute bestehenden Unterschiede in der Ausbildung werden letztlich auf die ständische Unterscheidung niederer und höherer Schulen zurückgeführt, sie haben in einer demokratischen Gesellschaft keinen Platz mehr. Neben dieser Einheit des Berufes sind schularten- und schulstufenspezifische Unterschiede in der Ausbildung eher als Schwerpunkte denn als trennende Aspekte zu sehen. Die im Bremen und Hamburg der 70er Jahre eingeführte Ausbildung (und Besoldung) kommt diesen Zielen nahe.

Ein zweiter Schwerpunkt des GEW-Konzeptes ist die Verbindung von Theorie und Praxis. Die Separierung theoretischer Erkenntnis von der praktischen Arbeit des Lehrers gilt als grundlegender Mangel, der sowohl den Lehrer an einer wissenschaftlich reflektierten Praxis hindert wie die Wissenschaft an einer praxisgerechten Theorie. Die einphasige Lehrerbildung, wie sie in Oldenburg praktiziert wurde, gilt als Vorbild. Die ebenfalls einphasige DDR-Ausbildung wurde daher - in Übereinstimmung mit der Evaluation des Wissenschaftsrates 1990/ 91 - in diesem Aspekt als vorbildlich gewertet. Die Folgen dieses zweiten Schwerpunktes liegen auf der Hand. Hinreichende Praxiseinübung und Praxisreflexion sind grundlegend. Die Fachdidaktik ist zentral; verwundert fragt man sich immer wieder, warum die Hochschulen die Fachdidaktiken derart vernachlässigen, wie dies derzeit der Fall ist.

4. Rekrutierung und Berufsverständnis

Ich persönlich halte diese Grundansätze der GEW nach wie vor für richtig, allerdings fehlt es ihnen an Entschiedenheit im Berufsverständnis. Ich gehe allerdings weiter. Für die Lehrerprofession und damit für eine zukünftige Lehrerbildung wünsche ich mir zwei grundlegende Neuansätze:
1. Die Rekrutierung und Zusammensetzung des Berufes sollte sich ändern.
2. Das Selbstverständnis des Berufes sollte in Verbindung mit einer neuen Konzeption von Schule neu bestimmt werden.

4.1. Rekrutierung und Zusammensetzung des Berufes

Von einem amerikanischen Unternehmer hörte ich vor kurzem den Wunsch, jeder Mensch solle nach seiner Schulzeit einmal für eine gewisse Zeit in der Schule arbeiten, ob als Lehrerin oder Pförtner.[2] Er sieht Bildung als so wichtig für eine Gesellschaft an, dass alle ihre Mitglieder wenigstens einmal in ihrem Leben - nach ihrer eigenen Schulzeit - direkt in Schule einbezogen werden sollten. Spinnt man diese auf den ersten Blick überraschende These aus, so ergäbe sich in der Folge auch ein anderes Erziehungs- und Unterrichtsklima in der Schule. Schule wäre nicht mehr länger allein eine Angelegenheit der Professionellen, Jugendliche würden stärker mit dem "Leben im allgemeinen" bekannt werden. Solche Erwägungen passen zu denen, die Schule in vielfältiger Weise zur Kommune hin öffnen wollen. Für die Lehrerrekrutierung haben solche Vorschläge in der "Rau-Denkschrift" Niederschlag gefunden, wird doch dort (vgl. Bildungskommission NRW 1995: 312f.) die enge Verbindung zwischen Studium und Ausbildung aufgegeben; in letztere sollen auch Absolventen anderer Studiengänge eintreten können, mit der Folge, dass die enge Ausrichtung auf eine Lehramtsausbildung seit dem ersten Semester aufgegeben würde. Sicherlich können dagegen zurecht Bedenken erhoben werden, besteht doch die Gefahr, dass die erreichten professionellen Standards gefährdet oder sogar aufgegeben werden.

Die gemachten Anregungen nutze ich als Ausgangspunkt für eine Neukonzipierung der Rekrutierung: Bis zu 50% der Berufsangehörigen sollten wie bisher über ein "normales" Lehramtsstudium in den Beruf kommen. Die anderen 50% sollten zur Hälfte aus anderen Studiengängen kommen, zur Hälfte aus dem Berufsleben. Die derart entstehende Vielfalt würde andere Sichtweisen und andere Erfahrungen in die Schularbeit einbringen. Das zu lösende Problem bestünde darin, die professionellen Standards sowohl pädagogischer wie fachwissenschaftlicher Art bei den "Hinzukommenden" zu gewährleisten: im Zeitalter des "lebenslangen Lernens" sollte solches kein unüberwindliches Hindernis sein. Umgekehrt sollten die "grundständigen" Lehrerinnen und Lehrer veranlasst werden, außerschulische Praxis in der Ausbildung zu erwerben, sowohl während des Studiums (Praxissemester)[3] wie während der schulischen Ausbildung (Praxishalbjahr während des Referendariats)[4], im In- und im Ausland. In der Konsequenz dieses Rekrutierungsansatzes liegt es, den Lehrerberuf aus seinen Laufbahnfesseln zu befreien. Es sollte nach einer Reihe von Jahren der Wechsel zwischen Lehrerlaufbahnen ebenso ohne wei-

---

[2] Doug Worth, Vorsitzender der BIAC (Arbeitgeberausschuss bei der OECD) bei einer Sitzung der TUAC (Trade Union Advisory Committee bei der OECD) 8. 10. 1999 Paris.

[3] Ich weise auf entsprechende Vorhaben der Kultusminister Holzapfel und Schavan hin (1998/99).

[4] Ministerpräsident Börner machte in den 80er Jahren einen entsprechenden Vorschlag.

teres möglich werden, ja empfohlen werden wie der Ausstieg aus dem Beruf in andere Tätigkeitsfelder.[5] Der Beruf darf nicht länger ein Beruf sein, den man sein ganzes Leben ausüben "muss" - niemandem sollte dies verwehrt werden, aber auch niemandem nahegelegt oder gar mangels realistischer Alternativen "aufgezwungen" werden wie heute. Unter diesem Aspekt erhält "Weiterbildung" eine neue Beleuchtung: sie ist für die Weiterentwicklung der beruflichen Kompetenzen ebenso notwendig wie für die persönliche Weiterentwicklung bis hin zum Berufswechsel. Wer lange Jahre gewerkschaftlich gearbeitet hat, weiß, wie viele verständliche, aber auch unbegreifliche Widerstände einer solchen Veränderung des Berufes entgegenstehen. Solches Wissen darf allerdings nicht dazu führen, in Unbeweglichkeit zu verharren. Die Vision eines Lehrerkollegiums, das professionell ausgebildet ist und trotzdem sehr unterschiedlicher Herkunft ist, lohnt alle Anstrengungen. Nachdem die Professionalisierung große Fortschritte gemacht hat, stellt sich sehr wohl die Frage, ob ihr weiterer Gang nicht damit gekoppelt sein muss, dass die Rekrutierung sehr gezielt auf "Außenseiter" ausgedehnt und "gesellschaftliche Praxis" unterschiedlichster Art Teil der Rekrutierung wird.

4.2. Das berufliche Selbstverständnis und die Aufgaben der Schule

Die Aufgaben der Schule ändern sich. Auch wenn dies noch nicht überall sichtbar ist, so wird doch immer deutlicher, dass der allgemeine Wandel der Gesellschaft - Globalisierung, Individualisierungstendenzen, Dienstleistungs- und Wissensgesellschaft usw. - die Schule nicht unberührt lässt. Eine Institution, deren Zweck eigentlich die Weitergabe der Tradition ist, muss heute junge Menschen auf eine Zukunft vorbereiten, die nicht allein oder weitgehend per Tradition erklärt werden kann, sondern für deren Bewältigung Fähigkeiten zur Innovation wesentlich sein werden. Zugleich kommen auf die Schule Aufgaben zu, die einst der Familie oder dem Milieu oblagen. Junge Menschen haben außerdem heute früher als ehemals Aufgaben der Lebensführung selbständig zu bewältigen. Medien- und Konsumgesellschaft schaffen eine Umwelt, in der junge Menschen zuhause sind. Solche Feststellungen wie auch Beobachtungen aus der Schulpraxis legen es nahe der Schule mehr Verantwortung für ihr Handeln als bisher zu geben (Autonomie oder Teilautonomie[6] von Schule). Als Folge neuer Steuerungsmechanismen für Schule wird ein Kollegium verantwortlich für die Arbeit der Schule, Schulprogramme werden "örtlich" präzisiert. Die Rolle des einzelnen Lehrers ändert sich, der

---

[5] Vgl. schon Vorschläge des GEW-Vorsitzenden Erich Frister 1968/69.

[6] Dieser Ausdruck wird von der Rau-Denkschrift benutzt, um schon begrifflich festzuhalten, dass es bei diesem Konzept nicht um die Beseitigung staatlicher Zuständigkeit geht, sondern allein um eine Einschränkung oder auch eine Neujustierung staatlicher Regelungen.

"Einzelkämpfer" ist überholt. Im Kern der Schuldiskussion muss allerdings die Abklärung der Ziele stehen. Der Sachverständigenrat Bildung bei der Hans-Böckler-Stiftung (1999) hat vorgeschlagen, die Bildung der verantwortlichen Persönlichkeit als zentrale Aufgabe zu bestimmen. Die Verantwortung des einzelnen für sich selbst wie für die Gestaltung der Gesellschaft steht bei einem solchen Schulkonzept im Vordergrund.

Lehrerinnen und Lehrer müssen sich dementsprechend als die Experten ansehen, die - in Ergänzung zu dem, was Elternaufgabe ist - für die gesamte Bildung und Erziehung junger Menschen verantwortlich sind. Ihr Auftrag darf also nicht auf einen Aspekt - unterrichtliche Vermittlung von Fachinhalten - reduziert werden: dieser wird wichtig bleiben, muss allerdings neu bestimmt werden. In einer Wissensgesellschaft kann über Grundkenntnisse hinaus die Aufgabe nicht lauten, möglichst viel Wissen sich anzueignen, sondern die Fähigkeit zu erwerben sich Wissen zu erschließen und mit Wissen umzugehen (Wissensmanagement), wie auch die Einsicht zu entwickeln, wo jeweils die Grenzen der erworbenen Kompetenzen liegen. Lehrerinnen und Lehrer haben darüberhinaus für alle Aspekte des Heranwachsens junger Menschen Sorge zu tragen, also das zu leisten, was man herkömmlicherweise Erziehung nennt. Dabei ist im Einzelfall zu klären, was sie selber leisten können und wo sie zusammen mit anderen oder andere (z. B. Jugendhilfe) besser zuständig sind. Erziehung darf allerdings nicht in einem populären Sinne missverstanden werden, als gehe es um Anweisungen der Erwachsenen und deren jeweilige Durchsetzung. Gute "Erziehung" ergibt sich (meist unbeabsichtigt) aus dem Zusammenleben Jugendlicher mit Erwachsenen, dem gelungenen oder misslungenen Vorbild, der gemeinsamen Reflexion, auch dem eigenverantwortlichen Leben junger Menschen. Daher muss eine Schule zeitlich wie räumlich mehr umfassen als Unterricht, ganztägige Angebote wie die Einbeziehung außerschulischer Einrichtungen der Gemeinde - Vereine, Kirchen, Betriebe - müssen selbstverständlich werden. Auch die Beratung für den beruflichen Weg eines jungen Menschen - in Zusammenarbeit mit Eltern, Betrieben, Arbeitsamt und weiterführenden Schulen - gehört zu den Aufgaben einer zukünftigen Schule.

Zusammengefasst: Lehrerinnen und Lehrer sollen junge Menschen erziehen und bilden. Ihre Aufgabe wird also vielfältiger sein als normalerweise heute: sie werden die Fachleute für Unterricht, Erziehung und Beratung. Wird Lehrerbildung unter solchen Aspekten konzipiert, so sind gewichtige Änderungen notwendig: Innovation und Wissenschaftlichkeit (Wunder 1999: 323/ 333) werden dominierende Züge der Ausbildung.

Lehrer und Lehrerinnen sollen also dafür ausgebildet werden, aus eigener Kraft und eigenem Verständnis für die Aufgaben, die sich aus den sich ändernden Lebensverhältnisse ergeben, gemeinsam mit Kolleginnen und Kollegen neue Lösungen zu finden oder alte zu modifizieren. Damit sie solches in einer Wissensgesellschaft tun können, damit also Eltern ihre Kinder ihnen guten Gewissens anvertrauen können, bedürfen sie einer soliden wissenschaftlichen Ausbildung, einer solchen allerdings, die Wissenschaftlichkeit zum Merkmal alltäglicher Berufspraxis macht. Die Professionalitätsmaßstäbe des Berufes müssen daher neu festgelegt werden.

Literatur

Bildungskommission NRW 1995: Zukunft der Bildung- Schule der Zukunft. Neuwied

Dokumentation der Gewerkschaft Erziehung und Wissenschaft 1974: Reform ohne Ende. Die Misere der Lehrerausbildung. Bearbeiter Herbert Enderwitz. Hannover

Sachverständigenrat Bildung bei der Hans-Böckler-Stiftung 1999: Diskussionspapiere Nr. 3: Jugend, Bildung und Zivilgesellschaft. Düsseldorf

Wunder, Dieter 1999: Das Verhältnis der Lehrer zur Wissenschaft In: Jahrbuch für Lehrerforschung Bd. 2, hrsg. von Carle, Ursula/ Buchen, Sylvia. Weinheim

Besser Wissen im 'Musterländle' - eine kritische Analyse des Abschlussberichts der baden-württembergischen Hochschulstrukturkommission

AG "kleiner Bildungsgipfel" (Peter Böhme/ Ragnar Heil/ Fabian Kessl/ Sandra Landhäußer/ Thilo Reinke)

1. Vorgeschichte

In der Koalitionsvereinbarung der baden-württembergischen Regierungsparteien vom Mai 1996 formulierten die Verhandlungsgruppen der CDU und F.D.P. unter Punkt 10 die Forderung nach Einrichtung einer sogenannten Hochschulstrukturkommission (HSK): "Es soll eine Hochschulstrukturkommission gebildet werden, die alle Angebote im Hochschulbereich innerhalb des Landes sichtet und unter bestimmten Kriterien, z.B. Auslastung und Bedarf, überprüft. Ziel der Hochschulstrukturkommission soll sein, bestimmte Studienangebote an einigen Standorten zu konzentrieren, um auf diesem Wege Spielräume für Neustrukturierungsmaßnahmen zu schaffen". Am 12. November 1996 konstituierte sich dieses Gremium, zusammengesetzt aus einer auf den ersten Blick willkürlichen Anzahl von Einzelpersonen, die im HSK-Abschlussbericht als Vertreter einiger Hochschulen, der Industrie bzw. dem Bankenwesen und Wissenschaftsorganisationen ausgewiesen werden. Ein zweiter Blick offenbart allerdings einige Spezifika: (1.) nur eine Minderheit der stimmberechtigten Mitglieder wird als Hochschulvertreter/in ausgewiesen (Altner, Huttner, Kaiser und Wintermantel); (2.) die Hochschulvertreter entstammen alle ausschließlich der Leitungsebene und haben nur in einer Person (Huttner) eine Anbindung an eine der von den HSK-Empfehlungen betroffenen baden-württembergischen Hochschulen; (3.) alle anderen beteiligten bzw. betroffenen Akteure (Dozierende, Mitarbeiter und Studierende der baden-württembergischen Hochschulen) bzw. deren Repräsentanten fehlen mit Ausnahme der beiden *beratenden* Rektorenkonferenzvorsitzenden (Hoyningen-Huene, Wittig) innerhalb der HSK[1]; (4.) als Akteure werden neben den wenigen Hochschulvertretern ausschließlich Vertreter stark mit der Wirtschaft ver-

---

[1] Darauf hat selbst das Rektorat der Universität Heidelberg, die hinsichtlich der Ökonomisierung der Universität mit dem von der Volkswagenstiftung mit 5 Mio. DM geförderten Globalhaushalt-Projekt "Impulse" eine Vorreiterrolle unter den baden-württembergischen Hochschulen spielt, im Rechenschaftsbericht 1996/ 97 hingewiesen. Dort heisst es bezüglich der HSK: "[...] die Hoffnungen auf einen konstruktiven Dialog mit der Kommission [erhielten] in allen Phasen ihrer Tätigkeit durch die Weigerung des MWK, mehr als einen LRK-Vertreter als Gast an den Beratungen der Kommission zu beteiligen, alsbald einen Dämpfer" (Ulmer 1997: 4).

flochtener Wissenschaftsorganisationen (Erhardt, Meyer-Dohm, Warnecke) und hegemonialer Banken bzw. Wirtschaftsunternehmen selbst (Danielmeyer, Timmermann) eingebunden. Sonstige Akteure der Zivilgesellschaft wie Schulen, Theater, Kirchen oder Wohlfahrtsverbände sind nicht vertreten; (5.) die HSK stellt ein in keiner Weise demokratisch legitimiertes Organ dar[2]. Anderthalb Jahre nach ihrer Konstitution, im Juli 1998, übergab die HSK der Landesregierung ihren knapp 340 Seiten umfassenden Abschlussbericht. Während eines Institutstages am Erziehungswissenschaftlichen Seminar der Universität Heidelberg (EWS) am 17. Juni 1998 überraschte die geschäftsführende Institutsleitung die Anwesenden mit den ersten Ergebnissen der HSK: Hinsichtlich der erziehungswissenschaftlichen Fachbereiche an den baden-württembergischen Universitäten betonte die HSK, dass der "Sicherung und Stärkung der Gymnasiallehrerausbildung absolute Priorität zukomme"[3] und daher die Einstellung von vier der sechs erziehungswissenschaftlichen Magister- bzw. Diplomstudiengängen Erziehungswissenschaft/ Pädagogik zugunsten der Lehramtsausbildung empfohlen werde (145)[4]. Die Institutsmitglieder

---

[2] Die HSK setzt sich aus 12 stimmberechtigten und vier weiteren nichtstimmberechtigten Mitgliedern zusammen. Unter dem Vorsitz von Rudolf Böhmler (Ministerialdirektor im Ministerium für Wissenschaft, Forschung und Kunst Baden-Württemberg) tagte die HSK zwischen November 1996 und Mitte 1998 nach eigenen Angaben in zehn Plenarsitzungen in folgender Zusammensetzung (nur stimmberechtigte Mitglieder): Helmut Altner [Rektor, Uni Regensburg], Hans Günter Danielmeyer [ehem. Vorstand der Siemens AG], Manfred Erhardt [Stifterverband], Wieland Huttner [MPI Dresden/ Department für Neurobiologie Heidelberg], Gert Kaiser [Rektor, Uni Düsseldorf], Peter Meyer-Dohm [International Partnership Initiative] Detlef Müller-Böling [CHE Gütersloh], Heinrich Ursprung [ehem. Staatssekretär im Eidgenössischen Department des Inneren], Manfred Timmermann [Vorstand Deutsche Bank], Hans-Jürgen Warnecke [Fraunhofer Gesellschaft], Margret Wintermantel [Vizepräsidentin, Uni Saarland]. Eines der HSK-Mitglieder offenbart sich bei näherer Betrachtung als scheinbar omni-präsenter und programmatisch-fixierter Akteur (vgl. Bultmann 1996: 341ff.). Der ehemalige Dortmunder Uni-Rektor Detlef Müller-Böling ist Leiter des in *privater* Rechtsform organisierten (finanziert aus Geldern der Bertelsmann-Stiftung), aber in *öffentlichen* Funktionen tätigen Centrums für Hochschulentwicklung (CHE) (vgl. Bennhold 1999: 54f.). Müller-Böling selbst ist bzw. war in einer Vielzahl öffentlicher Beratungs- und Strukturkommissionen vertreten, u.a. am 'Runden Tisch' zur Reform des HRG, im 'Initiativkreises Bildung' den Roman Herzog als Bundespräsident einberief (Böling war hier alleinverantwortlich für die Auswahl der studentischen Mitglieder), Berater des 'Bundes Norddeutscher Hochschulen', Leitung des wissenschaftlichen Beirates Niedersachsen u.ä.m.

[3] Alle folgenden Seitenangaben ohne weitere Literaturhinweise beziehen sich auf den HSK-Abschlussbericht.

[4] In Baden-Württemberg existiert als einzigem Bundesland noch die institutionalisierte Trennung der Lehrerausbildung: einerseits als pädagogisches Studium an den Pädagogischen Hochschulen (PH) für Primarstufe und Sekundarstufe I (Haupt-, Real- und Sonderschule) und andererseits als Fachstudium plus sog. pädagogischem Be-

sahen sich einem historisch bisher einmaligen Vorhaben der Ausdünnung einer ganzen Disziplin ausgesetzt, was die Mehrheit der anwesenden Institutsmitglieder nicht widerspruchslos hinzunehmen bereit war[5]. Neben Protestak-
tionen wurde von einigen Studierenden vorgeschlagen den Diskurs mit der
HSK und der Landesregierung zu suchen. Es konstituierte sich tags darauf der
AK "kleiner Bildungsgipfel" (AK) zur Vorbereitung und Durchführung einer
Veranstaltungsreihe hinsichtlich der Frage der Relevanz der Erziehungswissenschaft (vgl. Einleitung dieses Bandes)[6]. Die AK-Mitglieder mussten allerdings sehr bald feststellen, dass das Vorhaben, die HSK-Empfehlungen im
Diskurs mit verantwortlichen Vertretern der zuständigen Ministerialbürokra-
tie, Vertretern der HSK, Lehrenden, Studierenden und interessierter Öffentlichkeit einer kritischen Analyse zu unterziehen, auf eine prinzipielle Verweigerung des Ministeriums für Wissenschaft, Forschung und Kunst Baden-
Württemberg (MWK) stieß. Der HSK-Vorsitzende Böhmler wies in seiner
Absage auf die Einladung, an einer öffentlichen Podiumsdiskussion am EWS
teilzunehmen, ebenso wie das HSK-Mitglied Müller-Böling darauf hin, der
AK habe die HSK-Beschlüsse völlig missverstanden, denn die HSK wolle
keine Schließungsempfehlung in Bezug auf den Großteil der erziehungswissenschaftlichen Fachbereiche aussprechen, sondern "ausschließlich" eine
Empfehlung zur "Konzentration" der Fachbereiche. Außerdem sehe man sich
nicht als "fachlich kompetenten Gesprächspartner" für eine solche Podiumsdiskussion. Der Pressesprecher des MWK wies alle weiteren mehrwöchi-
gen Bemühungen, eine Vertreterin oder einen Vertreter aus dem Ministerium
zur Podiumsdiskussion einzuladen, letztlich mit der Begründung ab, man
fühle sich vor ein "Tribunal" geladen. Die geplante Podiumsdiskussion sollte
unter der Leitung einer Radiomoderatorin mit Mitgliedern aller Landtagsfraktionen und Mitgliedern des EWS stattfinden. Die paradoxen Begründungsmuster der MWK-, aber auch Müller-Bölings als HSK-Vertreter, sich nach Be-
endigung der Empfehlungsformulierungen im Rahmen des HSK-
Abschlussberichts als fachlich inkompetent auszuweisen oder eine öffentliche
Podiumsdiskussion mit Vertretern der Mehrzahl der beteiligten Gruppierun-
gen als "Tribunal" zu charakterisieren, wirft u.E. einige Fragen auf. Geht es
der HSK und der zuständigen Ministerialbürokratie mit den HSK-

---

gleitstudium an den erziehungswissenschaftlichen Fachbereichen der Universitäten
Sekundarstufe I und II (Gymnasium) im Umfang von bisher 4 Semesterwochenstun-
den (SWS) (Für 2000 ist laut Auskunft des zuständigen Kultusministeriums der Beschluss einer Aufstockung des pädagogischen Begleitstudiums auf 8 SWS geplant).
[5] Neben den erziehungswissenschaftlichen Fachbereichen sahen sich auch andere einzelne Fachbereiche mit Streichungsempfehlungen konfrontiert (vgl. 223ff.).
[6] Die erziehungswissenschaftlichen Studiengänge stellen den viertgrößten Studiengang
in der Bundesrepublik dar (nach den Wirtschafts-, den Rechtswissenschaften und der
Humanmedizin inkl. Zahnmedizin). Am EWS fand sich 1997 bundesweit - gemessen
an den Studierenden- und Absolventenzahlen - der zweitstärkste erziehungswissenschaftliche Studiengang (vgl. Rauschenbach 1999).

Empfehlungen um den "Sieg des besseren Arguments" innerhalb eines offenen Diskurses, also um die Suche nach "Wahrheit" (Hauck 1992: 132)? Oder fürchtet das Ministerium bzw. einzelne HSK-Mitglieder um den "Sieg der Herrschaft" im offenen Diskurs (ebd.)? Diesen Fragen geht die folgende kritische Analyse des HSK-Abschlussberichts nach.

2. Die Normalitätskonstruktion der Hochschulstrukturkommission

Folgt man der Autorin und den Autoren des Abschlussberichts der HSK besteht in Baden-Württemberg gegenwärtig eine Situation, in der die "Spielräume der staatlichen Haushalte sehr klein geworden sind" (4). Grund seien die kontinuierlich auftretenden "Haushaltsengpässe" (ebd.). Diese Situation mache es nicht mehr möglich "durch die Bereitstellung zusätzlicher finanzieller Mittel Defizite [innerhalb des Hochschulsystems; Anm. d. Verf.] auszugleichen" (ebd.) und "neue Entwicklungen und wichtige Investitionen zum Erhalt der wissenschaftlichen Wettbewerbsfähigkeit [...] durch zusätzliche finanzielle Zuweisungen [zu fördern]" (XIII). D.h. in der gegenwärtigen Situation eröffne sich der Blick auf bisher unbeachtete strukturelle binnensystemische Defizite: "Mit zunehmender Knappheit der Ressourcen sind [...] die Schwächen des Systems sichtbar geworden" (4). Anders gesprochen: Die HSK behauptet ein bisher inexistentes 'Geldknappheitsfenster' zu öffnen. Die begrenzte finanzielle Ausstattung erweist sich in der Argumentation der HSK als unveränderliche Tatsache. Folgt man dieser Einschätzung weiter, können von nun an neuere Entwicklungen bzw. der Ausgleich sichtbar gewordener Defizite im System nur durch eine Veränderung der Hochschulstruktur angestoßen bzw. erreicht werden. Die Wegbereitung zur Verwirklichung dieser Strukturveränderung ist politisch definierter Auftrag (vgl. Koalitionsvereinbarung, a.a.O.) und selbstzugeschriebenes Ziel der HSK. Das Ziel des HSK-Berichts lässt sich somit zusammenfassend als *Wegbeschreibung zu einem optimierten baden-württembergischen Hochschulsystem i.S. einer optimalen Nutzung der vorhandenen Ressourcen* formulieren, oder in den Worten der HSK: Ziel der Arbeit sei gewesen, "Wege aufzuzeigen, wie das Hochschulsystem des Landes im Rahmen begrenzter finanzieller Ressourcen durch strukturelle Veränderungen optimiert werden kann" (XIII).

Welche Defizite hat die Öffnung des 'Geldknappheitsfensters' laut HSK innerhalb des baden-württembergischen Hochschulsystems sichtbar gemacht?

Erstens herrschte bis Anfang der 90er Jahre innerhalb des baden-württembergischen Hochschulsystems, so die HSK, "eine primär nachfrageorientierte Ausbauphilosophie" vor, mit der auf die kontinuierlich steigenden Studierendenzahlen an den Universitäten reagiert worden sei (XIII, vgl. 4f.). Diese Orientierung des Hochschulsystems an "Quantität statt Qualität" bezeichnet die HSK als "die falsche Antwort auf die Herausforderungen, die der internationale Wettbewerb heute an ein Bildungssystem stellt" (4). Die HSK spricht an anderer Stelle davon, dass das Hochschulsystem bisher "nur in Teilbereichen wettbewerbsorientiert" gestaltet wurde (XIII). Zweitens seien die Hochschulen "wegen ihrer traditionellen, mehr auf Konsensbildung denn auf Effizienz angelegten Organisations- und Entscheidungsstrukturen" und drittens wegen der zunehmend erstarrten Rahmenbedingungen nicht flexibel genug um "auf neue Entwicklungen und Herausforderungen zu reagieren" (5).

Diese Defizite gelte es durch eine Optimierung des Systems, eine optimale Nutzung der vorhandenen Ressourcen, oder anders gesprochen: die Überführung des gegenwärtigen defizitären Modells in ein Zukunftsmodell, d.h. ein neustrukturiertes Hochschulsystem, zu erreichen (vgl. XIII, 7). Die Eckpunkte des Zukunftsprogramms, die wir in Kapitel 3 systematisch zu rekonstruieren versuchen, seien hier bereits genannt:

Die nach Überzeugung der HSK ausschließlich an der Quantität der Studierendenzahlen ausgerichtete "nachfrageorientierte Ausbauphilosophie", soll durch die 'Angebotsorientierung' hinsichtlich der Arbeitsmarktperspektiven der Absolventen und eine zukünftige *Profilbildung*, die Reduzierung des bestehenden Fächerspektrums, überwunden werden[7]. Diese Profilbildung ermögliche einen "Wettbewerb" der Hochschulen, der wiederum zu *Qualitäts*verbesserungen innerhalb des baden-württembergischen Hochschulsystems führen werde. Das starre Haushaltssystem und die ineffizienten konsensuellen Entscheidungsstrukturen, die Rahmenbedingungen des baden-württembergischen Hochschulsystems, sollten nach Meinung der HSK *flexibilisiert* und *effektiviert* werden. Einerseits sieht die HSK dies durch kürzere Entscheidungswege und weniger Entscheidungsträger durchführbar, andererseits gelte es mit der Einführung von "Globalhaushalten", der "Finanzautonomie" der Hochschulen, die Voraussetzung für finanzielle *Effizienz* zu schaffen. Außerdem solle die Hochschulfinanzierung zukünftig *leistungsorientiert* erfolgen. Hierfür ebne die Etablierung eines sowohl hochschulinternen als auch hochschulübergreifenden "Wettbewerbs" um finanzielle Zuweisungen den Weg. Die Operationalisierung ihrer Zielsetzung nimmt die HSK somit in fünffacher Weise vor: Das optimierte Hochschulsystem müsse sich durch Effizienz, Flexibilität, Leistungsorientierung, Profilbildung und Qualitätsorientierung auszeichnen[8]. In der bis hierher rekonstruierten Argumentation des

---

[7] Die Wortwahl der HSK scheint an dieser Stelle der Motivation bestimmter Konnotationen zu dienen. Einer *Philosophie* des Ausbaus, d.h. der Wahrheitsliebe, werden *Notwendigkeiten*, quasi Naturgegebenheiten, die Kapazitäten an den Universitäten abzubauen, entgegengesetzt.

[8] Die vorgenommene Differenzierung ist nicht völlig trennscharf. Sie reproduziert an manchen Stellen die intransparenten, sich überschneidenden bzw. gänzlich fehlenden Begriffsdefinitionen und Verwendungszusammenhänge innerhalb des HSK-Abschlussberichts (vgl. Kap. 3). Dennoch haben wir uns für diese Ausdifferenzierung entschieden, weil u.E. unter Zuhilfenahme der genannten Grundprinzipien die zentralen Linien der Argumentationsmuster der HSK seziert werden können.

HSK-Abschlussberichts stellt die HSK die gegenwärtige Situation als eine der begrenzten finanziellen Ressourcen dar, die durch den Blick aus dem 'Geldknappheitsfenster' erstmals die defizitären Strukturen des baden-württembergischen Hochschulsystems sichtbar mache. Bestätigt eine kritische Analyse die beschriebene Strukturlogik der HSK-Argumentation?

Die hier vorliegende Analyse behauptet, dass der Abschlussbericht der HSK neben der *expliziten* Argumentationslogik ('Geldknappheitsfenster') eine *implizite* aufweist. Mit dem Verweis auf die scheinbar unveränderliche Tatsache der begrenzten Geldmittel und auf die scheinbar ebenso unvermeidlich notwendige Reaktion auf den internationalen Wettbewerb konstruiert die HSK hierbei einen 'historischen Bruch' in der bisherigen Entwicklung des baden-württembergischen Hochschulsystems. Darauf verweisen Formulierungen wie "Gab es in früheren Jahren immer wieder die Möglichkeit, [...], so besteht heute [...] die Situation [...]" (4; vgl. XIII). Die HSK stellt zunächst das bisherige baden-württembergische Hochschulsystem als ein dysfunktionales dar, das durch eine ganze Reihe von Defiziten gekennzeichnet gewesen sei, wie wir oben bereits dargestellt haben. Damit konstruiert die HSK eine Normalität, die zwangsläufig den folgenden Entwurf eines Zukunftsmodells - ein Hochschulsystem, das i.S. der beschriebenen Grundprinzipien eine höhere Leistung bei begrenzten finanziellen Ressourcen erbringen solle - nach sich zu ziehen scheint. Die somit konstruierte Notwendigkeit einer 'Systemänderung' innerhalb des baden-württembergischen Hochschulsystems als Konsequenz des 'historischen Bruchs' wird - folgt man dieser Einschätzung - mit Einbruch der Tatsache der Geldknappheit unausweichlich (vgl. XIII). Die Geldknappheit *kennzeichnet* folglich den 'historischen Bruch'. Damit stellt sich allerdings die Frage, warum es innerhalb des HSK-Abschlussberichts bei den impliziten Verweisen auf diesen 'historischen Bruch' bleibt, während die beschriebene neue Perspektive auf das baden-württembergische Hochschulsystem durch das 'Geldknappheitsfenster' explizit benannt wird?

Die Leserin bzw. der Leser sucht erstens vergeblich Belege für die HSK-These des herrschenden monetären Defizitausgleichs innerhalb des bisherigen Hochschulsystems. Ein Blick auf die Entwicklung des baden-württembergischen Haushalts der letzten 20 Jahre offenbart, dass der Anteil der Ausgaben für Wissenschaft und Forschung am Gesamthaushalt des Landes von 1980 bis 1998 kontinuierlich von knapp über 14% (1980/ 1981) auf etwa 9% (1998) gefallen ist, während sich die Studierendenzahlen von 1980 bis Anfang der 90er Jahre (Höchststand 1993/ 1994: 231.540) fast verdoppelt haben (Daten des Statistischen Landesamts). Von einer nachfrageorientierten Ausbauphilosophie kann somit u.E. nicht die Rede sein. Der Blick auf die Betreuungsrelationen verdeutlicht die beschriebene Entwicklung. Berechnet man das Betreuungsverhältnis an baden-württembergischen Universitäten anhand der von der HSK präsentierten Daten des Wissenschaftsrates, sank dasselbe von etwa 1:11 Mitte der 70er Jahre auf etwa 1:20 Mitte der 80er Jahre (vgl. 265). Die Feststellung einer knappen Verdoppelung der Anzahl Studierender pro wissenschaftlichem bzw. künstlerischem Mitarbeiter würde dabei allerdings weitere Aspekte übersehen. (1.) Die über den gesamten Zeitraum scheinbar absolut fast unveränderte Personalstärke (Personalstärke 1975: 7631; 1995: 7591) täuscht darüber hinweg, dass die Anzahl der Professoren nicht nur stagniert, sondern abnimmt, während die Anzahl befristeter und häufig 1/2- oder 1/4-Stellen ansteigt. Zur Kompensation der gewachsenen Studierendengruppe tragen damit die nicht-professoralen Mitarbeiter/innen, die häufig in prekären Beschäftigungsverhältnissen stehen, überdurchschnittlich bei (vgl. Bultmann, 1996: 337). Die von der HSK herangezogenen Daten vernachlässigen diese Ausdifferenzierung. (2.) Darüber hinaus differenziert die HSK ebenso wenig zwischen Lehr- und Forschungspersonal, obwohl letztgenanntes zumeist nicht an der universitären Lehre beteiligt ist und damit die für die Lehre relevante Personalstärke verfälscht, und zwischen den unterschiedlichen Entwicklungen bezüglich der Personalentwicklung in den verschiedenen Fachbereichen, obwohl sich diese als sehr unterschiedlich darstellen. (3.) Die HSK enthält sich zudem jedes Kommentars hinsichtlich des Einbruchs der Gesamtzahl des Personals in den 80er Jahren (Personalstärke 1985: 6714).

Schließlich bleibt nur noch darauf zu verweisen, dass die baden-württembergische Landesregierung für einzelne Renommierprojekte trotz der beklagten begrenzten Ressourcen gewaltige Geldmengen einzusetzen bereit ist[9]. Eine Entwicklungssteuerung durch monetäre Zuweisungen aus dem Landeshaushalt ist demnach - entgegen der HSK-Darstellung - ein aktuell eingesetztes zentralinstanzliches Steuerungsmittel. Damit ist zu konstatieren, dass die tatsächlichen Entwicklungen der HSK-Argumentation widersprechen. Diese offenbart sich als eine selektive Ausdeutung der bisherigen Entwicklungen innerhalb des baden-württembergischen Hochschulsystems, ist somit mindestens an dieser Stelle als ideologisch aufgeladene Normalitätskonstruktion zu klassifizieren.

Zweitens scheint die implizite Argumentationslogik des HSK-Abschlussberichts, die Beschwörung eines 'historischen Bruchs', der Rechtfertigung der beschriebenen Systemänderung zu dienen, d.h. der Installierung eines wettbewerblichen, also nach markt-ökonomischer Logik funktionierenden Hochschulsystems. Das Bisherige erweist sich in den Argumentationsmustern der HSK als ineffizient, starr, nicht-leistungsorientiert, unprofiliert und quantitativ statt qualitativ ausgerichtet. Diese globale Negativeinschätzung des baden-württembergischen Hochschulsystems entbindet die HSK (1.) von einer grundlegenden Auseinandersetzung mit Form und Inhalt des bestehen-

---

[9] Die 'Mini-Privat-Hochschule Bruchsal' nahm im September 1998 mit 20 Studierenden den Lehrbetrieb auf. Die geforderten Studiengebühren belaufen sich auf 18 000 DM, die öffentliche Förderung betrug im ersten Jahr 2 Mio. DM. D.h. anders gesprochen: Selbst in Berücksichtigung der für das erste Semester geplanten Zahl von 30 Studierenden findet an dieser Stelle eine individuelle Studienplatzförderung aus öffentlichen Geldern mit mind. 60.000 DM pro Studierendem jährlich statt.

den Systems und mit den Argumenten der Akteure. Ergebnis sind Empfehlungen entgegen jeglicher inhaltlich-disziplinärer Logik, wie diejenige, 2/3 der erziehungswissenschaftlichen Studiengänge in Baden-Württemberg zugunsten der gymnasialen Lehramtsausbildung zu schließen. Der Vergleich mit einer fiktiven Parallelempfehlung macht das Paradox deutlich: Wer würde der vergleichbaren Empfehlung zur Schließung der allgemeinmedizinischen Abteilungen und damit der medizinischen Grundlagenforschung zugunsten der Ausbildung der zahnmedizinischen Praktiker zustimmen? Die implizite Argumentationslogik der HSK stellt diese zudem (2.) vor ein Rechtfertigungsproblem. Das beschriebene Evaluationsergebnis 'ineffizient, starr, nichtleistungsorientiert, unprofiliert und quantitativ statt qualitativ' ist faktisch eine Bankrotterklärung für den Auftraggeber: die baden-württembergische Landesregierung, und damit den größeren der gegenwärtigen Koalitionspartner: die CDU. Aus ihren Reihen kommt seit Jahrzehnten der verantwortliche politische Akteur für die gemäß der HSK analysierten Defizite der Hochschullandespolitik: seit 1960 stellt die CDU den für Wissenschaft und Forschung zuständigen Minister. Die Landesregierung käme bei einer expliziten Wendung des Argumentationsmusters 'historischer Bruch' in Erklärungszwänge, müsste sich den kritischen Nachfragen hinsichtlich der bisherigen Entwicklung des baden-württembergischen Hochschulsystems stellen und eine Systemänderung unter ihrer Führung würde unglaubwürdig. Die Argumentationsweise 'Geldknappheitsfenster' lässt der HSK dagegen eine Darstellung des bisherigen Hochschulsystems als hervorragendes zu[10], denn der Hinweis auf das erst sichtbar gewordene 'Geldknappheitsfenster' soll glauben machen, die beschriebenen Defizite hätten aufgrund des scheinbar vorherrschenden monetären Defizitausgleichs bisher nicht gesehen werden können. Mit der im HSK-Abschlussbericht gewonnenen Erkenntnis reagiere nun die Landesregierung allerdings stehenden Fußes mit der Umsetzung der HSK-Empfehlungen.

Folgt man dem bisher Dargestellten bleibt festzuhalten, dass (1.) im Abschlussbericht der HSK *explizit* eine *andere Argumentationslogik* ausgewiesen als *implizit* von der HSK tatsächlich verwandt und (2.) die Entwicklung des bisherigen Hochschulsystems in einer Weise selektiv beleuchtet wird, dass der HSK eine *selektive Geschichtsschreibung* zu bescheinigen ist. Mit dem Verweis auf die Geldknappheit soll eine Auseinandersetzung um die Frage der Verteilung der vorhandenen Geldmittel von Beginn an verhindert werden. Die systematisch verengte Darstellung von Vergangenheit und Gegenwart führt zu einer systematisch verengten Zielsetzung, einem 'Muss' des einen von der HSK beschriebenen Zukunftsweges der Optimierung des ba-

---

[10] Mit Formulierungen wie "durch beeindruckende Ergebnisse belegt", "vergleichsweise hohe(r) Standard" oder "Leistungen [...] stehen außer Frage und verdienen hohe Anerkennung" versucht die HSK die Qualität des bisherigen baden-württembergischen Hochschulsystems zu unterstreichen (ebd.: 3f.).

den-württembergischen Hochschulsystems gemäss den aufgezeigten Grundprinzipien.

3. Das Zukunftsprogramm der HSK

Das Zukunftsprogramm für die baden-württembergischen Hochschulen orientiert sich nach Vorstellung des HSK-Abschlussberichts an den Grundprinzipien: Effizienz/ Effektivität, Flexibilität, Qualität, Profil und Leistung. Zur Optimierung des baden-württembergischen Hochschulsystems seien diese Grundprinzipien zu erfüllen. Folglich ist nach Meinung der HSK die Operationalisierung ihrer Zielsetzung nur auf dem Weg der *Effektivierung*, der *Flexibilisierung*, der *Qualifizierung*, der *Profilierung* und der *Leistungsorientierung* zu erreichen. Mittel der Umsetzung sei zunächst *staatliche Lenkung*. Diese schaffe die Voraussetzungen zur Einführung eines *Wettbewerbssystems* unterschiedlicher Lösungen. Nur die Einführung eines Wettbewerbssystems wiederum garantiere eine "exzellente Aufgabenerfüllung durch die Hochschulen" und damit die Umsetzung der hochschulpolitischen Ziele der Landesregierung (9; vgl. dazu auch 233f.).

Im Folgenden werden wir zunächst versuchen den *Inhalt* der formulierten Grundprinzipien und deren *Kontext* zu rekonstruieren um diese anschließend mit *kritischen Fragen* zu kontrastieren. Diese geben Hinweise darauf, welche *weiteren Lesarten* einer Analyse des bestehenden baden-württembergischen Hochschulbereichs mit dem Ziel der Überwindung bestehender Defizite, d.h. der Neustrukturierung des Systems, neben der systematisch verengten Zielsetzung des HSK-Zukunftsprogrammes möglich sind.

Das erste Grundprinzip der *Effizienz* bzw. *Effektivität*, d.h. der 'Wirksamkeit'[11], bezieht sich im HSK-Abschlussbericht maßgeblich auf die Finanzierung des Hochschulsystems (vgl. XX, 235f.), darüber hinaus allerdings auch auf Organisations- und Leitungsstrukturen (vgl. 5, 238). *Finanzielle Effizienz* ist im Sinne der HSK eine exakt bestimmbare Größe, die sich aus einer "*bedarfs*gerechten Aufgabenwahrnehmung" und einer hohen Leistung - bei möglichst geringem Ressourceneinsatz - ergibt, wobei sich die bedarfsgerechte Aufgabenwahrnehmung im HSK-Bericht fast ausschließlich auf den *Bedarf am Arbeitsmarkt* reduziert (236)[12]. D.h. nochmals gewendet: Finanzielle Effizienz hat sich gemäss dem HSK-Abschlussbericht nur an *externen* Bedürfnissen zu orientieren. *Interner* Bedarf als Konsequenz der Beteiligteninteressen (der Lehrenden, Mitarbeiter/innen und Studierenden) und den inhaltlichen

---

[11] Diese und alle folgenden Begriffsdeutungen beziehen sich auf DUDEN - Bände 1,5, 7,8, Mannheim 1995.
[12] Vgl. das fünfte Grundprinzip des HSK-Abschlussberichts *Leistung*.

Interessen der Fachbereiche bzw. Studienfächer werden kaum thematisiert[13].
Der genannte Arbeitskräftebedarf und der daraus gefolgerte Bedarf an Universitäts- und Fachhochschulabsolventen erweist sich im HSK-Bericht zudem als selektive Darstellung der verwendeten Prognosedaten[14]. Die methodischen Zweifel an den Prognosedaten werden im HSK-Abschlussbericht bagatellisiert[15]. An dieser Stelle sei auch darauf verwiesen, dass es höchst zweifelhaft erscheint den geplanten Ausbau von Fachhochschulen auf Kosten eines Abbaus bei den Universitäten als Konsens zwischen Universitäten und Fach-

---

[13] Die Zahl der Studierenden wird außerdem im HSK-Abschlussbericht bemerkenswerterweise durchgängig als "Belastung" (!) der universitären Lehreinheiten definiert (vgl. u.a. XIII, 4, 122 und 191). Damit weist das Zukunftsprogramm der HSK einerseits unausgewiesene konzeptimmanente Widersprüche auf, andererseits stellt sich die Frage, welche Funktion diese argumentative Inkonsequenz erfüllen könnte. Gemäß ihrer Konzeptprämisse, der 'marktwirtschaftlichen Neustrukturierung' des zukünftigen Hochschulsystems (vgl. XIII), wäre eine Orientierung auf die 'Kunden' universitärer Lehrangebote, die Studierenden, vonnöten. Diese Konsequenz ist auch an einer Stelle des Abschlussberichts der HSK vage angedeutet: "Im Bereich der Lehre muss dieser Wettbewerb die Studierenden und die Abnehmer von Humanressourcen (Arbeitsmarkt) einbeziehen" (233). Gleichzeitig präsentiert sich der Leserin bzw. dem Leser die durchgehende Deutung der Studierenden als 'Belastende' für den Lehrbetrieb der Universitäten. An dieser Stelle kann nur vermutet werden, dass die HSK ein spezifisches Verständnis des gewünschten 'marktwirtschaftlichen Wettbewerbssystems' anstrebt. Die Selektion der 'Abnehmer' von Lehrangeboten soll nicht einem freien System von Angebot und Nachfrage überlassen, sondern einer planerischen Vorgabe der prinzipiellen "Verschlankung" und "Konzentration" (IV; Vorwort des HSK-Vorsitzenden) des universitären Lehrangebots nachgeschaltet werden. Ganz davon zu schweigen, dass das bisher geteilte Verständnis der Lehrbeziehung als "Gemeinschaft von Lehrenden und Lernenden", wie es z.b. die HRK formulierte, damit stillschweigend ad acta gelegt wird (1992: Kap. III 2a).

[14] Der Anstieg des Arbeitskräftebedarfs an Hochschulabsolventen wird in der von der HSK verwendeten Prognose von Weißhuhn et al. (vgl. ders., in: BLK: 42) mit 43% (Uni) gegenüber 77% (FH) angegeben, während die Prognose von Tessaring, auf die die HSK ebenso Bezug nimmt (vgl. ders., in: BLK: 43), 46% (mittlere Variante Uni) gegenüber 43% (mittlere Variante FH), bzw. 62% (obere Variante Uni) gegenüber 47% (obere Variante FH) errechnet. Empirisch nicht haltbar ist auch der im Vorwort postulierte monokausale Zusammenhang, dass zwangsläufig "verschärfter internationaler Wettbewerb [...] zum Stellenabbau und damit [zu] eine(r) Verschlechterung der Chancen für Hochschulabsolventen" führen wird (III). Nach den vorliegenden Prognosen, die einen zunehmenden Bedarf an Hochschulabsolventen/innen vorhersagen, kann von einer Verschlechterung der Chancen für Hochschulabsolventen keine Rede sein.

[15] Auch der Heidelberger Rektor wies in seinem Rechenschaftsbericht 1996/ 97 auf die "hinsichtlich der Prognose durchaus zweifelhaften quantitativen Daten [des HSK-Abschlussberichts]" (Ulmer 1997: 4) hin.

hochschulen zu lesen, wie dies die HSK den Lesern suggeriert[16]. *Organisatorische Effizienz* zeichne sich durch kurze, hierarchische Entscheidungswege aus, so könnte man i.s. der HSK definieren, da im Rahmen der "traditionellen, mehr auf Konsensbildung denn auf Effizienz angelegten Organisations- und Entscheidungsstrukturen" der Hochschulen keine rasche und keine flexible Reaktion auf "neue Entwicklungen und Herausforderungen" erfolgen könne (5)[17]. Mittel zur Steigerung der finanziellen Effizienz sei "effizienzorientierte finanzielle *Steuerung*" (XX, 236; Hervorh., d.Verf.) auf der Basis "effektiver Finanz*autonomie*" (235; Hervorh., d.Verf.), verstanden als Wettbewerb der Hochschulen um finanzielle Zuweisungen. Nach Ansicht der HSK sei "erst [...] als Ergebnis eines neuen Zuweisungsverfahrens", eines Systems finanzieller Anreize, "mit erheblichen Effizienzwirkungen zu rechnen" (236). Die Umsetzung organisatorischer Effizienz erfordere dagegen eine "umfassende Organisationsautonomie" (vgl. 238ff.). Die einzelne Hochschule müsse in die Lage versetzt werden, "selbständig Lösungsansätze im Hinblick auf die Weiterentwicklung ihrer Organisationsstruktur zu erarbeiten" (238). Kann die 'Wirksamkeit' des Hochschulsystems durch methodisch ungenaue und oberflächliche Untersuchungen wie die des Nachrichtenmagazins 'Focus' als "Indikator für den vergleichsweise hohen Standard" bestimmt und bewertet werden (3f.)[18]? Stellen hierarchische Entscheidungswege tatsächlich 'wirksamere' dar als eine Beteiligung aller Betroffenen an Entscheidungen[19]? Die HSK

---

[16] Unter Berufung auf den Beschluss des 167. Plenum der HRK formulieren die HSK-Mitglieder: "auch von den Hochschulen selbst [wird] die Forderung erhoben, die Fachhochschulen auszubauen und - wenn notwendig - den Universitätsbereich zu verschlanken" (24). In eben diesem HRK-Beschluss steht allerdings zu lesen: "Der Ausbau der Fachhochschulen darf daher nicht zum Anlaß genommen werden, von einem zügigen Abbau der bestehenden räumlichen und personellen Überlast in allen Hochschularten durch zusätzliche Mittel Abstand zu nehmen" (HRK 1992: Kap. IV 3).

[17] Mit dem Konzept der "Prozeßverantwortlichkeit" (238) beschreibt die HSK eine Konzentrierung der Entscheidungsmacht auf wenige Ämter (politische Steuerungsinstanzen, Hochschulleitungen, Dekane und Hochschulräte) und lehnt sich damit an die sog. Verwaltungsvereinfachunskonzeption des New Public Management an (vgl. 239).

[18] Die Zahlen, die dem Focus-Ranking z.B. der Mathematik (DiplomandInnen und DoktorandInnen) oder der Erziehungswissenschaft (Lehrende) an der Universität Heidelberg zugrunde liegen erweisen sich bei näherer Betrachtung als unzutreffend. In Freiburg wurden entgegen der Darstellung in der Chemie weder Studierende noch Professoren befragt. Die Hintergrundberichte über Manipulationen und weitere methodische Mängel lassen dazuhin generelle Vorsicht angeraten sein (siehe Darstellung in: Frankfurter Rundschau vom 17. Juli 1997).

[19] Hier stellt sich die markt-ökonomische Perspektive der HSK als doppelt verengt dar, denn die Weiterentwicklungen von Entscheidungsstrukturen, die man heute in manchen Unternehmen - aus Effizienzgründen - beobachten kann, wie z.B. die Schaffung

scheint sich mit ihrer Konzeption einem Programm zu verpflichten, das demokratische Prinzipien durch marktökonomische ersetzt.

Die *Flexibilität* stellt das zweite Grundprinzip des Zukunftsprogrammes der HSK dar. Allerdings steht die Verwendungshäufigkeit der Begriffe Flexibilisierung/ Flexibilität/ flexibel im Widerspruch zur Unklarheit des Verwendungszusammenhangs[20]. Die HSK verwendet Flexibilität gleichbedeutend mit 'Anpassungsfähigkeit'. Nur: An den meisten Stellen im Bericht bleibt unklar, in welcher Form diese Anpassung an die uneinheitlich beschriebenen Entwicklungsprozesse geschehen soll. Der Entwicklungsbegriff wird im HSK-Abschlussbericht u.E. in dichotomer Weise verwandt. Erstens im *passiven* (nicht-reflexiven) Sinn: 'etwas wird von jemandem entwickelt'. Das Hochschulsystem wird in dieser Weise als passives Objekt der Abstimmung - synonym zu 'Anpassung' - "auf der Basis einer strategischen hochschulübergreifenden Planung" definiert (XIII). Der entwickelnde Akteur der "landesweite(n) Entwicklungsplanung" ist dabei das Ministerium bzw. die HSK, die den zu beschreitenden Entwicklungspfad beschreibt (5, vgl. 7). An anderer Stelle werden zweitens Entwicklungen im *reflexiven* Sinne, d.h. als 'reifen'/ 'entstehen', entweder quasi naturgesetzlich vorausgesetzt, so z.B. "neue Entwicklungen in Wissenschaft und Wirtschaft" (99), oder als unberechenbar eingeschätzt, so z.B. ein möglicher Anstieg der Hochschulzugänge (vgl. 19). Den 'naturgesetzlichen Entwicklungen' soll, so die HSK, auf einem eindeutigen Weg der Steuerung begegnet werden, den 'unberechenbaren Entwicklungen' mit der Schaffung "ausreichende(r) Spielräume" (XIII)[21]. Nach welchen Kriterien wird eine Entwicklung von der HSK als berechenbar und damit planbar bzw. als unberechenbar eingestuft? Darüber lassen die Autoren und die Autorin die Leser im Unklaren. Dazu scheint es u.E. äußerst zweifelhaft, neue Entwicklungen in Wissenschaft und Wirtschaft als quasi naturgesetzlich dar-

---

abgeflachter Hierarchien, dezentraler Organisationseinheiten und die Teilhabe Betroffener an Veränderungsprozessen, werden von der HSK nicht berücksichtigt.

[20] Folgt man der HSK, so sind die Rahmenbedingungen des Hochschulsystems (vgl. u.a. 5,7), die internationale Kompatibilität (vgl. 224), die Anpassung an und die Reaktion auf neue Entwicklungen in Wissenschaft und Wirtschaft (vgl. u.a. XIII, XVII), die Selbststeuerung des Hochschulsystems (vgl. XIX, 7), das eigenverantwortliche Handeln der Hochschulen (vgl. 233), die Personalpolitik (vgl. u.a. XXI, 244), die Personalhaushalte (vgl. XXI, 241), der Personaleinsatz (vgl. 8), die Vergütung (vgl. XXI, 244), die Gestaltung der Einheit von Forschung und Lehre (vgl. XXI) und selbst der methodische Ansatz der HSK (vgl. XV) flexibel oder sollen flexibilisiert werden.

[21] Zur Erhaltung der "notwendige(n) Flexibilität für Schwerpunktsetzungen [und] [...] bei mittelfristigen Veränderungen" ist ein "landesweite(r) Strukturpool für den Universitätsbereich zu bilden", der "nachsteuern" ermögliche (25). Der Strukturpool soll mit einem Drittel des durch den Abbau von 1500 Personalstellen eingesparten Finanzvolumens gefüllt werden (sog. 'Solidarpakt' zwischen den baden-württembergischen Universitäten und der Landesregierung).

zustellen. Eine solche Sichtweise ignoriert jegliche Akteursrelevanz. Selbst wenn man bereit ist, dem Argumentationsmuster der HSK zu folgen, stellt sich die Frage, inwieweit ein System mit etlichen unberechenbaren Elementen einer "strategischen hochschulübergreifenden Planung" unterworfen werden kann (XIII). Die HSK suggeriert dem Leser, sie wolle Spielräume schaffen für alle beteiligten Akteure, gleichzeitig spricht sie allerdings - auch mit Blick auf einige scheinbar unerwünschte Ergebnisse der bereits vorgenommenen Kürzungen durch den sog. Solidarpakt - davon, "Eingriffe(n) in Bereiche" abmildern zu müssen, "in die [...] nicht notwendigerweise Einschnitte angezeigt erschienen" (14). Damit scheint u.E. die Forderung nach der Schaffung größerer Freiräume in Wahrheit dazu zu dienen, ein Hintertürchen offen zu halten, um unerwünschte Nebenwirkungen der HSK-Empfehlungen entschärfen zu können. Als Mittel zur Umsetzung der flexibleren Reaktionsfähigkeit des Hochschulsystems, also seiner 'Anpassungsfähigkeit' an die o.g. Entwicklungen, fordert die HSK die Einführung des "Wettbewerb(s) weitgehend *autonomer* Hochschulen" (XIII, vgl. XIXf., 26; Hervorh., d. Verf.). Dieser werde allerdings erst durch die "gegenwärtig [...] noch unverzichtbare - angebotsorientierte *Planung*" (XX; Hervorh., d. Verf.) ermöglicht, welche wiederum die Wettbewerbsvoraussetzungen "institutionelle *Autonomie* der Hochschulen" im Finanz-, Personal- und Organisationsbereich, d.h. 'Unabhängigkeit' und damit eine geringere "Abhängigkeit von *staatlicher* Prozeßsteuerung" schaffe (XX; Hervorh., d. Verf.). Zukünftige Unabhängigkeit der einzelnen Systemteile durch aktuell neu zu schaffende Abhängigkeiten von zentralen politischen Steuerungsinstanzen? An dieser Stelle offenbart die HSK eine bemerkenswerte Flexibilisierungslogik. Das hier verborgene Steuerungsparadigma löst auch der an anderer Stelle vorgenommene Hinweis, Profilbildung, im Sinne einer Spezialisierung auf wenige Fächer (s.u.), und Organisationsautonomie, verstanden als Reduzierung der Entscheidungsmacht auf wenige, teils externe, Entscheidungsträger (s.u.), führe zu mehr Flexibilität, nicht auf.

Die von der HSK gewünschte 'Anpassung' scheint damit nur den quasi naturgegebenen Entwicklungen in Richtung Marktorientierung und den vom Ministerium vorgegebenen Entwicklungen folgen zu können. Es stellt sich die Frage, inwieweit tatsächlich wenige Entscheidungsträger die flexibelsten, d.h. der jeweiligen Situation angepasstesten, Entscheidungen fällen? Ist die Konzentration der meisten Entscheidungsbefugnisse, d.h. die Zentralisierung der Entscheidungsmacht in der Hand weniger Entscheidungsträger, in einem komplexen System wie einer Universität angebracht? Widerspricht nicht diese interne Machtkonzentration wiederum der Forderung nach Autonomie der einzelnen Systemteile? Wie ist eine Autonomie der Hochschulen zu verstehen, welche auf einem Verständnis der Institution Hochschule aufbaut, das diese ausschließlich auf die "Leitungen aller baden-württembergischen Universitäten und de(n) Vorstand der Rektorenkonferenz der Fachhochschulen" reduziert und unter einem Diskurs mit den Hochschulen, einem 'Gedankenaustausch' also, lediglich eine Anhörung der Hochschulleitungen versteht (14)[22]? Die HSK suggeriert, sie habe sich "unter Verwendung zahlreicher Kriterien [...] ein differenziertes Bild über die Situation der untersuchten Fächer verschafft" (IV; Vorwort des HSK-Vorsitzenden). Dies geschah allerdings ohne jemals auf Fachbereichsebene mit Vertreterinnen und Vertretern der Hochschulgruppen zu sprechen. Es bleibt festzuhalten, dass der 'Unabhängigkeitsgewinn' der Hochschulen in Konsequenz der HSK-Konzeption in einer völligen Unabhängigkeit von selbst noch so indirekter demokratischer Kontrolle zu liegen scheint.

Die Verwendung des dritten Grundprinzips, der *Qualität*, weist im HSK-Abschlussbericht ähnliche Inkonsistenzen auf wie das der Flexibilität. Qualität wird anfangs zwar als quantifizierbarer Bewertungsmassstab dargestellt, operationalisiert als 'Drittmittelumfang pro Professur', 'Anzahl der Sonderforschungsbereiche pro Universität bzw. Bundesland' und 'Abschneiden im Focus-Ranking' (vgl. 3f.), jedoch im Folgenden nur noch mit - nicht näher präzisierten - "Leistungen" (151) oder der "Exzellenz in Forschung, Lehre und Weiterbildung" (233) gleichgesetzt. So werden z.b. die Qualitätsvorstellungen der Universitäten, die qualitativen Parameter ihrer Strukturpläne[23], im HSK-Bericht zwar erwähnt, für die qualitativen Zielvorgaben jedoch ausschließlich die "politische Führung" verantwortlich erklärt (239). D.h. die Entscheidungsbefugnis soll nach dem Willen der HSK auch in diesem Aspekt in zentraler Hand gebündelt werden. "Qualitätsorientierte Abstimmung der wissenschaftlichen Profile der einzelnen Hochschulen" solle vor allem durch Konzentration weniger Fächer an einzelnen 'Universitätsstandorten' erreicht werden (XIII). "Unter Berücksichtigung dieser spezifischen Profile können dann die Studienangebote der einzelnen Hochschulen in einer landesweiten Entwicklungsplanung aufeinander abgestimmt und koordiniert werden" (4f.). Durch diesen Konzentrationsprozess profiliert, treten die Hochschulen gemäss der HSK-Planung in "qualitätsorientierten Wettbewerb" (233). Die Qualitätsverbesserung, die in einer ersten Phase durch Intervention des Akteurs Ministerium erreicht werden soll, wird in einer zweiten Phase der 'invisible hand' des "'marktwirtschaftlich' organisierte(n) [...] System(s) [...] weitgehend autonomer Hochschulen" überlassen (XIII). Für den Bereich der Lehre entstehe durch "Evaluation", also 'Beurteilung', per se eine "Steigerung der Qualität

---

[22] In der "Arbeitsgruppe Globalhaushalt" saßen bei der sogenannten "Zusammenarbeit mit den Hochschulen" (237) auf der Hochschulseite nur Vertreter und Vertreterinnen der Rektorate. Der Diskurs mit den Hochschulen (vgl. u.a. 32, 44, 51, 57) wurde ebenfalls ausschließlich auf höchster Leitungsebene geführt.

[23] Aufgrund der Einsparvorgaben des 'Solidarpakts' mussten die Universitäten Strukturpläne vorlegen, denen zu entnehmen sein sollte, wie sie die Einsparungen in den kommenden 10 Jahren umsetzen wollen.

der Angebote" (188). Welche Konsequenzen diese Qualitätsbeurteilung nach sich zieht bzw. ziehen soll, bleibt allerdings ungenannt[24]. Das bisherige Hochschulsystem sei durch "Quantität statt Qualität" bestimmt gewesen, d.h. charakterisiert durch eine "primär an der Studiennachfrage orientierte Ausbauphilosophie der vergangenen Jahrzehnte" (4). Dieser Orientierung wird von der HSK die zukünftige an Qualität gegenübergestellt. Dabei ist allerdings zu bemerken, dass das bisherige ('Orientierung an Quantität') und das zukünftige Modell ('Orientierung an Qualität') im Sinne der HSK ausschließlich in Bezug auf die Universitäten einen unvereinbaren Gegensatz darstellen, denn bzgl. der Fachhochschulen werden "qualitative(r) und quantitative(r) Ausbau(s)" als notwendige Ergänzung beschrieben (III; vgl. dazu u.a.: XVI, 9, 11, 21, 22 und 27). Wie ist diese unterschiedliche Einschätzung hinsichtlich der Hochschultypen zu erklären? Und wie ist die Widersprüchlichkeit der prinzipiellen Ablehnung des als historisch rekonstruierten Modells ('Quantität statt Qualität') durch die HSK und der mehrfach genannten positiven Einschätzung des Ausbaus der Fachhochschulen zu deuten? Die HSK gesteht im Fall der Fachhochschulen ein, dass die - für die Universitäten abgelehnte - Methode 'quantitativer Ausbau' eine notwendige Ergänzung zur Qualitätsverbesserung darstellt.

Als viertes Grundprinzip des HSK-Abschlussberichts erweist sich die *Profilbildung*. Profilbildung - d.h. 'hervortreten', einer Sache eine charakteristische Prägung geben - meint i.s. der HSK eine Spezialisierung der Hochschulen, besonders der Universitäten und damit einerseits ein "eng begrenztes Fächerspektrum" und andererseits das 'Hervortreten besonderer Leistungen' einzelner Akteure und Institutionen (179). Eingangs werden die schon vorhandenen Profile der Universitäten als Ausgangspunkt für die weitere Profilbildung genannt. Um eine "Profilschärfung" zu erreichen, müsse jedoch, so der HSK-Vorsitzende Böhmler im Vorwort des Abschlussberichts, "insbesondere von dem Credo Abschied genommen werden, dass jede Universität über ein möglichst breites Fächerspektrum verfügen sollte" (IV). Waren die Profile der baden-württembergischen Hochschulen, deren "Qualität [doch] [...] durch beeindruckende Ergebnisse belegt" seien, bisher stumpf (3)? Sind Grundsätze wie "die Einheit der Wissenschaft [und] die Vielfalt der Disziplinen [...] auch zukünftig prägende Strukturelemente der Universität" (Hochschulrektorenkonferenz 1992: III 2a) oder stellen sie, wie die HSK postuliert, nur ein überkommenes Credo dar?

Mittel zur Umsetzung der Profilbildung sei einerseits ein Konzentrationsprozess der Studienfächer, wie oben bereits erwähnt, und eine landesweite Abstimmung der Profile. Dabei spiele eine "regionale Abstimmung und Koope-

---

[24] Hochschuldidaktische Fortbildung zur Qualitätsverbesserung der Lehre, wie sie an der Universität Tübingen durchgeführt wird, findet zwar Erwähnung, wird allerdings nicht empfohlen (vgl. 200).

ration" - im Sinne einer Streichung von ähnlichen Studiengängen an benachbarten Hochschulen - eine wichtige Rolle (159). Andererseits solle Personalautonomie die "Profilbildung und Wettbewerbsorientierung im Hochschulbereich" fördern (241). Der zukünftige Wettbewerb der Profile müsse, so die HSK weiter, allerdings insofern gesteuert werden als er nicht "zu einer Verwischung des spezifischen Profils der baden-württembergischen Fachhochschulen führen" dürfe (26)[25]. Auch an dieser Stelle erweist sich die Profilbildung somit weniger als autonomer Entwicklungsprozess beteiligter Institutionen bzw. deren Einheiten und damit ein Verlagern der Steuerungsmacht auf die beteiligten Akteure, sondern vielmehr als Etikett zur Verschleierung der Stärkung der zentralisierten politischen Steuerungsmacht in Händen der Landesregierung.

Der HSK-Bericht weist noch eine fünftes Grundprinzip auf: *Leistung*. Leistung wird v.a. im Zusammenhang mit der Diskussion der Hochschulfinanzierung verwendet. Wie das Grundprinzip der Effizienz stellt die HSK die Leistung als eine exakt quantifizierbare Größe dar, die aus vorgegebenen Faktoren (Leistungsparametern) im Verhältnis zu Vergleichsgrößen gewonnen werden könne. Die Definition der Leistungsparameter geschieht unter der Prämisse "politischer Leistungsziele" (237) und zu überprüfender "Zielvereinbarungen" (241). Die Definition der Vergleichsgrößen geschieht - zur Untermauerung der Argumente der HSK - selektiv, nämlich zeitlich willkürlich[26]. Als Prototyp einer "Zielvereinbarung" (241), d.h. einer 'einhelligen, einträchtigen' Entscheidung, nennt die HSK den sog. Solidarpakt, der den Universitäten "in den nächsten 10 Jahren [die Streichung von] 1500 Stellen im Wert von durchschnittlich je 100.000 DM" gebietet, was "10% ihrer Stellen" entspricht (Pistel 1999: 24; vgl. 147ff.). Die gewünschte *Zielvereinbarung* stellt sich somit zumindest im konkreten Beispiel als Ziel*vorgabe* der zentralen Planungsinstanz Ministerium dar. Erweisen sich mit Blick auf das verengte Verständnis von 'Autonomie' die gewünschten Zielvereinbarungen, also Abstimmungen über die zu erreichenden Ziele unter prinzipiell gleichbe-

---

[25] Positiv hervorgehoben wird im HSK-Bericht die Universität Konstanz, da sie ein "spezifisches Profil [hat], das durch ein verhältnismäßig *eng begrenztes Fächerspektrum* und eine *besondere Organisationsstruktur* gekennzeichnet ist" (ebd.: 179; Hervorh. im Original), welches sie befähigt "in Forschung und Lehre auf gesellschaftliche und wissenschaftliche Neuerungen schnell und flexibel [zu] reagieren" (ebd.: 179).

[26] Die Zahl der Studienanfänger wird im Jahr 1990, in dem die Hochschulen eine extreme Überlast getragen haben, als Basis für eine Bestimmung der Kapazität des Hochschulsystems (Normallast) des Landes gewählt. Das Jahr 1990 als Vergleichsjahr zu benennen und es als Normallastjahr zu definieren ist nicht unumstritten. Die HRK beispielsweise meint: "Die Überlast, die vorübergehend zur Sicherung der Bildungs- und Ausbildungschancen der jungen Generation von den Hochschulen getragen werden sollte, wird zur Dauerbelastung und entwickelt systemdeformierende, dysfunktionale Wirkungen" (1992: Kap. I).

rechtigten Verhandlungspartnern, nicht insgesamt im HSK-Abschlussbericht eher als Zielvorgaben? Bezüglich der Hochschulfinanzierung, so die HSK, gelte es, verstärkt leistungsorientierte Zuweisungen an die Hochschulen bzw. eine entsprechende hochschulinterne Verteilung der Mittel zu realisieren (vgl. u.a. XX, 8). Vereinfacht gesprochen: gute Leistungen sollten positiv, schlechte negativ sanktioniert werden. "Relevante Parameter" für die Bewertung seien die "Studiennachfrage", die "Studienanfängerzahlen", die "Studierendenzahlen", die "Absolventenzahlen" und die "Arbeitsmarktprognosen" (33ff.)[27]. Aus diesen Parametern würde anschließend die "Erfolgsquote" berechnet, die sich aus dem Verhältnis von Absolventen zur Anzahl der Studienanfänger fünf Jahre zuvor ergibt (81f.). Eine weitere "Prämisse" stelle die Orientierung an "der Bedeutung der Disziplin für den Wissenschafts- und Wirtschaftsstandort Baden-Württemberg" dar (9f.). Im Personalbereich soll die Vergütung intern leistungsorientiert ausgestaltet werden (vgl. XXI) und somit im Umkehrschluss auch 'leistungsorientierte Personaleinsparung' erfolgen (vgl. 188). "Leistungszulagen" für Personal können nach Meinung der HSK beispielsweise für die "Herausgeberschaft von Zeitschriften, die Durchführung wissenschaftlicher Kongresse, [...oder...] Belastungszulagen für die Bewältigung großer Studentenzahlen oder die Übernahme des Dekanamts gezahlt werden." (244). Entsprechend dieser Leistungslogik werden die akademischen 'Lehrveranstaltungen' im Abschlussbericht der HSK als 'Dienstleistungen' verstanden (vgl. u.a. 128, 167), damit der interdisziplinäre Austausch von Lehrveranstaltungen als "Dienstleistungsimport" (57).

Die von Humboldt als "wissenschaftlicher Austausch" verstandene Lehre mit einem markt-ökonomischen Dienstleistungsverhältnis gleichzusetzen, scheint u.E. absurd (Humboldt 1956: 378ff.). Bildungssituationen insgesamt als quasi markt-ökonomische Tauschverhältnisse zu definieren ebenso. Studierende sind keine 'Kunden', 'Käufer' einer Dienstleistung, einer 'ökonomischen Ware'. Entscheidend scheint u.E. in diesem Zusammenhang die Bestimmung des Gebrauchswerts (Bildungsinteresse der Studierenden, Forschungsinteresse der Lehrenden, Aufklärungsinteresse der Öffentlichkeit). Ist nicht die vor 35 Jahren von einer anderen studentischen Arbeitsgruppe formulierte Kritik an der Ideologisierung der klassischen Idee der Universität[28], die "*(j)enseits* einer Gesellschaftskonzeption, in deren Sinn sie tritt,*" zur "bloßen intellektuellen

---

[27] Hinweise für die Indikatoren der leistungsorientierten Mittelvergabe gibt auch das entsprechende Modell des MWK vom 31.5.1999, das als Hauptindikatoren die Senkung des Drop-Out und den Rückgang der Langzeitstudierenden nennt.

[28] Nitsch/ Gerhardt/ Offe/ Preuß formulieren in Anschluss an Humboldt, Fichte und Schiller die klassische Aufgabe der Wissenschaft und damit deren institutionelle Verortung, die Universitäten, als "Medium zur Versittlichung der Menschen", denn: "als sittliches Wesen schien der Mensch die Verwirklichung vernünftiger und menschenwürdiger politisch-gesellschaftlicher Verhältnisse zu garantieren" (Nitsch u.a. 1965: 302).

Selbstbespiegelung" wird, umzukehren (Nitsch/ Gerhardt /Offe /Preuß 1965: 303)? Denn Neukonzipierungsvorschläge à la HSK-Abschlussbericht reklamieren die von Nitsch et al. geforderte Aufgabe für die moderne Universität, nämlich "Wissenschaft und Gesellschaft als Einheit zu erfahren", als ihr Handlungsziel (ebd.). Realiter interpretieren sie dieses jedoch einseitig um, denn der HSK-Abschlussbericht versucht u.e. diejenige Neustrukturierung des institutionellen Rahmens des baden-württembergischen Hochschulsystems zu befördern, vor der bereits Nitsch et al. - deren Anliegen die Zusammenführung von Wissenschaft und Gesellschaft darstellte - gewarnt haben, nämlich die Unterordnung der "gesellschaftliche(n) Bedeutung der Wissenschaft [...] unter die Sonderinteressen gesellschaftlicher Machtgruppen" (ebd.: 303). Verweisen nicht die quantitativen, von der HSK verwandten Faktoren zur 'Wirksamkeitsbestimmung' des baden-württembergischen Hochschulsystems auf eine solche interessengeleitete Neustrukturierung des Hochschulsystems, nämlich primär im Interesse der hegemonialen markt-ökonomischen Akteure[29]? Können sich in einem so verstandenen Hochschulsystem mündige Staatsbürger bzw. Staatsbürgerinnen bilden, die, wie es im HRG §7 gefordert wird, zu "verantwortlichem Handeln in einem freiheitlichen, demokratischen und sozialen Rechtsstaat befähigt" werden? Darüberhinaus stellt sich die Frage, inwieweit die dargestellte Lesart der HSK die einzig mögliche zur Bestimmung von Leistungszielen ist? Welche Zieldefinitionen würde die Aushandlung unter allen beteiligten Gruppen hervorbringen? Kann der Erfolg eines Fachbereichs an dem Verhältnis von Absolventen zu Studienanfängern berechnet werden ohne die Qualität der Abschlüsse und weitere Einflussfaktoren auf 'Drop-Outs' miteinzubeziehen? Welche Art von Lehre wird gefördert, wenn für "die Bewältigung großer Studentenzahlen" - gleich welcher Qualität die Lehre ist - "Belastungszulagen" gezahlt werden (244)? Schließlich ignoriert die Reduzierung des Leistungsbegriffs auf quantitative Kriterien jeglichen öffentlichen Diskurs über die Frage, welche gesellschaftlichen Leistungen das Hochschulsystem in Zukunft erbringen sollte.

4. Resümee

Die Kontrastierung der zentralen Grundprinzipien des von der HSK für die baden-württembergischen Hochschulen empfohlenen Zukunftsprogramms mit kritischen Fragen eröffnet etliche Hinweise auf weitere Lesarten zur Analyse des bestehenden Hochschulsystems und damit zur Beschreibung möglicher

---

[29] In den konkreten Empfehlungen der HSK (234ff.) findet man die wesentlichen Forderungen, die denen des CHE und denen der Arbeitgeberverbände BDI und BDA, sowie dem DIHT entsprechen, so z.B. der Einfluss der Wirtschaft durch Hochschulräte, Konzentration der Führungsfunktionen, zunehmende Privatisierung der Finanzierung und Einführung von externen Evaluationen (vgl. Bennhold 1999: 61f.).

Veränderungsmaßnahmen i.S. einer Überwindung bestehender Defizite. Der vorliegende Versuch der 'ideologiekritischen Prüfung' des Abschlussberichts der HSK deckt u.E. an mehreren Stellen unwahre bzw. systematisch verengte und damit irreführende Darstellungen auf. Die HSK-Mitglieder präsentieren normativ gesetzte, d.h. argumentativ nicht nachvollziehbar abgeleitete, Prämissen, verschleiernde und damit unwahrhafte Argumentationsgänge und schlichte, eindimensionale Antworten auf Fragen, die u.E. weder einfach, noch unstrittig zu beantworten sind. Fragen nach der Konstruktion eines 'optimierten', d.h. *bestmöglichen* Hochschulsystems können nur diskursiv mit allen Beteiligten zu jeweils gültigen gesellschaftlichen Vereinbarungen führen. Die vorliegende kritische Analyse des HSK-Berichtes bescheinigt der Autorin und den Autoren damit eine stark ideologisch geprägte Darstellung[30], deren eigentliches Interesse v.a. die Stärkung zentralinstanzlicher Steuerungsmacht, d.h. die Abkopplung der Entscheidungsprozesse von der Mehrzahl der Betroffenen, und der bestehenden Machtstrukturen an den Hochschulen darzustellen scheint. Den formulierten Ideologieverdacht möchten wir abschließend nochmals anhand zweier zentraler Thesen verdeutlichen.

Die HSK unternimmt erstens eine äußerst selektive Geschichtsschreibung. Es wird ein 'historischer Bruch' konstruiert, der sich vor allem auf eine scheinbar plötzlich eintretende Geldknappheit beruft. Die reale Entwicklung des Verhältnisses zwischen den öffentlichen Einnahmen und der Entwicklung des BSP, zwischen dem verfügbaren Gesamt-Landeshaushalt und den Aufwendungen für den Hochschulbereich und die politische Dimension zurückliegender Entscheidungen hinsichtlich der Verteilung von Geldern werden hierbei völlig ausgeklammert. Für die Geschichtsschreibung wurden bewusst die Zeiträume, Ereignisse und Begründungen ausgewählt, die der Argumentation der HSK dienlich sind, und widersprechende Fakten ausgelassen oder bagatellisiert. Mit diesen Prämissen wird eine spezifische Normalität konstruiert. Indem vorgegeben wird, einen Blick aus dem 'Geldknappheitsfenster' zu werfen, können scheinbar erstmals Defizite und Dysfunktionen des baden-württembergischen Hochschulsystems analysiert werden. Eine an marktökonomischen Interessen orientierte Reform des Systems unter den Gesichtspunkten von Effektivität/ Effizienz, Flexibilität, Qualität, Profilbildung und Leistung scheint für die HSK folglich unausweichliche Konsequenz. Die solchermaßen konstruierte Kausalität ermöglicht es der HSK, ihrem Auftraggeber, der baden-württembergischen Landesregierung, keine Bankrotterklärung für die geleistete Landeshochschulpolitik abzuverlangen.

---

[30] Eine ähnliche Analyse findet sich bemerkenswerterweise schon im Rechenschaftsbericht des Heidelberger Rektors für die Amtszeit 96/ 97: "schon kurz nach Beginn der Beratungen der Kommission [zeigte sich], dass sie vom MWK in erster Linie als Konsultationsorgan zur Durchsetzung drastischer Stellenstreichungen im Universitätsbereich herangezogen werden sollte" (Ulmer 1997: 4).

Auf Basis dieser Normalitätskonstruktion wird zweitens der eben angedeutete scheinbar zwangsläufig sich ergebende, systematisch verengte Weg vorgegeben. Die Debatte über scheinbar breit getragene, in einem trügerischen Konsens ermittelte Ziele wird entpolitisiert, indem die Entscheidungsproblematik zwischen unterschiedlichen Vorstellungen eines 'optimierten Hochschulsystems' auf eine reine Sachzwanglogik reduziert wird. Die Möglichkeiten für eine Gestaltung des zukünftigen Hochschulsystems werden damit auf genau einen Weg eingeschränkt - den Weg der HSK. Dabei wird mit Etiketten wie Autonomie und Effizienz das Mittel des Wettbewerbs zum Ideal stilisiert und gleichzeitig durch exakte Zielvorgaben die Steuerungsmacht des Ministeriums gestärkt. Zugleich wird der Einfluss interner Hochschulmitglieder in den Gremien geschwächt, während neuerdings im Hochschulrat vertretene externe Vertreter/innen von Wirtschaft und Banken an Einfluss hinzu gewinnen.

"Wenn Wahrheit der Sieg des besseren Arguments ist, dann ist Ideologie, auf die kürzeste Formel gebracht, der Sieg der Herrschaft im Diskurs" (Hauck 1992: 32). In der Hoffnung, mit diesem Beitrag, den Diskurs wieder ein Stück näher an den "subjektiv-praktischen Ort" zurückzuführen (Roters 1998: 138), möchten wir mit Worten der jüngst veröffentlichten Falkensteiner Erklärung daran erinnern: "dass der Zweck des öffentlichen Bildungswesens nicht nur und auch nicht primär in der Ausbildung für den Arbeitsmarkt und in der Vorbereitung auf den Konkurrenzkampf um existenzsichernde Arbeitsplätze liegt. Der Begriff Bildung steht vielmehr für die Idee, dass jeder ein Recht auf eine umfassende Entfaltung seiner Fähigkeiten und den Erwerb eines Wissens hat, das ihm dazu verhilft, sich selbst und die Welt zu verstehen" (Arbeitsgruppe "Bildung ist Menschenrecht" des Komitees für Grundrechte und Demokratie, zitiert nach: Widersprüche 9/ 1999: 11).

Literatur

Arbeitsgruppe 'Bildung ist Menschenrecht' des Komitees für Grundrechte und Demokratie 1999: Falkensteiner Erklärung. In: Widersprüche 19. Jg., September 1999: 11-15

Bennhold, Martin 1999: 'Private Berater' - Weichensteller im Dienste der Wirtschaft. In: Butterwege, Christoph/ Hentges, Gudrun: Alte und Neue Rechte an den Hochschulen. Münster

Bultmann, Torsten 1996: Die standortgerechte Dienstleistungshochschule. In: Prokla, Heft 104, 26. Jg. 1996: 329-355

Butterwege, Christoph/ Hentges, Gudrun 1999: Alte und Neue Rechte an den Hochschulen. Münster

Hauck, Gerhard 1992: Einführung in die Ideologiekritik. Hamburg

Hochschulrektorenkonferenz 1992: Konzept zur Entwicklung der Hochschulen in Deutschland. Dokumente zur Hochschulreform 75/ 1992

Humboldt, Wilhelm von 1956: Schriften zur Anthropologie und Bildungslehre, hrsg. v. Andreas Flitner. Düsseldorf

Ministerium für Wissenschaft, Forschung und Kunst Baden-Württemberg 1998: Abschlussbericht der Hochschulstrukturkommission Baden-Württemberg. Stuttgart

Nitsch, Wolfgang/ Gerhardt, Uta/ Offe, Claus/ Preuß, Ulrich K. 1965: Hochschule in der Demokratie: kritische Beiträge zur Erbschaft und Reform der deutschen Universität. Berlin/ Neuwied

Pistel, Kirsten-Heike 1999: Autonomie nur bei Kürzungen. Der Solidarpakt in Baden-Württemberg als Muster einer 'neuen Hochschulpolitik'. In: Forum Wissenschaft 4/ 99

Rauschenbach, Thomas 1999: ErziehungswissenschaftlerInnen im Beruf - ein Blick in die amtliche Statistik (unveröffentl. Manuskript eines Vortrages auf der Professionspolitischen Konferenz der Deutschen Gesellschaft für Erziehungswissenschaft, 10.02.99). Dortmund

Roters, Karl-Heinz 1998: Reflexionen über Ideologie und Ideologiekritik. Würzburg

Strauss, Anselm/ Corbin, Juliet 1996: Grounded Theory: Grundlagen Qualitativer Sozialforschung. Weinheim

Ulmer, Peter 1997: Rechenschaftsbericht des Rektors der Universität Heidelberg 1996/ 97. Heidelberg

Autorinnen und Autoren

Böhme, Peter, Student der Erziehungswissenschaft, der Soziologie und Kinder- und Jugendpsychiatrie an der Ruprecht-Karls-Universität Heidelberg. Arbeitsschwerpunkte: Hochschulpolitik, Zirkuspädagogik, Erziehungsphilosophie.

Brumlik, Micha, Dr. phil, Professor für Erziehungswissenschaft mit dem Schwerpunkt Sozialpädagogik an der Ruprecht-Karls-Universität Heidelberg. Arbeitsschwerpunkte: Sozialisations- und Moralforschung, Erziehungs- und Religionsphilosophie.

Gogolin, Ingrid, Dr., Professorin am Fachbereich Erziehungswissenschaft, Institut für Schulpädagogik, an der Universität Hamburg; Schwerpunkt: Interkulturelle Bildung; Vorsitzende der Deutschen Gesellschaft für Erziehungswissenschaft (1998-2000). Arbeitsschwerpunkte: Migration, International Vergleichende Bildungsforschung, Bi- und Multilingualismus, Interkulturelle Pädagogik.

Hamburger, Franz, Dr., Professor für Pädagogik mit dem Schwerpunkt Sozialpädagogik an der Universität Mainz. Arbeitsschwerpunkte: Migration, Minderheiten, Internationaler Vergleich in der Sozialpädagogik.

Heil, Ragnar, M.A., Organisationsentwickler bei Think Tank Corp. Consulting, München. Arbeitsschwerpunkte: virtuelle Teams, lernende Organisationen, soziologische Systemtheorie.

Kessl, Fabian, M.A., DFG-Stipendiat im Rahmen des Graduiertenkollegs "Jugendhilfe im Wandel". Arbeitsschwerpunkte: Theorie Sozialer Arbeit, Jugendhilfe, Demokratietheorie.

Kleinau, Elke, Dr. phil., Privatdozentin in der Fakultät für Pädagogik der Universität Bielefeld, z.Zt. Vertretung einer Professur für Soziologie mit dem Schwerpunkt Soziale Arbeit und Erziehung an der Gerhard-Mercator-Universität (GHS) Duisburg. Arbeitsschwerpunkte: Bildungstheorie und -geschichte, Frauen- und Geschlechtergeschichte, Geschichte und Psychoanalyse.

König, Eckard, Dr. phil. habil., Professor für Pädagogik an der Universität Paderborn. Arbeitsschwerpunkte: Wissenschaftstheorie der Erziehungswissenschaft, Organisationsberatung.

Landhäußer, Sandra, Studentin der Erziehungswissenschaft, Psychologie und Soziologie an der Ruprecht-Karls-Universität Heidelberg. Arbeitsschwerpunkte: Quantitative und qualitative Forschungsmethoden, Frauen- und Geschlechterforschung.

Reinke, Thilo, M.A., Stipendiat des evangelischen Studienwerks Villigst. Arbeitsschwerpunkte: Moralische Sozialisation, Kindheit und Armut.

Sünker, Heinz, Dr., Professor am Fachbereich Gesellschaftswissenschaften der Bergischen Universität Gesamthochschule Wuppertal. Arbeitsschwerpunkte: Kritische Theorie, Gesellschaftsanalyse und Bildungsforschung, Theorie und Geschichte Sozialer Arbeit, Kindheit, Jugend.

Thiersch, Hans, Dr. phil., Professor für Erziehungswissenschaft und Sozialpädagogik an der Universität Tübingen. Arbeitsschwerpunkte: Fragen der Theorie der Sozialpädagogik, des abweichenden Verhaltens, der Beratung, der alltagsorientierten Sozialpädagogik, der Heimerziehung, der Sozialethik und der sozialpädagogischen Jugendarbeit.

Tenorth, Heinz-Elmar, Dr., Professor für Historische Erziehungswissenschaft an der Humboldt-Universität zu Berlin. Arbeitsschwerpunkte: historische Bildungsforschung, Wissenschaftsgeschichte.

Winkler, Michael, Dr., Professor für Allgemeine Pädagogik und Theorie der Sozialpädagogik an der Universität Jena. Arbeitsschwerpunkte: Geschichte und Theorie der Pädagogik, Theorie der Sozialpädagogik und Jugendhilfe.

Wunder, Dieter, Dr., bis 1997 Vorsitzender der GEW, seit 1997 stellvertretender Sprecher des Sachverständigenrates Bildung bei der Hans-Böckler-Stiftung.